高等教育会计类专业创新与重构系列规划教材

教育部“新文科研究与改革实践项目”成果之一

省级一流本科课程

“会计智能化”系列教材

FUNDAMENT OF ACCOUNTING INTELLIGENTIZATION

会计智能化基础

温素彬／主编

陈虎　胡仁昱　刘梅玲／副主编

东北财经大学出版社
Dongbei University of Finance & Economics Press
大连

图书在版编目（CIP）数据

会计智能化基础 / 温素彬主编．—大连 ：东北财经大学出版社，2024.4
(2025.2重印)

（高等教育会计类专业创新与重构系列规划教材）

ISBN 978-7-5654-5147-8

Ⅰ.会…　Ⅱ.温…　Ⅲ.会计信息-财务管理系统-高等学校-教材　Ⅳ.F232

中国国家版本馆CIP数据核字（2024）第043970号

东北财经大学出版社出版

（大连市黑石礁尖山街217号　邮政编码　116025）

网　　址：http://www.dufep.cn

读者信箱：dufep@dufe.edu.cn

大连图腾彩色印刷有限公司印刷　东北财经大学出版社发行

幅面尺寸：185mm×260mm　字数：353千字　印张：15.25

2024年4月第1版　2025年2月第2次印刷

责任编辑：王　丽　孔利利　责任校对：刘贤恩

封面设计：原　皓　版式设计：原　皓

定价：45.00元

教学支持　售后服务　联系电话：（0411）84710309

如有印装质量问题，请联系营销部：（0411）84710711

高等教育会计类专业创新与重构系列规划教材编委会

前 言

新阶段，新挑战，新机遇，集理论与技术前沿，谋数智赋能；

践发展，践融合，践共享，重场景与应用案例，促会计升级。

大（大数据）、智（智能化）、移（移动互联网）、云（云计算）、物（物联网）、区（区块链）等新技术给各行各业带来了巨大冲击，会计也不例外。步入新阶段，面对新挑战，抓住新机遇，会计必然走智能化升级的道路。习近平总书记指出："人工智能是新一轮科技革命和产业变革的重要驱动力量"，"以科技创新和数字化变革催生新的发展动能"。党的十九届五中全会审议通过的《中共中央关于制定国民经济和社会发展第十四个五年规划和二〇三五年远景目标的建议》强调：要"推动互联网、大数据、人工智能等同各产业深度融合"。《中华人民共和国国民经济和社会发展第十四个五年规划和2035年远景目标纲要》（简称"十四五"规划）也明确提出："加快数字化发展，建设数字中国"，"以数字化转型整体驱动生产方式、生活方式和治理方式变革"。2020年4月，国家发展改革委、中央网信办印发了《关于推进"上云用数赋智"行动 培育新经济发展实施方案》的通知，继而2020年9月国务院国资委颁发了《关于加快推进国有企业数字化转型工作的通知》，企业数字化转型迫在眉睫。

经济越发展，会计越重要。会计数字化和智能化是企业数字化转型的重要内容和关键前提。会计须快速迎接新技术的挑战，实现智能化升级，服务高质量发展。

本教材的目标是：坚持立德树人，以素质教育为指导，注重"育人"与"育才"的统一，坚持"思政引领，学以致用，用以促新，新以导学"的目的，融课程思政、理论方法、技术应用、实践操作、应用案例于一体，注重学生能力的全面发展，注重培养学生发现问题、分析问题、解决问题的综合应用能力和创新能力，注重培养学生运用人工智能等新一代信息技术解决会计问题的能力和大数据分析及智能决策能力。通过对本教材的学习，学生既能够掌握会计智能化的背景与趋势、内涵与特征、目标与功能、框架与内容、路径与方法，以及信息系统、技术、数据、管理等四大基础，又能够直观接触会计智能化的应用场景，还能通过典型应用案例对会计智能化有一个直观的整体认识。

为了实现上述目标，教材从结构到内容都有所突破，有所创新，主要体现在以下方面：

第一，教学理念新。本教材突出"思政引领"和"科技赋能"的"新文科"要求，坚持立德树人，以素质教育为指导，注重"育人"与"育才"的统一，坚持"学以致用，用以促新"的教学理念，每章都配有思政要点、思维导图，培养学生为党分忧、为国尽责、为民奉献的精神和逻辑思维、科学思维、全局思维、系统思维，同时突出对现代信息技术的应用能力、数据分析能力、实践能力和创新能力相融合的综合性应用能力和创新能力的培养。

第二，教学体系新。本教材建立了教学流程和能力培养相结合的矩阵式的“会计智能化基础”教学体系，如图1所示。具体来讲，根据“会计智能化基础”的地位和作用，主要实现以下培养目标：（1）育人目标：培养社会主义事业建设者和接班人；（2）育才目标：①基本目标：基本理论、人工智能等基本技术、基本操作技能的培养。②强化目标：分析决策能力的培养，培养学生发现问题、描述问题、分析问题、解决问题的综合分析能力和决策能力。③辅助目标：人工智能等技术应用能力的培养，通过会计智能化典型应用案例分析，实现理论与实践的结合，培养学生应用人工智能等现代信息技术解决企业管理决策问题的能力。④创新目标：通过案例教学、前沿介绍、相关链接等，培养学生对学科前沿的理解能力和创新能力。为了实现这些目标，我们设计了相应的教学内容、教学方法、考核方式等模块，并且在本教材中都得以充分体现。

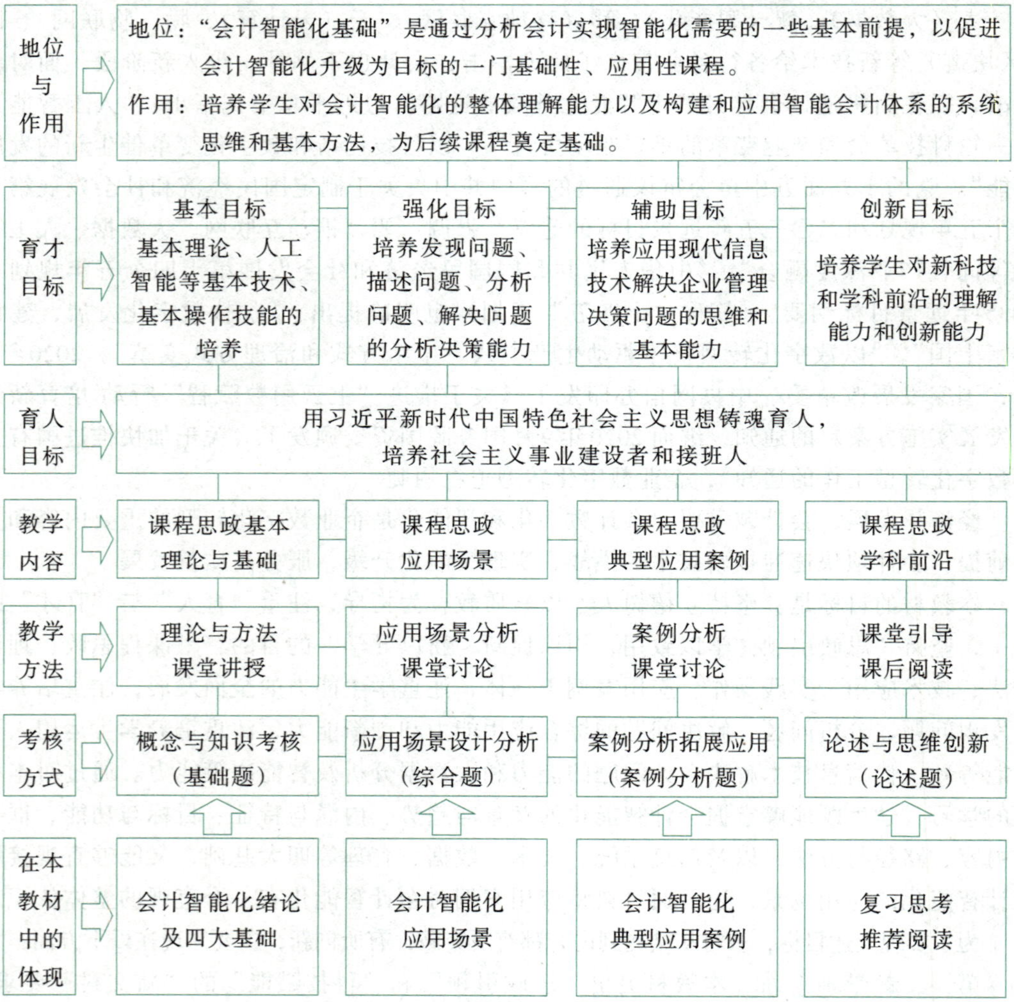

图1 “会计智能化基础”教学体系图

第三，教学内容新。本教材是会计智能化升级的“新文科”新型教材，坚持“校企共建、工文融合、产教融合”的编写理念，教材内容吸收新科技、新成果、新应用，不仅系统介绍了会计智能化的背景与趋势、内涵与特征、目标与功能、框架与内容、路径与方法，以及与传统会计的区别与联系，而且介绍了会计智能化的四大基础，以及国内先进企业的真实应用场景和应用案例，使学生能够结合场景和案例全面理解会计智能化的整体框架和建设路径与方法。

第四，编写风格新。本教材以习近平新时代中国特色社会主义思想为指导，贯彻党的二十大精神，坚持“育人”和“育才”相统一，构建了“学习目标+重点难点+思维导图+课程思政要点+导入案例+理论与方法+复习思考与课后作业+参考文献与推荐阅读”的教材体系。通过课程思政要点指导师生明白为谁培养人和培养什么人，将价值塑造、知识传授和能力培养融为一体；通过思维导图呈现相应章节的整体框架安排，培养学生的系统思维；通过导入案例激发学生的学习兴趣。

第五，教学方式新。本教材鼓励多种教学手段的综合运用。计算机多媒体、案例分析、课堂讨论、实验操作、行动学习、工作坊等都是本教材的教学所需要的教学方式。特别是，本教材将理论教学和案例教学、人工智能等技术结合起来，学生不仅能够掌握大数据分析、人工智能技术应用，而且通过导入案例、应用场景和典型应用案例，更加强化了对会计智能化的理解，起到了事半功倍的作用。

第六，教学素材多。本教材是一部立体化教材，不仅包括纸质的教材，而且建设了相应的教学网站（http：//wensubin.ysepan.com/）和虚拟教研室（钉钉APP平台“会计智能化教研室”）。在教学网站和虚拟教研室，发布以下教学素材：（1）教学PPT；（2）案例库；（3）习题库；（4）现代信息技术知识库；（5）实验与操作题库；（6）推荐阅读资源库。以上教学素材将动态更新。

本教材由南京审计大学温素彬教授担任主编，具体分工如下：温素彬、赵娜、李慧编写第1章；胡仁昱、郭宗文编写第2章；万鸣华、詹天明、杨章静编写第3章；凌华编写第4章；邓德强编写第5章；刘梅玲编写第6章至第9章。本教材整体框架的设计、安排、修改完善等工作均由温素彬完成。

在编写过程中，我们参阅、借鉴了国内外的相关论著和教材，特别是案例部分重点参考了相关企业的现实应用成果，在此一并致以诚挚的感谢。

在编写过程中，我们尽了最大努力，但书中可能还存在疏漏之处，敬请读者批评指导，以使本教材渐臻完善。

联系方式：870719197@qq.com，欢迎来函。

联系方式　　　　主编简介

教授

2023年12月

目 录

第1章
会计智能化绪论

人工智能是新一轮科技革命和产业变革的重要驱动力量。

——习近平在中共中央政治局第九次集体学习时的讲话（2018年10月31日）

以科技创新和数字化变革催生新的发展动能。

——习近平在二十国集团领导人第十五次峰会第一阶段会议发表的重要讲话（2020年11月21日）

学习目标

1. 了解会计智能化的背景与趋势；
2. 熟悉会计智能化的内涵与特征；
3. 掌握会计智能化的目标与功能；
4. 理解会计智能化的框架与内容；
5. 掌握会计智能化的路径与方法；
6. 理解智能会计与传统会计的区别与联系。

重点难点

1. 会计智能化的内涵；
2. 会计智能化的框架；
3. 会计智能化的路径；
4. 智能会计与传统会计的关系。

思维导图

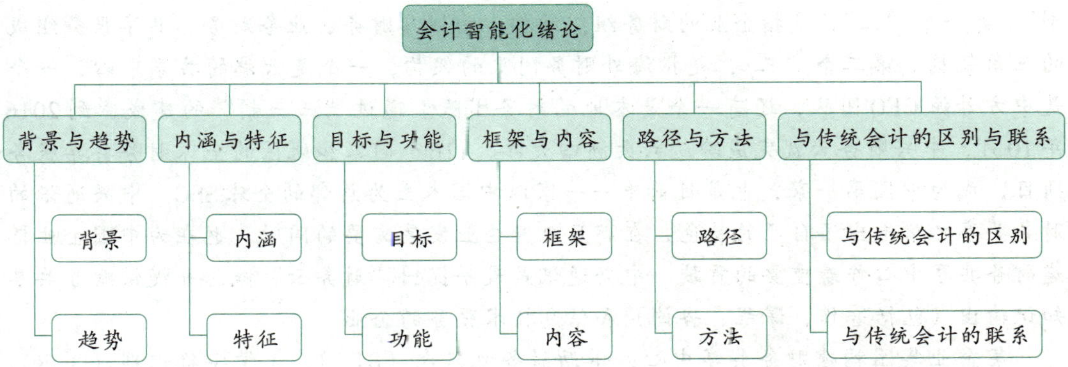

课程思政要点

序号	教学单元	课程思政要点
1	1.1 会计智能化的背景与趋势	历史唯物观；科学技术是第一生产力；党的二十大报告关于“加快建设制造强国、质量强国、航天强国、交通强国、网络强国、数字中国”“加快发展数字经济，促进数字经济和实体经济深度融合”的论述
2	1.2 会计智能化的内涵与特征	透过现象看本质；自然辩证法；当代大学生的使命与担当
3	1.3 会计智能化的目标与功能	科学技术是第一生产力；高质量发展；“五位一体”总体布局；供给侧结构性改革；新发展阶段、新发展理念、新发展格局；诚实守信和职业道德；价值塑造（社会主义核心价值观）；工匠精神
4	1.4 会计智能化的框架与内容	科学思维和系统思维；与时俱进；国资委《关于加快推进国有企业数字化转型工作的通知》；工业和信息化部《关于工业大数据发展的指导意见》；财政部《会计改革与发展“十四五”规划纲要》
5	1.5 会计智能化的路径与方法	马克思主义思想方法和工作方法；科学思维和系统思维；实事求是的精神
6	1.6 智能会计与传统会计的区别与联系	辩证唯物论；科学思维和系统思维

注：本表关于课程思政要点为建议内容，授课教师可根据实际情况进行必要的调整。

导入案例

2017年9月，在上海举行的一场分享沙龙上，德勤智慧未来研究院机器人中心带来了一款“财务机器人”。在现场，几段“财务机器人”帮助企业解决财务工作的视频引发场下听众一阵骚动。从视频中可以清晰地看到，“财务机器人”几分钟就能完成财务人员几十分钟才能完成的基础性工作，且可以7×24小时不间断地工作！

2005年，中兴通讯股份有限公司正式成立财务共享服务中心（SSC），是国内最早成立财务共享服务中心的企业。中兴通讯搭建了全球财经管理体系，也就是“三三制”。第一个“三”，是指企业的财务组织结构，由战略财务、业务财务、共享服务组成的三角架构。第二个“三”，是指海外财务团队的架构，一个是云端的共享中心，一个是中方外派CFO团队，还有一个是本地的财务团队。通过“三三制”的建成，到2016年10月，中兴财务云就完成跨越六大洲四大洋、116个国家和地区的全球财务共享服务项目，成为中国第一家，也是目前唯一一家以中国本土为总部的全球SSC。中兴通讯的财务共享之路走出了自己的特色，在满足自身企业发展需要的同时，也在为中国企业搭建财务共享中心作着重要的贡献。中兴通讯是最早提出“财务云”概念并提供财务共享知识输出（包括著作、课程、咨询）和信息技术服务的企业。

某企业集团构建财务共享中心，借助财务机器人（RPA）、光学字符识别（OCR）、专家系统、自然语言理解、移动互联等智能技术，结合商旅平台、员工信用管理、影像系统等，实现了一站式商旅服务，包括智能填单向导，碎片化的并行任务审核，发票信息智能采集、校验，基于员工信用和检查项的自动审核，资金结算中心自动付款，财务机器人一键对账，资金智能预测与调度等。在工作效率方面，通过智能填单、智能审单、智能发票查重查验等智能化应用，审单流程效率提升40%左右；在成本控制方面，每年可节约人工成本48万元左右；在全业态全核算方面，年平均核算自动化率达到94%；在决策支持方面，借助数据治理技术、挖掘数据价值，有效支撑集团预测决策。

随着会计智能化进程的加快，未来将有超过70%的传统财务人员向智能决策型财务人员转型。

资料来源：作者根据相关资料整理。

1.1　会计智能化的背景与趋势

随着人工智能等技术的迅速发展，各行各业都将面临着被人工智能、机器人所取代的风险，会计也不例外。所以，近年来业界不断流传着“会计要被机器人所取代”“会计将大量失业”等说法。基于此背景，会计是否要实现智能化转型？转型的背景和趋势是什么？本书作者认为，在智能时代，会计不仅不会消失，而且舞台更大，但转型是必然的，未来，一个组织的管理核心就是智能会计，会计要智能化。

1.1.1　会计智能化的背景

国民经济的高质量发展需要会计转型，党和政府对人工智能及其应用的高度重视及相应政策的出台需要会计智能化；大数据、人工智能、移动互联网、云计算、物联网、区块链等数字技术的飞速发展，助推会计智能化；传统核算反映型会计存在的一些天然不足、会计信息化发展的局限性等会计自身的内在发展，亟须会计智能化。

1）会计智能化的经济背景

为更好地服务经济高质量发展，会计面临变革转型。党的十九大报告首次提出，我国经济已由高速增长阶段转向高质量发展阶段。党的十九届五中全会通过的《中共中央关于制定国民经济和社会发展第十四个五年规划和二〇三五年远景目标的建议》明确提出，“十四五”时期经济社会发展要“以推动高质量发展为主题”。党的二十大报告提出，高质量发展是全面建设社会主义现代化国家的首要任务。会计作为有效管理经济活动的应用型学科，在国民经济转型发展的重要历史阶段扮演着举足轻重的角色。国民经济的高质量发展需要高质量会计的支撑，需要会计智能化转型。

由于财务机器人的推出，2016年被认为是人工智能技术引入会计界的元年。财会〔2016〕19号文强调加强会计信息化建设，明确指出要“密切关注大数据、互联网+发展对会计工作的影响，及时完善相关规范，研究探索会计信息资源共享机制”。2017年，国务院印发《新一代人工智能发展规划》，强调“抢抓人工智能发展的重大战略机遇，构筑我国人工智能发展的先发优势，加快建设创新型国家和世界科技强国”。同年10月，党的十九大报告指出，要“推动互联网、大数据、人工智能和实体经济深度融合”。2022年，党的二十大报告指出：“推动战略性新兴产业融合集群发展，构建新一代信息技术、人工智能、生物技术、新能源、新材料、高端装备、绿色环保等一批新的增长引擎”，“加快发展数字经济，促进数字经济和实体经济深度融合，打造具有国际竞争力的数字产业集群”。

中共中央、国务院发布的《关于构建更加完善的要素市场化配置体制机制的意见》，将数据作为新型生产要素，并鼓励加强大数据、人工智能、云计算等数字技术的运用。党的十九届五中全会通过的《中共中央关于制定国民经济和社会发展第十四个五年规划和二〇三五年远景目标的建议》明确提出：“推动互联网、大数据、人工智能等同各产业深度融合，推动先进制造业集群发展，构建一批各具特色、优势互补、结构合理的战略性新兴产业增长引擎，培育新技术、新产品、新业态、新模式。促进平台经济、共享经济健康发展。”人工智能时代倒逼会计与人工智能相融合，驱动会计智能化转型。会计智能化是对中央相关政策的积极响应，有助于推进国家发展改革委和中央网信办提出的“上云用数赋智”行动，促进数据新型生产要素的市场化配置。

2）会计智能化的技术变革

目前，大数据、人工智能、移动互联网、云计算、物联网、区块链等数字技术不断涌现，尤其是人工智能技术的快速发展和广泛应用。“大智移云物区”等新技术风起云涌的数字经济时代，对会计发展产生巨大影响。由上海国家会计学院和元年科技等机构联合举办的评选活动结果显示，2023年影响中国会计从业人员的十大信息技术依次为数电发票（包括电子发票/区块链电子发票）、会计大数据分析与处理技术、财务云、流程自动化（RPA&IPA）、电子会计档案、中台技术、新一代ERP、数据治理技术、商业智能（BI）、数据挖掘；潜在的影响会计从业人员的五大信息技术分别为生成式人工智能（AIGC），大数据多维引擎与增强分析，AI信任、风险和安全管理，多模态预训练大模型，自适应人工智能。

现代信息技术作为原生推动力，不仅给社会经济发展带来了新的引擎，也为会计智能化变革提供了基础手段和工具。以“大智移云物区”为代表的新技术正在改变着传统会计的许多方面，如财务工作模式、会计核算、资金结算、业务流程、数据处理方法、经营方式、组织架构、发展战略等。大数据技术不仅有助于收集获取真实、全面、可用的会计信息，而且提供数据分析工具，帮助企业进行系统的会计信息分析。人工智能技术包含计算机视觉、VR、机器学习、自然语言处理等，对数据具有更高的洞察力，能够从根本上提高对业务和财务等数据的采集、处理能力，提高会计数据质量，进而辅助企业进行更加精准、科学和有效的决策。人工智能技术的应用，驱使财务人员从繁杂、重复的财务工作中解放出来，向管理会计转型，为管理层提供高效精准的决策建议。移动互联网改变了服务方式，提高了系统的灵活性，实现了随时随地的应用。云计算提供了虚拟化、动态可扩展、按需部署的计算环境。物联网把所有物品通过射频识别等信息传感设备与互联网连接起来，实现智能化识别和管理。区块链技术具备去中心化、不可篡改等特点，能够提供更为透明、可信度更高的记账模式，极大地提高了会计信息的真实性和安全性。

随着人工智能等新技术的快速发展，会计初步智能化已在企业实践中得以应用。智能报销模式使员工借助NLP、影像、OCR、专家系统等智能技术进行会计报销处理。财务共享服务中心借助人工智能等信息技术获取海量的结构化和非结构化数据，并通过分析加工帮助企业管理层实现高效管控和财权监督。例如万科集团的财务共享服务中心，通过引入RPA财务机器人、OCR图像识别、电子档案、信用管理等新技术，全面提升财务交易处理的自动化程度；蒙牛集团的全球司库管理，通过资金结算和财务核算一体化，实现资金的智能化管理等。会计行业发展具有时代性，以“大智移云物区”等技术应用为特征的新数字经济为会计智能化提供了极大的技术赋能空间，在人工智能等技术的冲击下，会计智能化变革已是大势所趋。

3）会计智能化的内在发展需求

传统的会计以核算反映型为主，存在一些天然的不足：第一，概括性。对经济业务高度概括，无论经济业务多么复杂，最终都被抽象为摘要、科目、金额，大量的有用信息被过滤掉了。第二，结果导向。只反映结果信息，丢掉了过程信息，不能反映经济活动的全貌。第三，面向过去。只针对过去的交易，信息滞后。第四，结构化。只产生结构化数据，即标准的财务报告，过滤掉了大量的非结构化数据。第五，自身性。只产生企业自身的交易信息，对外部数据的挖掘不够。第六，货币性。只产生货币性数据，过滤掉了大量的非货币性数据。第七，割裂性。难以反映各类数据之间的关联性。因此，随着数据技术革命的推动，会计需借助人工智能等工具和手段适时地弥补自身的不足，实现智能化变革。

会计智能化是会计自身的内在发展需求。从1979年开始，我国会计经历了电算化到信息化的发展阶段。电算化阶段主要运用计算机或常规数据库产品对数据进行运算处理，只是借助计算机取代部分人工会计核算工作和实现部分处理环节的自动化，并没有改变会计的核心处理流程和基本的组织结构。

20世纪90年代，ERP的诞生和计算机网络的普及标志着会计进入信息化阶段。信息化阶段的核心技术主要包括互联网、数据仓库、SaaS等，典型代表是财务共享中心。会计信息化阶段强调人机工作的协调配合，能够实现财务管理流程或业务管理流程的优化和再造。企业运用核心技术的数据处理能力和网络传输能力，初步整合了业务和财务管理，实现了业财信息的快速处理和实时共享。会计信息化更多的是对组织和流程的再造，强调业财信息的整合与共享，其中的财务共享服务模式也主要针对财务会计流程进行信息化处理，通过标准化和流程化提供数据管理基础，但并未实现全面的智能化。所以，会计信息化也具有一定的局限性，企业各类信息处理的效率、效益，以及风险管理水平、财务预测决策能力等都有待进一步提高，会计仍需要变革转型。

会计智能化能够更好地赋能业务、提升数据质量、提高工作效率、加强管理和决策支持，进而实现价值创造。人工智能的飞速发展和逐渐成熟，为会计的智能化转型提供了契机。人工智能技术能够通过实现财务流程的全自动化降低成本、提高效率、减少差错；能够自动、实时、科学地为企业提供预测、决策支持。会计智能化不仅是对组织和流程的再造，更多的是对企业管理模式和管理理念的再造。所以，会计需要乘以人工智能为代表的新一代信息技术之风，进行智能化转型。

1.1.2　会计智能化的趋势

会计学作为一门提供专门信息的应用性学科，经历了结绳记事、竹简纸张记事、账簿记事、会计电算化、会计信息化等发展阶段。随着大数据、人工智能、移动互联网、云计算、物联网、区块链等新一代信息技术的飞速发展，会计智能化升级已成必然。会计的发展变化过程如图 1-1 所示。

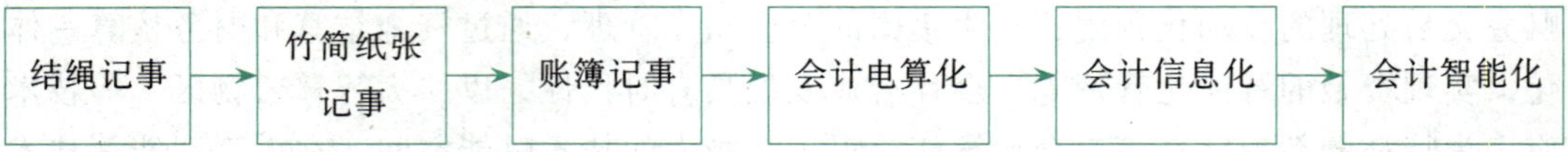

图1-1　会计的发展变化过程

会计智能化的发展和人工智能技术开发与发展的速度、智能化系统的开发速度、企业内在实践需求，以及会计智能化相关文化、政策、法规密切相关。会计智能化趋势主要体现于会计核算全流程自动化、构建智能财务共享服务平台、人机智能一体化业财管融合、智能财务决策支持。

1）会计核算全流程自动化

会计智能化趋势之一是实现会计核算全流程自动化。会计核算工作是会计工作中最基础的组成部分，企业的预算管理、投融资分析、预测、决策等管理活动都需要会计核算的数据支撑。会计核算工作效率和会计数据质量直接影响企业的生产经营及价值创造过程。企业的会计核算工作繁冗复杂，尤其集团公司的会计核算工作量更大，容易出现效率低下、出错率较大的现象。

会计智能化能够通过运用人工智能等新技术，实现会计核算全流程自动化。智能感知、数据爬虫、OCR、电子发票、移动支付、RPA、自然语言理解、基于知识图谱或处理规则的专家系统、会计信息标准以及神经网络等技术，能够将电子和非电子票据等原始凭证进行智能化处理，通过自动验真、自动审核自动形成记账凭证，自动记账，进而自动对账。例如，在费用报销时，员工把增值税发票等原始凭证通过移动端拍照上传至云共享平台即可。在会计信息输出端，也能够将自动处理结果（如多维报表信息）实时地、动态地、个性化地呈现，以供决策者参考。会计智能化借助智能技术和信息展示软件实现会计核算全流程自动化。一些大型集团企业在端到端的流程处理中，把跨系统之间重复的、规则明确的工作交由 RPA 来完成。会计核算全流程自动化将财务人员从大量的、重复性高的、烦琐的会计核算工作中解放出来，从而降低人力成本，提高核算效率。

2）智能财务共享服务平台

会计智能化趋势之二是构建智能财务共享服务平台。此平台的构建需要以数据爬虫、OCR、专家系统、RPA、电子发票、电子档案、移动计算、财务云、数据挖掘、数据展示等技术为基础。智能财务共享服务平台通过运用这些技术，能够将财务数据、业务数据，以及其他结构化和非结构化数据进行集成，以弥补过去会计数据分散的不足；能够提供集团统一的数据管理中心，以完成数据的分类、汇总、传输、分析等过程。智能财务共享服务平台在已实现财务处理的集中化、标准化、流程化和信息化的基础上进一步实现智能化，并将服务内容从应收、应付、总账、资产管理、费用报销、资金管理等一般事务性流程领域扩展到了税务分析、公司治理、资金运作、内部审计、风险管理、预测决策等高价值流程领域（刘勤和杨寅，2018）。财务共享服务平台不仅能够通过数据集中降低成本，而且可以通过智能化为企业的成本管理、全面预算管理、风险管理、绩效评价等管理活动提供更高质量的会计信息和更精准的决策依据。

3）人机智能一体化、业财管融合

会计智能化趋势之三是人机智能一体化、业财管相融合。该趋势的实现需要以对云共享、大数据处理、物联网、机器人，以及自然语言理解、深度学习模型等技术的高级运用为基础。人机智能一体化是伴随会计智能化出现的重要管理模式，强调人脑智能、人工智能以及会计环境之间的相互协作和相互融合。智能财务研究中心于2019年发布的《中国企业财务智能化现状调查报告》指出，未来的财务管理模式是人机协同一体化管理。人机智能一体化是指人工智能技术和会计人员共同组成有机体，通过会计人员与智能机器的有效合作，完成复杂的会计工作，进而实现会计的决策职能。“人”与“机器”相辅相成的智能一体化将对会计工作重点、工作内容、工作方向产生重大影响，能够使会计行业发生实质性的改变。会计智能化未来会将业务活动、财务活动和其他管理活动进行深度融合，实现业财管融合。业务、财务和其他管理活动的融合不仅能够使业务流程标准化、智能化，而且能够提高企业的管理控制水平。

人机智能一体化、业财管相融合的实现对智能化程度要求较高。人机智能一体化系统需要科学设计人和智能机器的功能，合理分配二者的任务，同时考虑由此带来的伦理风险。业财管融合系统中，业务人员、财务人员及管理人员的分工更多的是信息应用视图的划分，原始分工将在会计智能化进程中被彻底改变。

4）智能决策支持

会计智能化趋势之四是能够为利益相关者提供智能决策支持。智能决策支持的实现基于数据挖掘、知识图谱、神经网络、遗传算法、大数据分析、BRL、对话机器人、智能诊断、智能预警和虚拟展示等技术，同时需运用信息论、控制论、系统论、数量经济学和模糊数学等理论。智能决策支持系统运用这些技术和模型，对企业运营产生的财务数据、业务数据等各类数据进行实时的自动采集，形成数据仓库，再运用数据挖掘技术及数据分析模型挖掘数据之间的内在关联性，分析有价值的数据信息，进而通过向不同的利益相关者提供趋势性统计分析和预测报告帮助其进行科学的分析决策。智能决策支持系统能够实现企业生产经营过程的事前预测、事中控制和事后分析。在数据分析结果输出方面，智能决策支持系统能够利用数据可视化技术，将企业的资产使用情况、收支情况、业务分布情况、盈利情况等数据进行可视化输出，从而使各利益相关者更加全面、直观地了解和分析相应的会计数据，进而作出科学决策。

1.2　会计智能化的内涵与特征

既然会计智能化已成必然，那么什么是会计智能化，其内涵是什么，会计智能化具有哪些特征？本节将回答这些问题。

1.2.1　会计智能化的内涵

针对会计智能化是什么的问题，当前定义还比较模糊，涉及智能会计、智能财务、智慧会计、大数据会计、会计智能、财务智能等诸多概念，主要从人工智能技术、大数据技术等新技术在会计中的应用视角进行定义，更多体现的是财务会计的自动化。事实上，这并不是真正的会计智能化。会计智能化的内涵应基于会计的本质及智能的内涵进行分析。所以，本书从会计的本质和智能的内涵出发，分析会计智能化的内涵；基于对会计智能化给传统会计带来的多方面转变的分析，思考会计智能化的基本要求。

需要特别说明的是，关于会计智能化名称的提法有很多，包括智能会计、智能财务、智慧会计、智慧财务、大数据会计、区块链会计等多个名词，不一而足。本书认为，面对高质量发展的根本要求和现代信息技术的外部推动，会计的转型升级需要一个过程，不可能一蹴而就，并且，也不存在智能会计与非智能会计之分。我们可以将会计划分为财务会计、管理会计，但不能将会计划分为智能会计和非智能会计。所以，准确地讲，应该称之为“会计智能化”或者“智能化会计”。会计始终随着技术的变革而变革，随着计算机的使用，会计进行了“电算化”变革，我们称之为“电算化会计”；随着互联网、数据仓库、ERP的使用，会计进行了“信息化”变革，我们称之为“信息化会计”。同样，随着云、网、链的发展，会计将进行“智能化”变革，应称之为“会计智能化”或者“智能化会计”。

然而，由于当前学术界和实务界都习惯于将会计智能化简单地称为“智能会计”。所以，本书不对会计智能化和智能会计做严格的区分。根据撰写的需要，在教材中穿插使用“会计智能化”和“智能会计”。其中，“会计智能化”突出“化”，更加强调智能化的过程；“智能会计”突出“智能”，更加强调会计的智能特征和智能功能。

1）智能会计的定义

（1）会计的本质。会计的传统定义是，以货币为主要计量单位，反映和监督一个单位经济活动的一种经济管理工作。关于会计的本质主要有“信息系统论”和“管理活动论”两大观点。其中，信息系统论的核心观点是，会计是旨在提高企业和各单位的经济效益，加强经济管理而建立的一个以提供财务信息为主的经济信息系统；管理活动论的核心观点是，会计是以货币计量为基本形式，对经济业务进行核算与分析、作出预测、参与决策、实行监督，旨在提高经济效益的经济管理活动。这两大观点对会计的认识虽各有侧重，但殊途同归，一致认可会计主要以货币为计量单位，记录、核算各项经济业务，形成数据、报表等会计信息，为提高经济效益、加强经济管理提供决策依据。于企业而言，会计主要反映其现金流量、经营成果及财务状况，监督其生产经营活动，参与其经营决策。

（2）智能的内涵。智能可以分为生物智能和机器智能两大类，人类智能是生物本身具有的智能，属于生物智能。机器智能又称为人工智能，是人类开发的产物，包含感知智能、运算智能和认知智能，其中，感知智能模拟人类视觉、听觉和触觉等能力，运算智能模拟人类大脑的计算和记忆存储运算能力，认知智能模拟人类大脑的概念理解和逻辑推理能力。人工智能就是在不断探索、研究、模拟这些能力。人工智能可以分为弱人工智能和强人工智能。弱人工智能主要模拟人类的视觉、听觉、触觉，以及计算和记忆存储运算能力，并不具有逻辑推理能力，不能智能生成解决问题的方案。强人工智能则能模拟人类大脑的思考、逻辑推理能力及解决问题能力。智能会计使会计理论基础由管理学、经济学扩展到了心理学、人工智能等相关理论。人工智能在会计中的应用体现于会计核算的语音输入智能、凭证核对验证的机器视觉、大数据财务分析、智能财务风险控制和提供精准预测方案等。所以，智能会计的内涵即如何利用人工智能等技术改进完成日益复杂的会计活动，如何把人类大脑中的会计管理知识转化为机器智能，从而进行智能预测、智能预警、智能决策、智能风险识别和控制等。随着人工智能的飞速发展，社会经济活动不断革新，会计的核算数据、核算内容、核算方法发生了巨大变化，由原来简单的计量、记录逐步向智能辅助经营决策发展，这有助于促进资源配置效率的提高和经济的健康可持续发展。

根据会计的本质及智能的内涵，本书将智能会计定义为：以人工智能为代表的“大智移云物区”等信息技术赋能会计，通过人机协同使业务结构、会计核算全过程流程化、自动化、智能化，使会计信息全面精准化、更能真实透明地反映经济管理活动，借助大数据分析技术，实时智能地为管理者等利益相关者提供有助于科学有效的智能预测、决策判断、管理控制等的可视化信息，以提高会计控制和管理决策的效率，进而驱动价值创造。

智能会计的核心功能是基于智能共享，从多维的视角反映一个组织的利益相关的行为并进行关联性分析和决策支持。

智能会计应主要包含两个模块：一个模块是智能共享服务；另一个模块是智能决策支持。所以，智能会计是智能共享会计和智能决策会计两大模块的有机融合。若将智能会计的两大模块与当前会计相对应，那么智能共享会计更多与财务会计相对应，智能决策会计更多与管理会计相对应。智能共享会计主要体现为财务会计的变革，指怎样获取信息，怎样生成我们需要提供的信息，这就是当前许多单位正在实施的共享服务，处于共享1.0阶段，属于核算共享。基于这个层面，会计会产生两大类信息，一类是按照标准的会计准则对外发布的财务信息；另一类是组织层面的多维信息库。智能决策会计主要体现为管理会计的变革，主要用于对数据的分析和决策支持。

2）智能会计的基本要求

（1）人工智能等新技术赋能会计

会计智能化的内涵在于人工智能等新技术在会计领域的运用，主要包含大数据、人工智能、移动互联网、云计算、物联网、区块链、模式识别（影像识别、语音识别、生物识别等）、专家系统、神经网络、知识图谱、机器人、遗传算法、自然语言理解和智能移动通信等。

在会计领域，大数据技术用于采集、归类、存储、分析、运算来源分散、格式多样的海量的会计数据，从中发现新知识、创造新价值、提升新能力。其中，数据挖掘算法的不断优化有助于洞察会计数据中隐含的会计新知识。人工智能在信息处理和分析方面具有超越人类的速度和精准度，能够拓展那些受限于人类计算能力的信息处理方法。人工智能技术包含RPA、语音识别、图像识别、专家系统、自然语言处理等，能自动、快速、精确、连续地处理财务管理工作，应用于财务业务、税务业务等多个方面，如发票检查、费用审核、发票报销、结账核算、报表出具、税务申报等应用场景。移动互联网是移动通信和互联网的结合，具有随时、随地和随身等便利特性，以及分享、开放和互动等社交特性。云计算能够为计算机和其他设备按需提供共享的软硬件资源，是一种基于互联网的计算方式，可以将共享的软硬件资源和信息按需提供给计算机和其他设备。物联网是通过运用信息传感设备，按约定协议将物与互联网相连接进行信息通信，以实现智能化识别、定位、跟踪、监控和管理的一种网络。区块链的核心技术是去中心化、实时共享、可追溯并不可篡改。区块链技术能够将企业和合作伙伴间的合同、票据转换为不可篡改的数据链。舆情分析、知识图谱等技术有助于财务人员在审核采购付款时，实时识别供应商的信用及舞弊情况，以降低企业资金支付风险。风险系数测算、智能付款排程和融资组合成本算法等技术有助于企业在进行重大决策时提供智能资金预测支持。

（2）人类智能与机器智能相互协同

自信息技术应用于经济管理以来，会计与技术在不同历史时期相互促进，会计不断地应用技术，技术不断地推动会计发展。会计智能化的内涵是人类智能与机器智能的相互协同，二者相辅相成共同促进会计智能化变革。

会计智能化的过程就是人类智能与机器智能相互协同创造价值的过程。机器智能是人类智能开发的产物，人类智能又能通过运用机器智能获得新知识、新智能，如将大量的数据通过神经网络训练可获得新知识。需要注意的是，即使机器智能的运用可以给人类带来一些新智能，机器也不会完全替代人工。例如，大量的业务活动还需要人类操作，元数据标准的制定、评价指标体系的构建等都需要人类完成，会计数据间潜在的规律和知识更多地需要人类的智慧去挖掘和发现，因此，会计智能化需要人机深度融合，其内涵是人类智能与机器智能的相互协同。

（3）大数据分析与智能决策支持

会计智能化以数字经济为前提，以人工智能等为技术支撑，通过大数据分析支持企业进行智能决策，实现数据驱动管理、管理规范业务、业务驱动财务目标。会计智能化的内涵在于大数据分析与智能决策支持。

会计智能化不是一蹴而就的，需要一个过程，最开始源于人工智能对数据本身的影响，随之而来的是对数据处理、传输、分析以及应用等的影响。大数据分析是会计智能化的基础。会计智能化强调在业务数据、财务数据等大数据的基础上，综合运用大数据分析技术、大数据模型及算法、共享服务中心等平台，充分实现智能核算、实时监测，从而更科学、精准、高效地为组织提供智能决策支持。会计智能化突出人机的相互协作，以及业务、财务和管理活动的深度融合。会计智能化过程中的大数据分析主要体现为运用数据的聚集效应及数据之间的关联关系，来探索挖掘数据本身蕴含的经济规律，这在传统会计中很难实现，是会计智能化的内涵所在。会计智能化可以运用全面而非抽样的数据处理方式，实现对财务活动的自动合规审查和自动风险评估，通过自动地分析处理过程逻辑、寻找出错根源、按规追究责任、及时采取措施，从而保障企业的财务安全。

会计智能化是建立在人工智能等新技术基础上，结合互联网模式下的财务转型升级和创新发展实践而产生的新形态。运用大数据技术进行大数据分析及建模，运用人工智能技术实现结构、流程、服务的智能化，促进构建高效、规范的经济管理流程，实时监测生产经营状况，为管理者等利益相关者提供智能决策支持。

1.2.2 会计智能化的特征

会计智能化基于数字经济时代以人工智能为代表的新技术的赋能，天然地具有这些技术的相应特征。具体地讲，会计智能化具有流程自动化、数字化、智能性、精准化、动态实时化、输出结果可视化、可比性等特征。

1）流程自动化

会计智能化具有流程自动化特征。智能分析流程化作业的完成，只需业务人员或财务人员基于预设程序录入数据，整个分析过程无须人工参与。会计智能化系统能够将从业务流程、会计核算和管理流程获取的数据及数据核算结果自动向下传递，运用大数据分析技术进行智能分析，输出可视化分析结果，自动传递给管理者等信息使用者。同样的，会计核算工作的流程化也是依据录入的基础数据，按照系统已经设定的规则自动地进行会计账务处理，包括算账、结账和核账等。智能财务机器人就是通过信息识别和流程自动化，模拟或替代具体的财务工作流程，处理大量重复和规则明确的操作性业务。

2）数字化

数字经济时代，数据成为新型生产要素。数字经济强调数字产业和实体或虚拟经济在技术、管理、商业模式等领域的深度融合。王爱国指出，数字化本质是通过数字技术、信息技术和通信技术显性嵌入企业的业务流或物质流，形成数智化闭环和智能网络，使企业生产经营的全过程、全要素、全环节可传感、可量化、可集成、可回溯，实现人与人、人与机器、机器与机器、服务与服务之间的互联集成。数字化能够破解组织结构、再造业务流程，体现为内部运营管理数字化、外部营销环境数字化和行业平台数字化。自然语言理解技术的应用即智能会计在数字化方面的体现，其核心就是把人类的自然语言翻译成能在数据库中进行查询的数据查询语言，因此数字化也是会计智能化的特征之一。

3）智能性

会计智能化是借助机器学习、算法引擎等人工智能技术，实现会计核算、业务流程和企业管理的深度融合。会计智能化系统能够自动、准确地编制纳税申报表、合并财务报表等，构建业务流程地图，智能地实现自动化、精细化管理，降低会计工作成本、提高会计工作效率。张玉明指出，智能会计的智能性特点主要体现在AI系统、RPA等智能工具以及大数据分析模型三个要素中。AI系统的功能类似于人脑，能够将管理人员的指令进行分解；RPA等智能工具的功能类似于人的四肢，能够根据AI系统下达的指令自动运行，高效地完成任务；大数据分析模型的功能类似于人的循环系统，能够通过实时地抓取企业内部经营数据及外部经营环境数据进行模型构建和分析，推动会计工作由传统的核算型向管理型转变。

4）精准化

会计智能化能够收集精准化的数据并精准地提供给使用对象。精准化特征体现于数据收集的精准化和供给对象的精准化。会计大数据来源于业务流程、会计核算流程和管理流程，不同部门及不同工作流程都是按照“分类—审核—汇总”的程序对这些数据进行精细化收集的。数据收集的精准化能够更方便、精准地提供给数据使用者。管理者要查找某些工作数据，即可直接从系统中调取相应部门的相应流程的数据。此外，会计智能化可通过对系统用户加密等方式设置不同信息使用者的权限，实现供给对象的精准化。

5）动态实时化

会计智能化能够实现动态实时化。传统的财务状况分析只能依据近期的经营数据结合财务报表的分析结果进行分析，而报表是基于过去的数据，具有一定的滞后性。会计智能化将业财进行深度融合，财务数据能够及时地反映业务信息，形成的会计数据与日常经营状况密切相关，实现实时动态地为信息使用者提供数据和智能决策支持。管理者能够实时动态地了解企业近期的盈利能力、营运能力和偿债能力，监测企业的财务安全状况。会计智能化的动态实时化还体现在预算管理上，由于市场变化越来越快，预算滚动周期变得越来越短，因此按月、按天滚动变得越来越重要。

6）输出结果可视化

会计智能化的特征还表现为输出结果的可视化，对财务分析过程及结果均可以进行可视化输出，实现实时、高效地为管理者等利益相关者提供智能决策支持。传统的财务报表更多的是数字和公式的堆积，输出结果呈现得并不直观；而会计智能化可以将分析趋势或结果更直观地以可视化形式呈现，尤其是智能财务预警、趋势分析报告等。

7）可比性

会计智能化的另一特征是输出结果具有可比性，即会计智能化的输出结果既可以与同行业公开的相应数据进行横向对比，又可以与自身历年的输出结果进行纵向对比。通过与同行领先者的对比，利用人工智能模型、商业智能分析工具、深度学习经验，查找自身有待学习和进一步发展的模块；通过与同行落后者及自身历年的输出结果的对比，分析自身的不足之处，找到发展过程中存在的问题并采取相应对策和措施。

1.3 会计智能化的目标与功能

通过上一节的学习，我们理解了什么是会计智能化，或者什么是智能会计，理解了会计智能化的内涵和特征。那么会计智能化要实现什么目标，具有哪些功能？本节将回答这些问题。

1.3.1 会计智能化的目标

随着大数据、人工智能、移动互联网、云计算、物联网、区块链等新技术的发展，智能化时代正在快速到来。智能化指事物在计算机网络、大数据、人工智能等技术的支持下，所具有的能满足人的各种需求的属性。那么，会计智能化则是会计在计算机网络、大数据、人工智能等技术的支持下，能够满足企事业单位利益相关者的决策需求升级，重点突出会计与现代科技、会计与管理决策的深度融合。智能时代给传统会计工作带来了巨大的挑战，也深刻地影响着传统会计体系的目标。目标是动力的源泉，明确会计智能化的目标不仅为会计工作内容和方式的变革指明了方向，也为会计从业人员更新知识结构和提升职业素质明确了新的要求，进而帮助企业优化资源配置，促进企业数字化转型来适应时代的发展。会计智能化的目标主要体现在核算自动化、业财数字化和业财融合、决策智能化等方面。

1）核算自动化

会计智能化通过广泛、深入地收集经济信息，客观、精准地分析经济信息，凭借大数据、人工智能等技术支撑，实现会计核算自动化，从而提供完善、可靠的会计报告来保障财务工作的高效和准确，提高经济决策有用性，从根本上弥补传统会计体系的不足。

（1）提高会计日常工作效率

引入大数据、人工智能、云计算等技术的会计智能化系统，其优势之一便是组织日常会计工作的高效性与准确性。在传统会计工作流程下，繁重冗余的基础性工作耗费了会计人员的大量时间，虽然当前的会计信息系统已经实现财务报表自动生成等部分功能，但仍需财务人员完成整理、录入数据、编制凭证等繁杂的基础性工作。而会计智能化将利用数字化技术和自动集成技术，自动完成数据录入、数据处理和分析等工作，快速且高效地完成简单重复的基础性工作，使会计人员有更多时间和精力完成预算分析、投资决策等高附加值的工作。例如，将各类原始票据进行数字化识别和存储，自动完成凭证编制；自动汇总和计算各类会计科目的发生额和余额，完成资金信息、往来信息、资产信息的整理和输出等。同时，会计智能化能够处理现行会计准则无法明确判断、确认、计量的经济事项。例如，对于附有销售退回条件的商品销售，通过人工智能对历史退货经验数据和生产过程中产品质量的监管数据，合理估计退货率，保证企业主营业务收入和主营业务成本确认、计量的准确性，进而提高会计人员职业判断的准确性。

（2）完善财务报告披露体系

智能会计体系仍然遵循传统会计的确认、计量、核算、报告的工作逻辑，在会计的报告阶段，会计智能化致力于提供更加全面、可靠的决策相关信息。例如，通过人工智能等技术，扩展了财务报告披露的内容跨度、时间跨度、数量范围和形式种类，包括财务和非财务信息，并实时提供历史、现在和未来的全时段信息，不仅能提供报表的结构化数据，还能提供丰富的视频、图像等非结构化数据，显著提升信息的决策相关性，为决策的科学性和敏捷性奠定基础。

总之，在财务层面，会计智能化立足于业务驱动财务，实现会计核算的高效和准确，完善财务报告披露体系。

2）业财数字化和业财融合

（1）实现业财数字化

会计智能化条件下，通过数据治理，以数据驱动管理，将数据标准化、规范化、高质量地整合在一起的最简单方式就是不去做转换，使数据从源头、从产生的地方就遵循同样的标准和规范。因而，在业务发生的源头，同时记录业务和财务，可以实现业务和财务的同步数字化。

（2）降低经营成本

智能化时代的企业面临着瞬息万变的外部环境，企业的每一步决策都面临着不同的代价和不同程度的风险，企业持续稳定发展的关键是在保证经营产出的前提下尽可能降低成本，并且及时规避各种风险。会计智能化能够在企业节约成本和规避风险方面达到良好效果。例如，会计智能化加速了财务人员知识体系、技能结构的转型，淘汰冗余的工作人员，显著降低人力资源成本；同时促进智能财务会计共享中心等形式的数据中台的建设，绝大多数财务工作和部分业务工作被流程化和标准化，通过线上平台自动完成，从而减少差旅服务、物资财产等的购买成本和管理成本。

（3）促进企业数字化转型升级

企业数字化转型是战略层面的概念，其本质是通过数字技术和数学算法显性切入企业的业务流，形成智能化数据闭环，使得企业生产经营的全过程可度量、可追溯、可预测和可传承，企业数字化转型重构了企业的质量、效率和成本的核心竞争力。会计智能化以大数据、人工智能、移动互联网、云计算、物联网和区块链这六大技术作为技术支撑，完成业务、财务、管理三个模块数据的融会贯通，从技术、数据、管理上全方位地助力企业数字化转型。在业务模块，智能会计借助各类信息技术，将生产运营管理系统、供应链管理系统、人力资源管理系统统筹到一个智能管理会计共享平台，做到企业经营全流程的信息数字化，实现从源头到终点的数智化分析和监控；在财务模块，智能会计通过建立智能会计共享平台，使会计核算、会计分析、会计预测、会计决策、会计预算等全面实现数据化管理；在管理决策模块，会计智能化系统在全方位收集和利用业务和财务的海量数据的基础上，智能化输出各类管理报告，以更加客观、准确的算法分析模型，辅助决策方案的制订。

(4) 促进企业组织变革

数字化时代背景下，组织管理中个体的角色，个体与组织间的匹配，激励机制的设计、组织机构及其演变、组织变革及转型，尤其是领导人角色的转变，都发生了根本性的改变，而其中激活个体和激活组织成为重要的话题。会计智能化促进财务组织模式发生变革，打破了原有的组织边界，建立战略、财务共享、财务业务的三维职能体系。财务作为价值的度量衡和企业大数据的闭环，将在管理广度和深度上实现新的突破，具体将以“数据”为起点，覆盖每一项活动、每一个个体，呈现“人人财务”，从“赋能激活”而非“核算计量”的角度辅助企业的组织变革。

(5) 实现业财融合

当前的财务会计信息与业务之间存在较严重的脱节，主要体现在：第一，时间上的不融合。当前会计信息在时间上往往滞后于与之对应的经济业务。第二，内容上的不融合。由于当前会计技术的原因，经过传统的会计处理后，反映经济业务的信息被抽象为摘要、科目、金额，进而再经过各种汇总后呈现在会计报表中，无法反映经济业务的全貌。由于时间上的滞后，内容上的不完整，会计信息无法重现经济业务的全貌，因此这样的会计信息也很难对决策起指导作用。正因为财务信息与业务之间存在不融合，所以近年来如何实现“业财融合”成为迫切解决的问题。

将大数据、人工智能、区块链等现代信息技术应用于会计领域，实现会计的智能化升级，旨在打破部门间的信息壁垒，建立快速反馈机制，消除信息不对称，实现数据共享业态，进而实现财务和业务、业务和技术的全时段、全方位、全流程的全面融合。

3) 决策智能化

会计智能化的目标包括更高效准确地完成确认、计量、记录和报告的会计核算流程，反映管理层受托责任的履行情况，而其终极目标仍然是帮助企业利益相关者尤其是管理层迅速作出科学有效的管理决策。会计智能化是对传统会计体系的智能化改造，在提高企业经营预测的准确性以及经营决策的科学性、敏捷性等方面都具有重要的促进作用。

(1) 提高经营预测的准确性

经营预测的准确性是经营决策正确与否的关键，而全面深入的信息收集和客观精准的数据分析是经营预测准确性的前提。无论是信息的收集还是分析，传统会计人员均囿于技术水平和人为直觉经验，经营预测的准确性受到影响。会计智能化凭借大数据、人工智能等技术，充分深入挖掘各类信息并进行精准的分析，减少了人为误差，提高了经营预测的准确性。例如，电商行业利用用户行为分析预测用户人群、品类、时间和数量，金融行业利用舆情预测股票走势从而量化决定投资组合等。

（2）提高经营决策的科学性

在大数据时代，企业面临的环境日趋复杂，数据变化也会越来越快，对决策时效性和科学性的要求必然会越来越高。在此形势下：①分散决策将成为必然，全员决策也将成为可能，在决策权力的具体分配过程中，企业必须给予员工或企业利益相关者相关决策权力，以提高组织决策水平和提升决策的科学性。②个性化财务报告成为可能，大数据有助于丰富会计信息的结构、计量属性和计量单位的种类，使财务信息与利益相关者的决策高度相关。例如，股东考核经营层业绩需要以历史成本为计量属性的财务信息，而评价投资决策需要以公允价值或现值为计量属性的财务信息，银行等债权人关注抵押物的价值，以可变现净值为计量属性的财务信息更能满足其需求，因此可以针对大数据共享平台提供个性化财务信息，从而提升利益相关者的决策科学性。

（3）提高经营决策的敏捷性

传统企业的决策一般都要经过长时间的资料搜集、调查研究、分析论证、方案选择与评估等程序，但现代市场的激烈竞争客观上要求企业能够先他人动而动，迅速决策，争抢市场战略制高点，最终在市场竞争中占有强有力的一席之地。大数据等信息技术的应用，大大提高了决策的敏捷性，具体表现在两个方面：一是基于云计算的数据处理与分析技术作为大数据处理的一种有效工具，可以为数据收集、整理、分析等提供技术支持，能够有效帮助企业提升信息服务质量，促进决策难题加速解决；二是大数据下的知识发现技术可以有效提升决策质量与决策速度，因海量的数据具有类型多且价值密度相对较低的特征，通过建立面向半结构化、非结构化存储数据或面向流数据的知识发现方法以及多源海量信息的知识发现和知识融合技术，挖掘隐藏其中的对提升决策质量与决策速度有价值的信息。

总之，会计智能化立足于数据驱动管理，借助于大数据分析应用平台，通过建立多维分析模型和数据挖掘模型，实现业务经营精细协同管理，辅助决策支持和全面风险评估，提高经营预测准确性，实现智能预测、智能预警、智能决策、智能风控，提高决策的科学性和敏捷性，服务企业高质量发展。

1.3.2　会计智能化的功能

功能是事物或方法所发挥的有利作用或者效能，是事物内部要素结构决定的存在于事物内部相对稳定独立的机制。会计的功能源于马克思在《资本论》中的阐述，“过程越是按社会的规模进行，越是失去纯粹个人的性质，作为对过程的控制和观念总结的簿记就越是必要”，这里将会计的功能总结为“过程的控制和观念的总结”，具体而言，即监督、反映、决策支持。不论技术手段如何变化，会计的根本功能并没有变，仍然是监督、反映和决策支持。其中，监督和反映体现的是财务会计的功能，决策支持体现的是管理会计的功能。随着会计逐渐智能化，其功能也变得更加强大。

1）监督功能

会计智能化使会计的监督职能更加强大，效率更高，主要体现在以下四个方面：

一是会计智能化系统实现对使用者的有效监督和控制。会计人员利用计算机完成各类财务操作，存在使用者的非法意图和越权操作等风险。未来，会计智能化系统将是系统集成下的智能操作系统，将与国家大数据联网，与公安系统、工商系统、会计档案系统、税务系统、金融系统等实现有机结合，形成一套科学、规范的监督控制体系。人脸识别、操作识别及生物特征识别技术的应用，可使会计智能化系统拥有强大的计算能力，在短时间内准确识别使用者的真实身份和使用意图。

二是会计智能化系统实现对资金安全的有效监督和控制。会计智能化时代下，企业单位账户任何一笔资金的调拨和使用都将借助人工智能技术和机器学习技术下的机器分析和人工干预来完成。例如，在非智能化条件下，一笔用于购买原材料的资金拨付需要经过各部门领导审核签字、会计确认、出纳付款等流程，这一过程可能会出现人为差错导致的风险。在会计智能化系统中，这笔操作只需要一道指令，即可利用系统集成技术、大数据技术进行分析，核实会计账务系统是否有这笔应付款，库存系统上是否有这笔原材料记录、税务系统上是否有相应的发票记录、企业单位领导审核系统是否有批示、银行系统中对方账户是否合法有效、企业预算系统是否有资金安排等，避免了人为因素导致的问题，大大提高了工作效率。

三是会计智能化系统实现对可疑资金划拨的监督和控制。加强资金安全监督是企业日常财务管理的核心工作。近年来，互联网高科技犯罪案件频发，且金额呈增大态势，企业因资金内部控制存在漏洞导致经济利益严重受损的情况时有发生。在会计智能化时代，当财务人员发出一笔资金付款指令时，计算机将快速核算付款账户是否合法，判断对方账户是否为企业常用账户。如果不是常用账户，将借助相关系统通过大数据分析方法判断其是否为可疑账户，如果情况异常，系统将立即停止支付命令，并通过内部控制系统作出预警处理，会计智能化系统将在收到企业实际控制人及多方比对验证信息后，再完成此笔款项的支付。由此可见，实现会计智能化后，系统可自动对企业内控风险进行评估和科学分级，对无风险及低风险经济业务实现智能化处理，对高风险业务进行智能甄别，交由具有相关权限的管理者进行人工处理。

四是会计智能化系统下区块链技术实现对会计信息的海量存储和有效监督。区块链技术运用分布式记账方法，实现会计信息点对点传输，数据安全性高，既不可篡改又可追踪溯源，提高了会计监督质量。区块链共享数据库具有强大的会计信息存储功能，能够满足会计监督工作需要，提高审计工作效率。例如，德勤运用自身开发的区块链平台 Rubix 构建了全球分布式账簿 Deloitte's Perma Rec，通过与 SAP、Oracle 等财务系统对接，实现了购销过程的透明度，同时革命性地实现了实时审计，能够在账簿范围内进行审计全覆盖、实时合规性监控与自动化税务合规申报，显著提升了企业合规监管的绩效。

2）反映功能

会计智能化通过建立集成的数据平台，如智能财务会计共享中心，打破了原有的信息化架构，在会计的数据前台和后台之间增加了一层数据中台系统，打破了“信息孤岛”，可以高效、便捷地实现业务和财务数据的互联互通、紧密融合，实现更加强大的核算与反映功能，主要体现在以下三个方面：

一是会计信息的智能获取。主要借助RPA财务机器人、物联网等技术，从企业经营的源头获取外部供应商和客户、内部各组织和员工的真实完整的交易和事项数据，通过智能爬取、智能解析、智能挖掘、可视化等技术完成信息获取，还可以实时记录和传输企业前端的业务数据，通过后台的建模分析，提供可视化分析报告，利用虚拟现实技术实时指导业务场景的工作，为业务发展提供强有力的支撑。例如，企业采购原材料在入库时，应用物联网技术，通过RFID读写器读取材料上安置的电子标签，将电子标签所载的信息导入仓库库存系统，自动识别入库、出库、销售、毁损等业务，信息同步共享至会计系统，自动生成凭证和报告。“业财联动”使得数据实时获取，减少了人为操作，大大提高了会计信息获取的效率和质量。

二是会计信息的智能化处理。会计智能化信息处理是一个不断推进并持续反馈、持续迭代的过程。想要在企业中实现业务财务的深度融合，就需要建立业务人员和财务人员共同的话语体系，使业务人员能够提供可供财务人员确认、计量、核算的信息，并能够看懂会计报告的信息。会计智能化利用数据中台将业务数据快速、准确地转换成会计语言，并能够按照管理的要求提供相应的分析报告。数据中台介于会计系统和业务系统之间，根据企业会计准则设定好数据处理的规则，并随时根据准则的调整更新迭代，当一项经济业务发生后，数据中台能够智能识别并收集业务产生的各项信息，自动转化成会计数据，再自动通过大数据分析输出标准化、特色化的报告提供给业务人员阅读和使用，业务人员可根据实践经验对会计人员以及数据中台形成反馈，为规则的制定和后续管理决策的分析提供实际支撑。数据中台可以实现业务和财务系统之间的集成，实现业务数据和财务数据的深度融合。

三是会计信息的智能化输出。会计智能化背景下，数据中台的数据分析结果可以通过图、表、报告、文档、音频、视频等多种方式输出。具体可实现以下功能：①财务报告的标准化，完成多平台共享。可扩展商业报告语言（XBRL）能够依据财务信息自动生成财务报表和简单的财务分析报告，并将财务报告内容分解成不同的数据元，赋予唯一的数据标记，实现了财务报告的标准化。财务报告的标准化处理有利于实现其跨语言、跨平台的共享，实现高效率和低成本运用，也能够提高财务信息的可比性、相关性、及时性和可获得性，为利益相关方提供方便，降低信息供给成本。②财务报告的特色化。会计智能化扩展了财务报告的内容形式、时间范围和数量规模。智能化信息系统支持下，可以实时化发布财务信息、非财务信息、历史信息、现时信息和未来预测信息、整体报告和分部报告，为利益相关者决策提供高度相关的有效信息。例如，输出以非结构化数据为主的会计数据、图像、视频、办公文档等，满足信息使用者的个性化需求，弥补了传统会计只能披露结构化报表数据的不足。

3）决策支持功能

一是智能风险预警。以人工智能和大数据为代表的新一代信息技术正在改变着企业的运营模式和交易方式，企业财务风险也涌现出一些新的特征，主要表现为传统的静态评价为主向全过程的动态评价为主、主观评价为主向数据驱动的客观评价为主、局部评价为主向多维的全景式评价为主、封闭评价为主向多主体的协同评价为主的转变。利用大数据等技术，实时记录企业财务活动过程的细节信息以及与外部相关主体交易过程信息，对海量动态、多源异构的财务风险大数据进行深度挖掘分析，勾勒知识图谱，建立更为准确的智能财务风险预警模型，系统分析多模态数据之间的内在联系，更为有效地识别隐秘的关联规则和深度知识发现，勾勒出企业财务风险评价“动因—行为—结果”的形成机制，有效规避财务风险，并将风险预警的范围拓展到税务法律风险、企业的战略规划风险、组织管理变革风险等，从根本上增强了企业应对风险的能力。

二是智能决策。人工智能利用庞大的共享综合数据库进行深入的机器学习，在提供利益相关者所需分析报告的基础上给出基于算法推荐的最优决策参考。未来随着人工智能的深度发展，财务智能机器人或许可以进一步消除财务人员的工作业流程，凭借强大的深度学习能力、计算能力和反应能力，像人类一样进行自主信息搜集、信息分析，并替代人类作出经营决策。

三是智能风控。面对不确定性因素越来越多，风险因子越来越复杂，企业迫切需要借助大数据、人工智能、区块链等技术提升风险管控能力。会计智能化背景下，企业能够结合各个经营环节和流程，构建基于“数据+算法+场景”的智能风控平台。①在流程上，使风险补偿向“前置+嵌入+合作”转变。传统意义上的风险管理往往依靠管理者凭借直觉和经验的主观判断进行识别、度量、控制和补偿。通过业财融合，财务人员深入业务，既能够参与业务设计与经营，也能够推进业务转型，进而将风险管理前置，嵌入业务流程。通过大数据技术预先对企业各个领域的风险进行识别、分析、评估和拦截，能够加强企业事前、事中和事后的风险管理能力。例如，在往来款项的坏账风险防范上，自动识别预收款销售、分期收款销售、赊销、委托代销、售后回购等销售方式，根据账龄、客户信用情况、供应链等数据自动判断坏账损失率并计提准备金，推算违约风险和坏账率，做到风险的智能预警识别。②在数据上，使信息割裂向“数据+平台+闭环”转变。风险的产生很大程度上来自信息的不对称，促使信息对称、破除信息孤岛需要会计智能化搭建的数据中台将业财数据打通，形成数据闭环，使企业能够从一个全面协调的视角对风险加以控制和利用。③在角色上，由风险防范向“风险+管理+服务”转变。会计智能化能够使财务人员围绕风险链条构建风控体系，由被动的风险预警者向主动的风险管理者和风险服务者转变，由原来的“裁判员”变成“领跑员”，从根本上增强企业的风险控制能力。

1.4 会计智能化的框架与内容

在会计智能化进程中，构建会计智能化的总体框架对于系统理解会计智能化至关重要，了解会计智能化的内容有助于会计智能化的具体实施，能够促进会计智能化目标与功能的实现。本节主要介绍会计智能化的框架与内容。

1.4.1 会计智能化的框架

1）会计智能化的理论框架

（1）共享经济理论

美国得克萨斯州立大学的马科斯·菲尔逊教授、伊利诺伊大学的琼·斯潘思教授首次提出了“协作消费”的概念，指拥有闲置资源的机构或者个人有偿让渡资源使用权给他人，让渡者获取回报、分享者利用闲置资源来创造价值。共享经济又称分享经济，是指以获取报酬为目的而让渡一定的物品使用权，通过对闲散资源使用权的暂时转移，使得更广泛的用户以更低的成本获取产品或服务的一种资源配置模式。从经济学角度看，共享经济实际上是将社会海量分散的闲置资源进行平台化、协同化的集聚、复用与供需匹配，从而实现经济与社会价值创新的新形态。共享经济具有大众参与、人人共享，且全时空、全要素开放的特征。共享经济在会计智能化中的应用体现在会计与信息的共享化与信息化，达成企业的业务、财务和管理决策三位一体的融合。

在企业内部信息共享方面：一是人工智能技术的支撑下采用OCR技术，将员工从繁重低效的低附加值工作中解脱出来，优化人力资本配置。二是移动互联网的即时开放使企业基于移动应用的财务在线办公成为趋势，例如移动报销和移动审批，通过智能终端应用完成内部信息共享。三是企业通过云计算、云存储建立财务云，对接企业的采购云、营销云、商旅云等平台，实现企业的数据融通。四是企业基于业务数据、财务数据等，运用大数据分析技术，生成多维度的智能化报表，有利于业务部门管理者实时掌握业务数据与关键指标。

在企业外部信息共享方面：一是银企信息互通互联，即通过采购发票、汇款通知、凭证处理的信息收集，实现多家银行的一键对账，与各大银行的信息互联互通，提高资金管理效率，实现资金价值最大化。二是税务信息共享，即实时对接税务局，业务完成后自动审核并开具发票，实现企业税务信息共享，有助于管理者实时进行财税分析，积极推进税收筹划，降低企业税务管理成本，提高税务信息披露的公开性与时效性。三是利益相关者信息共享。在智能技术的支持下，企业对经营数据、区块链数据、互联网数据、政府数据等海量数据进行采集与存储，根据深度数据分析优化企业流程，使企业在价值链的生态位得到提升。会计智能化通过建立数据中台实现了人力资源管理系统、销售管理系统、采购管理系统和绩效管理系统等业务数据和财税数据的融通，包括供应商和客户的信息共享，实现产业链的信息协同共享。例如，通过建立采购平台获取供应商信息，利用大数据分析技术筛选比对最适合的供应商，解决信息不对称问题，提高企业的议价能力。同时，企业的产品从销售到收款均与客户产生密切联系，通过智能技术分析客户的付款行为、评估客户的信用等级，不仅可以准确估计应收账款的坏账率，而且对企业商业模式的选择产生重要影响。

（2）财务共享理论

财务共享又称为财务共享服务，是通过对人员、技术和流程的有效整合，实现组织内公共流程的标准化和精简化的创新手段。财务共享服务模式已经逐渐成为企业提升财务效率，推动财务智能转型，实现集团管控精细化、服务化、智能化的重要途径。财务共享可以降低信息获取成本，提高数据价值，实现企业内部数据的互联互通，信息透明与知识共享具有溢出效应，能够提高信息效益；同时，财务共享形成财务大数据，共享给平台的多方利益主体，实现数智化、流程化和共享化，是企业进行数字化转型的重要基础。可以说，财务共享是会计智能化的核心理论基础，具体体现在以下两个方面：

第一，财务共享拓展了财务管理的边界。财务共享将财务管理的边界向前拓展延伸，将传统的以报账为起点调整为以业务为起点，将采购部门、生产部门、销售部门与财务部门的数据互联互通，实现精细化管理。例如，以服务为主的企业，费用占比较大，以费用共享为重点；而以生产制造为主的企业，生产工序繁杂，往来企业众多，则重点加强成本共享和往来账款共享。不管是哪种类型的企业，税务信息共享都是企业财务共享不可或缺的内容之一，将税务纳入业财融合，打破税务数据与业务交易的"鸿沟"，对于企业集团来说，改变其在不同区域、不同部门间各自为政的业务模式，实现企业集团内税务的一体化申报和税务风险的一体化管控，在智能技术的支撑下，初步实现在线开收发票、在线发票认证、全税种纳税申报、税务分析等，最终实现发票处理、会计核算、税务处理、结算处理的集团化管控，将应交税金信息直接推送至税务机关，形成数据闭环，有利于税务风险的识别和预警。

第二，财务共享理论下，会计智能化的初步目标是业财融合，终极目标是通过数据中台辅助管理者作出决策，防范风险。企业集团通过财务共享服务建立的数据中台，横向打通业务系统与财务系统，纵向打通税务系统、银行系统、采购系统、销售系统等，整合内外部的资源，优化资源配置，保证企业持续稳定发展。

2）会计智能化的技术框架

会计智能化的技术框架大致可以划分为三大层次：第一，数据获取层；第二，数据传输层；第三，数据分析层。数据获取层的功能是获取业务和财务的最原始数据，这些数据大多为非结构化数据；数据传输层的功能是将所获取的数据经过数据技术向数据分析层传输；数据分析层的功能是对结构化和非结构化的数据进行运算分析，形成支持决策的结构化数据。数据获取层的技术主要有物联网；数据传输层的技术主要有互联网、移动互联、区块链等；数据分析层的技术主要有大数据分析、云计算、机器学习等。会计智能化的技术框架如图1-2所示。

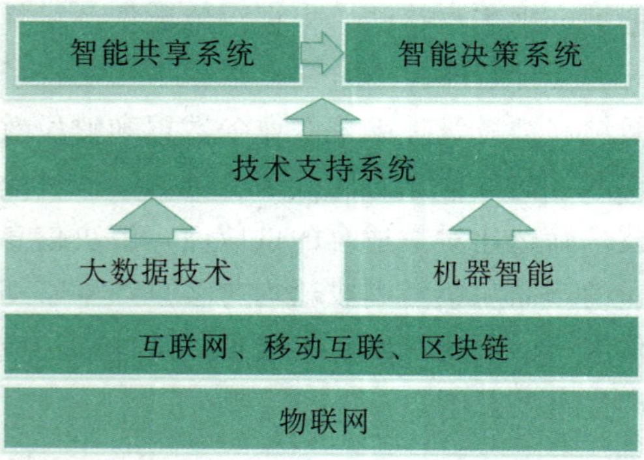

图1-2 会计智能化的技术框架

（1）大数据

20世纪80年代，美国学者提出了"大数据"（big data）的概念，相比于"数据"来说，"大数据"具有更为丰富的内涵，主要体现在数据容量大和数据价值大两个方面。研究机构Gartner将大数据定义为：无法在一定时间范围内用常规软件工具进行捕捉、管理和处理的数据集合，是需要新处理模式才能具有更强的决策力、洞察发现力和流程优化能力的海量、高增长率和多样化的信息资产。大数据技术，是指从各种类型的数据中快速获得有价值信息的技术。大数据具有数据体量大、数据类型多样、处理速度快和价值密度低四个特征。大数据应用分为四个阶段：一是数据从收集到分析的自动流程化阶段；二是报表与数据可视化阶段；三是数据赋能业务阶段；四是算法洞察与预测阶段。

如果把数据比作原料，那么大数据技术就是引擎。在业财融合的背景下，会计智能化平台需要收集企业大量的数据与信息，包括业务数据、财务数据、税务数据、物联网数据、互联网数据、供应商数据、客户数据等，大数据技术对会计智能化起到强有力的支撑作用。具体表现在三个方面：一是大数据提升了会计智能化的流程优化能力，将业务流程和财务流程标准化后，实现数据无障碍融通，运用大数据挖掘技术与相关性分析进行流程优化，提高会计智能化的效率；二是大数据支撑预算管理智能化，由信息不对称带来的资源配置浪费问题得到解决，财务部门和业务部门通过运用大数据技术，根据历史数据与经营现状，结合行业环境和企业战略以及竞争对手情况，综合专家判断等非结构化数据，编制更为精准的预算，并实现动态调整，辅助财务人员对预算过程进行事先预测、事中控制和事后指导，帮助管理者作出更加科学有效的决策；三是大数据技术实时监控企业经营风险，改变传统企业主要依靠人为识别预警风险的做法，利用海量数据总结风险事件的特征，识别关键风险点并发出预警，有效规避财务风险、税务法律风险、企业的战略规划风险、组织管理变革风险等，增强了企业应对风险的能力。

2015年9月，国务院印发《促进大数据发展行动纲要》（以下简称《纲要》），系统部署大数据发展工作。目前，企业对大数据的运用更多是基于财务共享的业财数据，基于多个维度、多个层次和多种方法进行统计分析和可视化展现，如收入分析、费用分析和销量分析等，基于分析结果和分析人员的直觉经验，对异常值进行跟踪处理。例如，中石油湖北销售分公司基于业财一体的大数据和统一规范的数据标准，根据加强管控需要进行数据采集、数据整理、数据挖掘和可视化展现，运用聚类分析对加油站进行分类管理，运用趋势分析对加油站销售收入进行自动预测等。又如，京东基于互联网运营数据和业务运营的需要进行数据治理、数据挖掘和数据运用，基于客户画像进行个性化推荐，运用关联分析结果进行最大相关性物品靠近摆放，从而优化拣货员的拣货路径，提高拣货效率并降低拆单量，此外，京东还运用趋势分析进行物流路径的优化等。

（2）云计算

云计算（cloud computing）是分布式计算技术的一种，其最基本的概念，是通过网络将庞大的计算处理程序自动拆分成无数个较小的子程序，再转交由多部服务器组成的庞大系统，经搜寻、计算分析后将处理结果回传给用户。通过云计算，可以在数秒之内达成处理数以千万计甚至亿计的信息，实现强大效能的网络服务。根据美国国家标准与技术研究院（NIST）的定义，云计算是一种按使用量付费的模式，该模式提供可用的、便捷的、按需的网络访问，进入可配置的计算资源共享网络、服务器、存储、应用软件等，享用这些资源只需企业投入很少的管理工作，本质上是通过网络按需购买IT资源。从某种意义上说，云计算已经成为像水、电一样重要的基础资源，只要到云服务平台注册一个账号，企业和个人用户就可以通过互联网方便快捷地获取所需的IT资源和技术能力，既降低成本，又满足灵活、高效率、个性化的业务需求。云计算是大数据、物联网、人工智能等挖掘数据价值工具的重要技术基础，让海量数据的计算成为可能。技术间的紧密融合释放出巨大能量，开启了企业财务服务的新模式。例如，物联网产生了海量数据，5G用来传输和交换，人工智能需要云平台提供数据存储和算力支持。

云计算技术对会计智能化的支撑具体体现在三个方面：一是云计算开创财务“众

包”模式，即企业通过互联网平台把财务工作分包给网络群体来完成，企业将工作流程标准化，评估出专业技能要求较低的环节，并将其拆分成更细致的任务，再通过互联网平台分发出去，如查看发票影像、整理发票、核对原始凭证等工作。众包商通过清单的方式进行作业，符合预期要求的单据将根据规定的价格标准进行结算。二是云计算促进了企业内外部协同。企业借助云计算平台建立智能财务会计共享中心，连接企业内部主要信息系统，如移动报销系统、ERP系统、票据影像系统、报表系统、档案管理系统等，并对接发票云、采购云、营销云、商旅云等，实现信息流、票据流、审批流合一，实现信息互联互通。同时，企业信息边界扩展到外部银行、税务局、客户、供应商等，实现产业链协同，进一步推动业财管一体化融合。三是降低了企业数字化转型成本。企业引入云计算技术建设智能会计共享平台，有利于实现财务资源的共享，减少人员冗余及软硬件系统的重复建设，降低总体运营成本，并且只需向云计算服务商购买服务即可按照实际使用量享受存储、软件安装和系统维护等服务，显著降低了信息化建设的成本。

（3）区块链

区块链（block chain）起源于中本聪（Satoshi Nakamoto）发表于2008年的《比特币：一种点对点的电子现金系统》一文。2019年1月10日，国家互联网信息办公室发布《区块链信息服务管理规定》。2019年10月24日，在中央政治局第十八次集体学习时，习近平总书记强调，“把区块链作为核心技术自主创新的重要突破口”，“加快推动区块链技术和产业创新发展”。“区块链”已走进大众视野，成为社会的关注焦点。《中国区块链技术和应用发展白皮书》中将区块链的定义分为狭义和广义两个层面。狭义上讲，区块链是一种按照时间顺序将数据区块以顺序相连的方式，组合成的一种链式数据结构，并以密码学方式保存的不可篡改和不可伪造的分布式账本。广义上讲，区块链是利用块链状数据结构来验证和存储数据、利用分布式节点共识算法来生成和更新数据、利用密码学的方式保证数据传输与访问的安全性、利用由自动化脚本代码组成的智能合约来编程和操作数据的一种全新的分布式基础架构与计算范式。

区块链本质上是一个去中心化的数据库，不依赖第三方，通过自身分布式节点进行网络数据的存储、验证、传递和交流的一种技术方案。区块链技术被认为是互联网发明以来最具颠覆性的技术创新，它依靠密码学和数学巧妙的分布式算法，在无法建立信任关系的互联网上，无须借助任何第三方中心的介入就可以使参与者达成共识，以极低的成本解决了信任与价值可靠传递的难题。从会计角度看，区块链可被视为一种分布式、开放性、去中心化的大型网络记账簿，任何人任何时间都可以采用相同的技术标准加入自己的信息来延伸区块链，持续满足各种需求带来的数据录入需要。区块链提供了一种在不可信环境中进行信息与价值传递交换的机制，推进了会计智能化的数据记录、数据存储、数据挖掘等工作模式的转变。

第一，区块链技术重构了会计业务模式。区块链模式下的交易各方都独立记账，各方参与者之间相互监督，保证会计记录的准确性，提高了工作效率。利益相关者能够实时查询财务报告，不受限于某方的信息披露时间和质量。区块内的信息公开透明，按需提取，突破了传统报表的局限性，并且区块链的分布式记录与密码学算法构建了去中心化的全网监督网络，节点的平衡性使交易各方相互校验与确认，防范会计舞弊与财务造假，大大降低会计监督成本，增强内部控制。第二，区块链技术缩短了会计流程。时间戳技术实现了发票全流程管理，经营业务发生后，区块链的所有节点对业务进行记录、确认，随后主体节点进行首次记账，企业、银行、税务等自动复核，该流程节点的一体化工作均由“财务机器人”来完成。第三，区块链技术降低了企业的融资成本。传统模式下，企业提出贷款申请，银行根据企业提供的经营信息、纳税记录判断是否予以信贷支持，存在较大的信用风险与操作风险。采用区块链的传播机制与验证机制后，银行可以根据企业的采购信息、发货信息、缴税数据来判断企业的经营情况与盈利情况，不需要第三方信用机构，精简了审批环节，降低了贷款融资成本。

目前应用区块链的企业中，京东集团是比较典型的例子，包括供应链领域的防伪溯源，物流领域的全流程存证，公益领域和交易体系的积分及存证，以及财税领域的电子发票等。供应链领域的防伪溯源的运用最为成熟和广泛，以区块链为技术底层，打通品牌商、京东集团、政府和检测机构间的方位、溯源和全程追溯信息，并展现给消费者。目前纳入方位溯源业务场景的品类包括生鲜、农产品、母婴、酒类、美妆、二手奢侈品、跨境电商、医药和线下商超等。例如，茅台酒的防伪溯源包括茅台厂、直供、贵阳仓、商品赋码、运输、全国仓、消费者下单、绑定订单、交货和信息验证等10个节点。

（4）人工智能

人工智能（artificial intelligence）是计算机科学的一个分支，是研究、开发用于模拟、延伸和扩展人的智能的理论、方法、技术及应用系统的一门新技术科学。人工智能正在成为未来经济的主要增长点之一。根据埃森哲对中国以及全球12个发达经济体的研究，到2035年，人工智能将帮助各经济体显著扭转经济增速下滑的趋势。有效应用人工智能，中国经济增长率有望上升至7.9%，增长额将高达7.1万亿美元。

人工智能具有深度学习（deep learning）、跨界融合、人机交互和自主操控四个方面的特征。技术层面的深度学习是机器学习的一大分支，可以通过拥有多个处理层的神经网络计算模型来学习具有多层次抽象的数据，即深度学习能够发现大数据中的复杂结构。人机交互指人和机器在信息交换和功能上接触或互相影响，心理学家利克莱德（Licklider）提出人机交互是向智能机器前进过程中的一个过渡阶段，例如华为的小艺智能助手。

人工智能的层次分为四个方面：

① 基础设施层，主要包括硬件、计算能力和大数据。21世纪互联网大规模服务集群的图形处理器（GPU）与低功耗芯片的出现，提升了计算机的运算能力，促进了深度学习能力，显著地推进了算法层与技术层的演进，数据的爆发式增长激发了人工智能的浪潮。

② 算法层，主要包括各类机器学习算法、深度学习算法等。所谓“机器学习”是指利用算法使计算机能够像人一样从数据中挖掘使用信息，而“深度学习”使用了更多参数，通过神经网络算法“BP”、决策树算法等，从原始特征出发，自动学习高级特征，最终输出最优解。

③ 技术层，主要包括计算机视觉技术、语音技术、自然语言处理技术、规划决策系统、大数据/统计分析技术等。以计算机视觉为例，根据建立的“先验知识库”，采纳全球定位系统（GPS）、数字信号处理（DSP）等图形处理技术，引入高级的统计算法，

自动从海量数据中总结物体特征，然后进行匹配、识别与判读。

④ 应用层。基于人工智能技术的应用已经开始成熟，目前主要在智能金融、智能医疗、智慧家居、在线教育、智能交通、艺术创作等领域有较大突破。

人工智能对会计智能化的支撑主要体现在机器人流程自动化（robotic process automation，RPA）的特性，即适合操作高频、重复、规则明确、稳定性强的流程。RPA被视为能模仿并重复人类计算机操作的虚拟劳动力，有利于会计工作的精细化、智能化和数据化，能显著提高会计核算的效率。根据杨寅等人的调研结果，企业对数字签名、电子档案、身份认证、图像识别、数据挖掘、RPA等技术的采用率均排在前列。《2020年中国共享服务领域调研报告》的调研结果显示，RPA（55.20%）和大数据技术（48%）的应用投入显然已经成为企业未来财务发展的重要投资方向。RPA财务机器人在财务领域的应用场景包括票据接收审核、结账核算、银行对账、发票开具、发票核验、费用审核、税务申报、应收应付账款、差旅报销和报表出具等。以费用报销为例，财务人员每天整理、审核成百上千份原始凭证，录入甚至更多数量的记账凭证，工作内容单调重复，附加值低且效率低下。引入RPA财务机器人后，运用OCR技术自动识别例如差旅报销票据等原始凭证的信息，基于NLP技术对报销金额进行标准判断和自动校对，并登录企业邮箱将原始凭证发送给业务领导审核，再将业务处理结果自动通知员工，发票的识别率、审核的精细度、票据传递的速度、业务的时效性得到质的提升。例如，中石油基于规则设计并上线了6类47个财务机器人，被誉为“小铁人”，可模拟人工处理制证、审核、支付、发票查重和发票验真等工作，处理效率达到人工的10倍以上。

总之，高效无休无差错、可追溯所有操作记录、跨平台操作无缝链接的特性让人工智能成为会计智能化不可或缺的关键性技术。

（5）物联网

物联网（internet of things，IOT）是指通过各种信息传感器、射频识别技术、全球定位系统、红外感应器、激光扫描器等各种装置与技术，实时采集任何需要监控、连接、互动的物体或过程，采集其声、光、热、电、力学、化学、生物、位置等各种需要的信息，通过各类网络接入，实现物与物、物与人的泛在连接，实现对物品和过程的智能化感知、识别和管理。物联网是一个基于互联网、传统电信网等的信息载体，使所有能够被独立寻址的普通物理对象形成互联互通的网络。2023年8月，中国互联网络信息中心（CNNIC）在北京发布第52次《中国互联网络发展状况统计报告》，在物联网发展方面，截至2023年6月，三家基础电信企业发展蜂窝物联网终端用户21.23亿户。

物联网对会计智能化的支撑主要体现在资产的全生命周期管理，包括资产登记、资产管理、资产盘点和资产监控等。可选用的技术包括条形码、二维码和RFID等，可选用的设备包括标签打印机、固定智能阅读器和手持智能阅读器等。在资产管理过程中，建议区分普通资产和高价值资产，对于需要监控的高价值资产，可选用有源RFID标签；对于普通资产和不需要监控的高价值资产，可选用普通低价格的无源RFID标签、条形码或二维码。同时，物联网还可以应用于生产车间对生产数据的自动采集和会计档案管理中对纸质档案的追踪索引，实现生产环节、管理环节的数据智能化采集。

（6）移动互联网

移动互联网，是移动通信和互联网的结合，同时拥有移动通信的随时、随地和随身等便利特性，以及互联网的分享、开放和互动等社交特性。移动互联网在会计智能化中最典型的应用包括移动审批、移动商旅、移动报账、移动身份认证等。

3）会计智能化的实施框架

会计智能化的实施遵循“基础层→数据层→报告层→决策层”的内在逻辑，以技术、数据、管理、人才为基础层，搭建数据中台作为数据层以提供智能共享服务，披露标准化、特色化的会计报告作为报告层，为企业外部信息使用者的决策和企业内部管理的智能预警、智能决策和智能风控提供有力支撑，即为决策层，会计智能化的实施框架如图1-3所示。

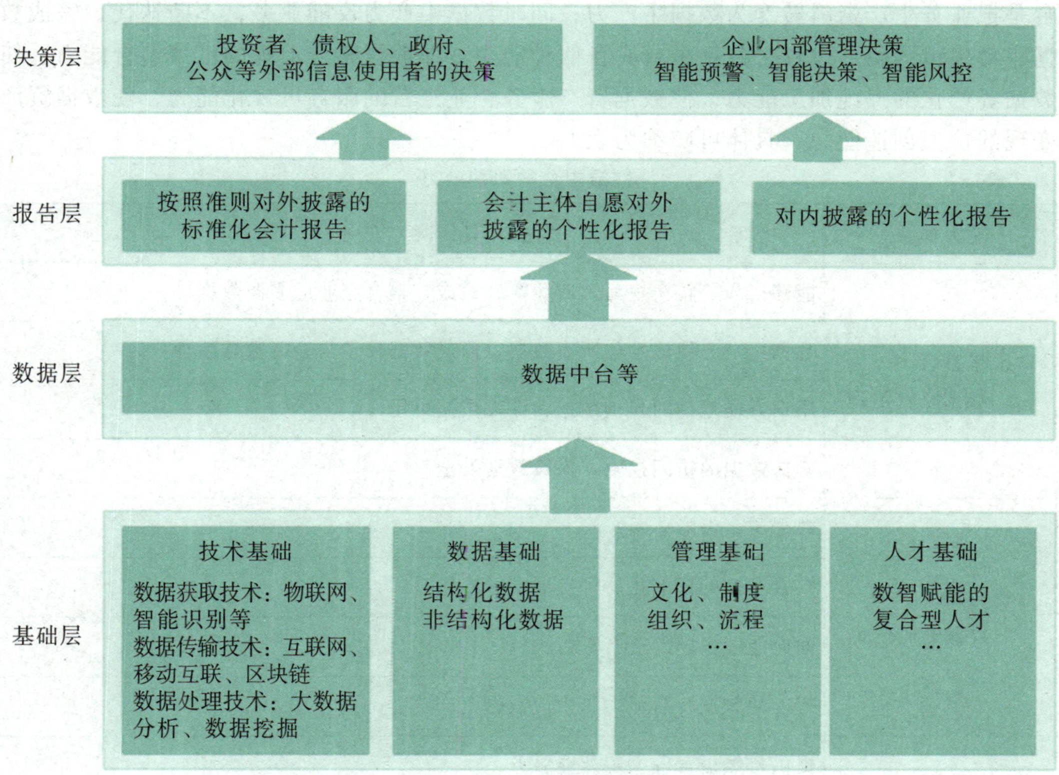

图1-3　会计智能化实施框架图

（1）基础层

基础层包括四部分内容：一是技术基础。以物联网、智能识别等为典型技术代表的数据获取技术，以互联网、移动互联、区块链等为典型技术代表的数据传输技术，以大数据分析、数据挖掘等为典型技术代表的数据处理技术，共同构成了会计智能化的技术基础。二是数据基础。企业外部环境和内部经营产生了海量的数据，通过对实时数据和沉淀数据、结构数据和非结构化数据的深度挖掘，实现全员决策和风险管控，构成了会计智能化的数据基础。三是管理基础。传统高效的流程化、层级化的体系在大数据背景下反而会影响决策的敏捷性，随着企业边界变得模糊，数据共享化、组织扁平化和企业平台化是未来的必然趋势，数据成为核心资产，企业管理层应顺应时代潮流，对企业现有的组织文化和组织流程进行重塑，建立数据管理思维，量化企业生产经营过程中的一切行为，并完成动态跟踪和持续积累，形成数据仓库，为会计智能化提供管理基础。四是人才基础。企业人力要提供配套的高层管理层、中层管理层和基层执行层的全套组织体系，例如额外增设首席信息官（chief information officer，CIO）、首席技术官（chief technology officer，CTO）、首席数据官（chief data officer，CDO）等数据管理岗位，建立数据人才组织架构。同时，会计智能化要求财务组织具有弹性化、动态化的特点，尤其要求财务人员应具备数字化财务能力，是既懂财务又懂管理，既精通财务流程又擅长财务分析，既谨慎细致又具有前瞻性和预判性的数智赋能的复合型人才。

（2）数据层

在技术、数据、管理和人才的基础上，搭建数据中台，提供智能共享服务。数据中台是把业务生产资料转变为数据生产力，同时数据生产力反哺业务，不断迭代，完成数据驱动决策的闭环过程。数据中台具备四种能力，即数据整合治理的汇聚整合能力，使数据资产化的提纯加工能力，使数据资产服务企业经营的服务可视化能力，使数据资产变现的价值创造能力，具体可归纳为表1-1。

表1-1 数据中台的四种能力

能力框架	具体能力表现
汇聚整合——数据整合治理	能够接入、转换、写入或缓存、集成、整合企业的多源数据
	数据用户方便地定位所需数据，形成数据目录与完善数据治理
	用户方便地访问异构数据，保障数据可用
	确保数据的访问权限，保障数据安全
提纯加工——数据资产化	数据质量保障体系
	结合业务的标准化、可扩展的标签体系
	面向业务主题的资产平台
	智能的数据映射能力，生成数据资产
服务可视化——数据资产服务企业经营	提供自然语言等人工智能服务
	提供丰富的数据分析功能
	提供友好的数据可视化服务
	便捷的服务开发环境、方便业务人员开发数据应用
	提供实时流数据分析
	提供预测分析、机器学习等高级服务

续表

能力框架	具体能力表现
价值创造——数据资产变现	提供数据应用的管理能力
	提供数据洞察直接驱动业务行动的通路
	提供虚拟业务场景的能力
	提供跨部门的普适性业务价值能力
	提供基于场景的数据应用
	提供业务行动效果评估功能

数据中台以数据为基础，能够应对多源数据的处理需求，丰富数据标签，降低数据管理成本，支持跨部门、跨主题域访问数据等，盘活全量数据，把数据资产转变为数据生产力，推动业务创新，实现智能共享，形成企业的核心壁垒。

（3）报告层

传统的财务报告在融合性、及时性等方面存在缺陷，其功能仅限于会计核算、提供财务数据等基本职能。在会计智能化背景下，业财数据深度融合，多维度精准化的预测分析使得管理会计倡导的决策、规划、控制及绩效管理成为现实。所以，会计智能化提供三种类型的会计报告：一是根据会计准则对外披露的标准化会计报告，智能化技术应用提高了传统财务报告的时效性和准确性；二是根据利益相关者的决策需要对外披露的特色化会计报告，例如宝洁公司设立全球业务服务中心（global business service，GBS），可以对大量碎片化数据进行有效的管理，实时收集、整理、分析及报告，满足企业财务监控、投资者关系、信贷决策的多样化需求；三是对内披露赋能化的管理会计报告，例如华为公司通过集成财务转型（IFS），将财务会计融入了公司所有业务活动，从合同概算到项目回款、从产品规划到市场分析、从出差申请到费用报销、从资产管理到存货管理、从销售融资谈判到融资规划落地、从税务筹划到定价设计等，均受益于业财深度融合形成的多维度、实时、有效的财务报告，为战略发展、产品规划、业绩考核提供了有效的信息。

（4）决策层

决策层是会计智能化实施框架的顶端，在基础层、数据层和报告层的支撑下，辅助企业管理层实施智能预警、智能决策和智能风控等工作，是会计智能化的终极目标。

以某公司为例，该公司以ETC业务为主，是提供支付、金融、税务整体解决方案的综合服务商。该公司建设物流金融大数据服务平台，将公司自有数据、合作单位数据整合至大数据服务平台，建立基于商业智能报表和业绩分析预测的大数据驾驶舱，通过系统对大数据进行挖掘分析，将经营状况和分析预测结果以可视化形式展示，为公司发展提供直观和有效的决策依据。

第一，助力公司经营决策。通过对交通大数据的实时查询和智能分析，如高速公路车流量数据、通行费数据、路网运行数据等，辅助路网运营管理与决策；通过大数据分析，了解物流业务客户的偏好，预判消费者的场景，提前做好货品调配和加油等服务，合理规划物流路线方案等，从而提高物流高峰期物流的运送效率。

第二，搭建金融服务风控模型。以大数据为基础，事前通过分析车辆行驶路径等综合数据判断客户的运营情况，再结合客户的社会征信情况最终决策是否授信。授信后，通过客户车辆运营信息进行贷中监控，如客户发生逾期，可根据车辆运营信息对客户开展欠款催收工作。通过积累客户使用金融业务的记录，该公司专门打造了信用评级体系对金融业务的客户定期分析更新评级结果，同时将客户金融业务的信用记录上传至中国人民银行济南分行省域征信平台和其他全国性信用公示平台，增加客户的违约成本，提高客户的履约意识。通过大数据平台对客户运营轨迹、社会征信等数据综合分析形成多维度的财务分析报告，为金融服务业务的决策、监控、考核等提供了有力支撑。

1.4.2 会计智能化的内容

1）财务会计智能化

（1）会计核算智能化

调研数据显示，会计核算模块的智能化程度最高，但也更亟待进行智能化改造。会计核算智能化，即业务活动直接驱动财务会计记账，通过智能财务会计平台根据业务数据和记账规则自动生成记账凭证（包括凭证要素、辅助核算和核算附件等记账凭证等），根据稽核规则自动完成智能稽核，包括单据稽核、业务稽核和记账凭证稽核，自动生成准确无误的证账表等会计核算结果，经过协同合作半自动生成财务分析报告，自动生成合规类的电子会计档案，即以标准业务事项为中心，厘清业务流程、标准表单、核算附件、记账凭证模板和稽核规则之间的关系，利用RPA等技术实现核算的智能化。后续应做好表单、核算规则的梳理和持续优化，核算自动化引擎的定制开发和持续优化，RPA执行的持续监控与有效跟踪，以及智能会计稽核的设计与执行等智能化工作。

（2）财务报告智能化

财务报告的智能化主要是通过报表引擎，在连接原始数据的基础上定义报表的格式、报表的算法，根据定义的算法自动执行计算，并输出计算后的结果，再根据定义的报表格式显示报表内容。财务报告智能化包括报表合规性审查的智能化、财务报表制作的智能化等，如利用数据可视化技术提升报表的使用体验等。后续应做好报表原始数据连接的持续监控与有效跟踪、报表计算公式的梳理和持续优化、报表稽核规则的梳理和持续优化、报表稽核规则执行的持续监控与有效跟踪等工作。

（3）财务共享服务智能化

财务共享的价值定位：一是财务的合规与管控，保证账户和资金的清晰核算，真实反映公司的业绩；二是给予业务部门数据支持，通过业务流程前置，实现对业务的指导；三是支撑企业财务决策，最大程度创造和释放价值，从各方面帮助公司提升经营能力，实现对企业战略和业绩的有效支撑；四是有利于构建商业新生态，基于财务共享中心，将企业的流程由内部延伸到整个产业链，打破企业的边界，建立一个由利益相关企业组成的生态，实现整个产业链的协同和价值最大化。具体来说，应设计一套制度规范，明确组织不同岗位的工作职责，以及各个岗位之间的承接关系、组织中的管控关系和协作关系等。从不同的实践来看，财务共享服务智能化的实施落地需要考虑的因素也不尽相同，具体包含以下三个流程：

一是梳理财务流程。搭建自动标准流程框架，获得业务部门的支持和认可，建立流程运营状况评价的指标体系，推动各部门合作，将信息质量责任落实到业务前端。在梳理财务流程的过程中，考虑流程标准的建立、流程效率的提升和运营流程风险控制等因素。二是搭建运营体系，清晰规划共享服务的范围和职能，便于后续的运营和整体绩效考核评价。建立财务共享运营制度，规划质量管理体系和绩效管理标准。三是融合信息系统，通过规范数据标准，打通企业各信息系统数据，实现财务预算和业务计划机制的融合，建立一体化信息共享机制，为未来的数据挖掘和分析提供便利。

财务会计智能化的详细内容总结见表1–2。

表1–2　　财务会计智能化的内容

智能化内容	会计核算	财务报告	财务共享服务
智能化财务分工	—会计政策制定 —内控流程设计	—合并报表管理 —法定财务信息披露要求衔接	—财务合规政策制定 —组织业务流程规范标准制定 —数据标签制定
	—会计政策执行 —财务运营协同 —财务制度调整	—财务报表合规性管理 —财务报表内部检查 —财务报表调整	—业务数据标准化 —接入整合多源数据 —流数据分析
	—销售及应收流程 —采购及应付流程 —费用报销流程 —项目及报账流程	—财务报表制作 —内部往来清理 —财务报表自查报告	—数据目录制作 —数据标签制作 —数据访问权限 —数据安全存储
智能化场景设计	—原始凭证智能识别 —自动核算 —智能稽核	—智能分析 —人机交互 —语音交互	—多元财务报告可视化 —多元数据传输 —模拟业务场景
智能化技术匹配	—OCR识别 —RPA —机器学习	—数据可视化 —语音识别 —自然语言处理 —云计算 —数据挖掘（决策树）	—数据可视化 —机器学习 —云计算 —区块链

2）管理会计智能化

（1）预算管理智能化

预算管理智能化主要包括预算政策、目标和流程制定的智能化，预算编制、执行、调整及考核的智能化。例如，利用RPA技术完成预算的自动编制，利用数据挖掘技术完成自动控制和智能评价等。

（2）成本管理智能化

成本管理智能化包括成本管理策略、激励政策制定的智能化，项目成本控制、生产成本控制、期间费用控制的智能化，成本核算、成本报表制作的智能化。例如，利用物联网技术自动采集生产资料的成本流转，传递至财务系统自动完成证账表的核算和编制。

（3）绩效管理智能化

绩效管理智能化包括绩效目标分解、绩效计划制订的智能化，经营绩效预测、经营绩效分析的智能化，绩效评价指标计算的智能化，基础数据抓取的智能化等。例如，利用人工智能的数据挖掘技术来完成经营业绩预测、敏感因素分析及指标自动测算等。

（4）风险控制智能化

通过人工智能技术对专家决策进行优化，通过深度学习算法建立风险预警模型，长期跟踪业财数据，提前做到识别财务风险。例如，应收应付款项和其他应收款、其他应付款的往来报表科目，依据项目涉及的内部数据之间的关联设置预警值，并且把报表项目数据追溯至业务执行层，从业务前端来实现风险预知。再通过建模模拟，对风险值进行评估，以便管理者提出分析应对的解决方案。

（5）税务管理智能化

企业的涉税行为包括采集涉税信息、发票管理、税费核算处理、纳税申报和税款缴纳、税费预测分析、合理纳税筹划以及防范税务风险等工作，主要通过发票管理、税务台账、税务核算、税务报表、税务数据稽核、纳税申报等系统功能实现税务会计全过程的自动化和智能化。例如，通过RPA技术完成自动开票、自动查重、自动验真、自动申报、自动纳税调整等标准流程，通过大数据技术的数据挖掘功能完成智能税收预测和税务风险防范等。

管理会计智能化的详细内容总结见表1-3。

表1-3 管理会计智能化的内容

智能化内容	预算管理	成本管理	绩效管理	风险控制	税务管理
智能化财务分工	—预算政策制定 —预算流程及规则制定 —预算目标确定	—成本战略规划 —成本管理策略制定 —成本激励政策制定 —成本目标确定 —成本定额管理	—绩效评价政策制定 —绩效激励政策制定 —绩效目标分解 —绩效计划制订	—内部控制体系指标制定 —内部控制有效性评价 —风险评估模型设计	—税务总体规划 —税务合规性政策衔接 —税务知识库构建
	—预算编制及申报 —预算执行控制 —预算调整 —预算分析考核	—项目成本控制 —生产成本控制 —期间费用控制	—经营绩效预测 —经营绩效分析	—内部控制风险点分解 —内部控制一般方法	—税务合规性管理
	—预算执行 —数据加工 —预算执行标准报表制作	—成本核算 —成本报表制作	—绩效评价指标计算 —基础数据提供	—合规管理 —内部监督	—票据管理 —税务核算 —税务报表制作 —纳税申报 —税务检查支持

续表

智能化内容	预算管理	成本管理	绩效管理	风险控制	税务管理
智能化场景设计	—自动编制 —自动控制 —智能评价	—自动采集 —自动计算	—经营业绩预测 —敏感因素分析 —指标自动测算	—风险识别 —风险评估 —风险信息库建设 —监管信息报送	—自动开票 —自动查重 —自动验真 —自动申报 —自动纳税调整 —进项自动转出 —智能税收预测 —智能税务风险检测
智能化技术匹配	—RPA —数据挖掘（预测）	—物联网 —RPA	—数据挖掘（预测） —RPA	—数据挖掘（分析） —可扩展商业报告语言（XBRL）	—数据挖掘（预测） —RPA —云计算

3）管理决策智能化

（1）智能数据共享

会计智能化的目标之一是为报表使用者提供决策有用信息，而会计信息的即时性、开放性、去中心化的特征不断增强。通过区块链技术将财务信息加密，通过数据可视化技术增强阅读体验，通过大数据技术的数据挖掘提供深度财务分析报告，在保证数据安全的前提下，以更高的质量、更大的相关性将财务信息提供给投资者、债权人、供应商、政府机构和社会公众。例如，形成专门供债权人对企业偿债能力进行分析的专项报告，深度勾勒企业的借贷关系网络图和投资者结构图，以及企业未来发展的预测报告，为债权人提供更具参考价值的数据信息。

会计智能化实现了业财管一体化，通过智能财务会计平台，业务数据和财务数据互融互通互享，可以从财务数据回溯至业务数据，也可以从业务数据探究至财务数据，制造业企业通过深层次的数据共享，分析整合产品数据、制造设备数据、订单数据以及生产过程中的其他数据，为柔性化生产和提升智能制造水平提供了强有力的数据基础。

（2）智能决策分析

会计智能化对传统会计工作的延伸，体现在资金管理、资产管理、税务管理、预算管理、成本管理、绩效管理等方面，多维度、多层次、多模型的海量数据分析为管理层的决策和管理提供更加精准的智能支持。例如在进行投资决策时，智能会计系统通过对子公司的数据进行分析，采用客户数量、专利、所在行业、公司规模、财务数据等指标建立企业成长模型，通过对指标赋值的量化分析，计算得出企业成长能力指数，并结合行业发展特性，评估企业的成长能力和创新能力，作出最优的投资决策。

1.5 会计智能化的路径与方法

随着人工智能等技术应用成熟度的提高，组织管理目标、经营环境在不断发生变化，会计智能化转型不是一蹴而就的，需要经历一个过程，本节主要介绍会计智能化的路径和方法。

1.5.1 会计智能化的路径

会计智能化转型必须依赖智能化的基础，即智能共享服务。智能共享服务又以数字化为基础，即一切都应数字化，包括资产数字化、运营数字化、交易数字化、利益相关者行动数字化等，只这样才能将非结构化行动转化为结构化数据，才能生成决策者可用的信息。所以，会计智能化的发展路径应经历如下阶段：经济活动的流程梳理和元数据标准体系的建立；数据获取技术的应用；经济活动分析和数据关联模型的构建；财务共享（共享1.0），业财一体共享（共享2.0），智能大共享（共享3.0）；智能预警、智能决策、智能风控。具体如图1-4所示。

1）经济活动的流程梳理和元数据标准体系的建立

信息技术的革新使更多的经济活动得以记录，产生海量信息，形成价值t较大、容量较大的“大数据”。大数据具有容量大、有结构化数据和非结构化数据等多样性特征，而其核心特征是背后隐藏的价值性。大数据的价值性在于运用人类智慧辅以人工智能方法、机器学习方法、数据挖掘方法等对大量的、复杂的、类型多样的、不相关的数据进行深度分析，挖掘数据间潜在的新规律、新知识，辅助组织对未来趋势进行智能预测、决策和分析。

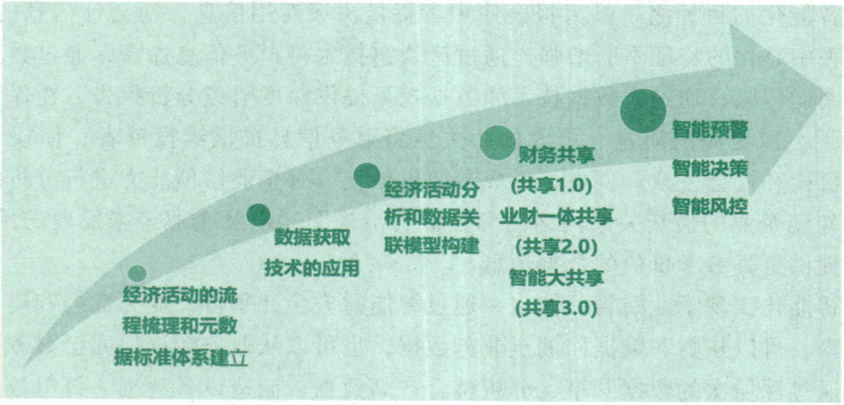

图1-4 会计智能化的发展路径

经济活动大数据价值性挖掘的第一步是元数据标准的建立，通过建立元数据标准构建元数据，为容量巨大、复杂烦琐的各类型数字化信息资源建立一种机器可理解的数据框架。元数据是描述数据的数据，是描述信息资源或信息对象的内容、位置、使用环境、管理、加工、保存和使用的结构化数据，用于帮助检索、查找、存取、使用和管理信息资源的信息。例如，Excel表中的数据标签就属于元数据，通过对数据标签设置筛选规则即可快速查找获取所需信息。元数据通常包含业务元数据、管理元数据、技术元数据等。元数据是关于数据的结构化数据，是用于管理数据的数据，有助于准确理解数据、精确定位数据、快速查找数据和快速使用数据，是促进数据价值发挥的前提，是数据治理的基石。元数据管理需符合数据标准，以较高的数据质量、数据安全、数据共享、合理顺滑的管理流程为条件，在存储、计算和人力成本合理可控、可管理的前提下，使数据价值最大程度地发挥。所以，经济活动元数据标准的建立至关重要，应是第一要务。

2）数据获取技术的应用

在建立经济活动的元数据标准，构建组织的元数据，搭建完成机器可理解的数据框架之后，需要运用大数据、人工智能等技术获取数据，以实现对数据框架的数据填充。例如，运用数据获取技术获取业务元数据的数据元，即获取业务元数据下的具体数据。可选用的数据获取技术包括自然语言理解技术、OCR技术等。自然语言理解技术能够将人类的自然语言翻译成机器可识别、可查询的数据语言，并储存于数据库中。OCR技术是光学字符识别技术，能够对图片、影像进行识别，读取不可编辑的图像上指定位置的字符，将其自动转换为可编辑的计算机数据；基于机器学习的OCR技术具有更高的识别率，不仅能识别比较端正的图片文字，而且能识别倾斜的、相对模糊的、字体多样的图片影像，并将其高效地输出为结构化数据。

3）数据关联模型的构建

数据体系及海量数据获取完成后，则需要对数据背后隐藏的潜在价值进行挖掘，运用大数据技术、人工智能算法等技术构建数据关联模型对数据进行分析处理。例如，深度学习是人工智能技术中一个复杂的机器学习算法，通过模仿人类大脑的学习分析机制，构建包含多个隐藏层、处理层的神经网络模型，用来解释数据、发现数据的分布式特征、发现大数据中的复杂结构。阿尔法围棋（AlphaGo）之所以成为第一个击败人类职业围棋选手、第一个战胜围棋世界冠军的人工智能机器人，就是依赖于其深度学习技术的策略网络与估值网络。所以，在大数据得以获取之后，需要运用人工智能等技术构建数据关联模型，挖掘并分析数据背后的潜在新知识、新规律。

4）财务共享（共享1.0）

共享1.0阶段是财务共享，主要体现在信息集中和资源协同，实现传统财务工作的专业化、标准化、流程化、信息化。财务共享中心将标准化的流程、重复性高的财务工作集中处理，将集团公司与分公司、子公司的资源协同安排，使集团公司的财务得到集中管控，从而提高工作效率。财务共享中心主要处理对收入、成本、费用、存货等的会计核算，以及会计报表编制、资金管理、资金结算和报销服务等会计工作。规范会计核算科目的设置和相关财务制度，不断优化核算流程，统一核算口径和会计报表规范，不仅有助于提高合并报表的披露效率，而且能及时、准确、有效地为财务分析提供会计信息和财务数据。共享1.0阶段主要优化传统财务工作流程，调整财务部门的组织结构，其业务环节和财务环节还是相对独立的系统，有待进一步融合进入共享2.0阶段。

5）业财一体共享（共享2.0）

共享2.0阶段是业财一体共享，实现业务和财务的深度融合。共享1.0是标准的财务共享，主要指核算共享、报账共享、前期规划设计等，以报账为起点。而共享2.0是基于共享1.0，以业务为起点，以业务驱动财务，管控链条可追溯到业务，提高财务风险管理水平，实现内部控制和精细化管理。当业务发生时，共享服务中心按照业务和信息处理规则将其及时记录，产生相应的财务数据，实现业务数据与财务数据的及时共享，使财务对业务进行及时核算及监控，从而提高业务数据准确性、业务反馈及时性、业务线索可追溯性，最终提高企业管理效率。业务和财务一体共享主要体现在：业务数据和财务数据的互通有无；业务部门承担财务部门的部分工作，如原始凭证的录入等；业务、财务深层次融合共享，实现自动支付、核算、结算；财务部门依据业务数据，更加高效及时地为组织提供战略决策支持。

6）智能大共享（共享3.0）

共享3.0阶段是智能大共享，是在业财深度融合的基础上，纳入税务、管理决策等，实现业财税管等的智能大融合、大共享。打破业务交易与税务数据的“壁垒”，强化会计数据的管理决策支持职能。改变企业集团在不同部门、不同地域各自为政的业务模式，实现在线开收发票、发票在线认证、税务策划、税务申报、税务处理以及税务风险的一体化管控。智能大共享在横向上实现业务系统与财务系统的共享，纵向上实现采购交易、银行系统、税务管理的互联互通。基于智能大共享，企业集团整合、优化配置物料材料、财务数据、人力资源等内部资源和供应商、客户、政府等外部资源，重构传统财务处理流程，实现业务管理的事前预测、事中管控和事后监督。大共享产生的大量实时数据，包括核算数据、成本数据、资产数据、资金数据、预算数据等，形成数据资产，通过精准、系统的数据建模分析，为企业集团提供决策支持，实现管理智能化。智能大共享的理想状态是七维共享，即战略、业务、财务、信息（会计）、法务、利益相关者、时间的大共享，如图1-5所示。

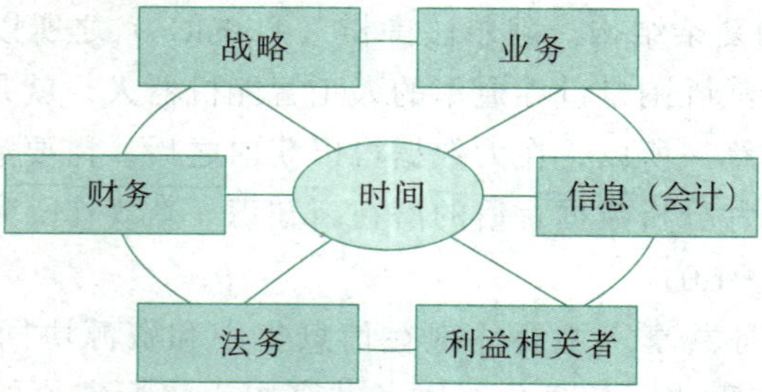

图1-5 智能大共享（七维共享）

7）智能预警、智能决策、智能风控

会计智能化的最终发展目标是实现智能预警与智能决策。智能大共享不仅能产生海量的业务信息、财务信息和管理信息等，而且能通过运用大数据分析技术、算法智能地对海量数据进行建模分析，帮助企业智能预警和智能决策。智能大共享使用的人工智能技术，可以通过一系列有效的数据挖掘、数据分析算法，为管理者提供系统全面的数据关联信息，并形成可视化结果进行智能输出，帮助管理者精准分析预测其财务状况和作出合理的经营管理决策。智能技术有助于企业实时地分析内外部环境和了解内外部相关信息，掌握自身发展前景及市场发展趋势，智能地发出预警信号，使企业及时发现问题并快速地采取可行的应对措施。所以，会计智能化不仅使企业管理过程精细化、数字化，而且最终将能够实现智能预警、智能决策和智能风控。

1.5.2 会计智能化的方法

会计智能化的方法体现于应用场景分析、智能技术及智能产品分析、流程和组织再造、复合型人才培养等方面。

1）应用场景分析

会计智能化转型需要进行应用场景分析。应用场景是产品设计和开发人员通过了解用户需求而形成的一种应用设想，从而使某项技术更具应用价值。任何一种技术、理论、方法都有其最佳的应用场合，只有将其应用于最佳对象、最佳的时间和地点，才能发挥其最大的应用价值。对会计智能化应用场景的分析就是要将人工智能等技术尽可能地被应用在最合适的财务工作领域所处的场景下，以发挥其最佳的应用价值。所以，对会计智能化应用场景的分析是以业务需求驱动人工智能等技术的投入，而不是简单的技术应用。例如，会计核算领域的会计智能化应用场景有核算流程自动化、记账凭证智能生成、会计表单的自动查询、单据智能识别等；在预算管理领域的会计智能化应用场景有预算编制自动化、对市场价格的预测、预算文本数据的处理等；在风险管理领域的会计智能化应用场景有数据智能核对校验、财务风险的智能评估、风险的自动识别、风险的智能应对等（刘勤等，2020）。

2）智能技术及智能产品分析

会计智能化的过程需要对智能技术及智能产品进行分析。由于不同的技术具有不同的特征、成熟度和应用环境，现已在财务领域有效运用的技术有RPA财务机器人、人工神经网络、专家系统、自然语言处理、模式识别等。RPA机器人流程自动化技术的特征是处理操作简单、重复性高、量大且易错的会计工作；人工神经网络运用的前提是拥有足够的数据用来训练和测试，主要处理缺少清晰的解析分析算法的问题；专家系统主要用于处理知识复杂且便于抽取和形式化，需要领域专家依据经验判断解决的问题。不同的技术其发展的成熟度不同，一般组织都可以运用成熟度较高的技术。对于创新型组织来说，可以尝试运用萌芽期的技术，辅以与之匹配的智能产品。智能产品和服务是会计智能化过程的产物，目前被广泛应用的有RPA财务机器人、票据OCR系统、智能数据挖掘系统、语音交互系统、财务专家系统等；未来极可能被投入使用的智能产品和服务有大数据机器学习分析系统、智能会计核算系统、智能共享服务系统、智能财务决策支持系统、智能财务预警系统等。

3）流程再造和组织变革

会计智能化的过程需要流程再造和组织变革。会计智能化进程必然会打破原有的财务管理生态系统，引起流程再造和组织变革。如RPA机器人流程自动化的实施需要对管理流程进行再梳理和设计，需要对组织机构进行再设计和布局。在流程再造方面，RPA财务机器人替代重复环节的人工操作，消除不增值的活动，实现多种任务的集成，提高流程运行的效率，增加内部管理的规范性。所以，RPA财务机器人的应用有助于推动业务流程的优化和再造。在组织变革方面，RPA财务机器人、人工智能等技术的应用能够引起财务操作人员的减少，业务管理人员的增加，数据分析人员的出现，财务人员、业务人员岗位职责的变化等，这些都会使组织架构发生重大变化，引起组织变革。

4）复合型人才培养

会计智能化转型需要复合型人才的支撑，不仅需要培养懂人文、懂经济、懂管理、懂法务、精财会的复合型人才，而且需要培养懂业务、懂数据、懂分析、懂工具、懂设计的人才。懂业务是指熟悉行业业务发展情况与相关知识，公司业务及产品流程，并能根据具体业务发展情况建立业务数据分析模型。懂数据是指懂得数据管理，一方面具有搭建数据分析框架的能力，另一方面能够针对数据分析结论提出有指导意义的建议。懂分析是指懂得数据分析，能够有效地运用数据分析方法，并将其灵活地运用到实际问题中，根据问题对数据展开分析。懂工具是指懂得数据分析技术，面对大数据，我们必须依靠强大的数据分析技术帮助完成数据分析。懂设计是指具有系统设计思维和解决问题的逻辑，能够进行数据可视化设计，并有效地表达数据分析观点，增强分析效果。

1.6 智能会计与传统会计的区别与联系

随着人工智能技术的发展和数据经济时代的到来，企业结构、经营业务、经营方式变得复杂多样，产生了海量的业务数据、财务数据和管理数据等，如何有效利用这些数据信息以提供精准的实时的决策支持更加重要。传统会计面向过去的交易，数据信息滞后，致使组织出现决策失灵、内控薄弱、应对市场反应迟钝等现象。智能会计在传统会计弱决策支持、新一代信息技术迅速发展的基础上应运而生。本节介绍智能会计与传统会计的区别与联系。

1.6.1 智能会计与传统会计的区别

智能会计与传统会计的区别可归纳为表1-4。

表1-4 智能会计与传统会计的区别

项目	传统会计	智能会计
会计分类	财务会计和管理会计严格区分	财务会计和管理会计一体化
服务对象	向股东和经营者提供信息	向利益相关者提供信息
组织形式	有形的财务部门	共享服务中心
工作重点	反映过去，侧重于核算和监督的核算反映型会计	规划未来，侧重于对未来的预测、决策、规划、控制、评价的智能决策支持型会计
技术手段	互联网、软件服务化（SaaS）	大数据、人工智能、区块链、云计算等新一代信息技术
方式方法	MRP、ERP等	财务云、RPA、在线审计、共享服务、业财税融合等
会计核算	按单核算和控制，工作重复，人工处理为主	事件驱动，实时控制，规则可积累，重复性工作自动化
工作人员	会计人员	业务人员、会计人员、财务机器人
参与部门	会计、财务	全员、全方位、全过程
业财融合	业务和财务协同难度大，财务不能赋能业务	财务融合到业务活动的每一个环节，有效赋能业务
工作内容	定期的算账、报账	瞬时的价值分析和风险管理

续表

项目	传统会计	智能会计
工作方向	关注内部	内外兼修
工作效率	大量财务工作手工化，出错率较高，工作效率较低	大量财务工作智能化，出错率极大降低，工作效率极大提高
服务经济质量	服务经济的质量较低	服务经济的质量大幅提高，助力实现精准服务和智能决策
管理模式	链式管理	网式管理
预算管理	定期预算管理	自动生成
绩效管理	结果管理	多维过程管理
价值层次	总价值核算	责任单位价值核算
价值创造	经验决策，风险难以控制，难以创造共生价值	数据驱动，事前预测、事中管控、事后监督，实现企业价值共生
价值报告	对外披露的标准化会计报告	多维报告、过程报告，包含对外披露的标准化会计报告、对外披露的个性化报告、对内披露的个性化报告等
时间定位	侧重于过去已经发生的经济活动和信息，记录和报告历史事件	更注重提供未来事件的相关信息，智能会计的信息技术能够使组织着眼于未来的经济活动及其信息
计量尺度	主要是货币计量	包括货币计量、非货币计量
信息种类	主要是结构化会计信息	结构化和非结构化的会计信息和非会计信息

1.6.2　智能会计与传统会计的联系

随着人工智能等新技术对会计领域的冲击，传统会计被注入新活力，其工作方式、途径等发生了重大变化，智能会计应运而生。但无论是智能会计还是传统会计，其核心功能没有发生变化。

随着大数据、云计算等新技术的应用，会计职能将从重点体现为反映和监督的两大职能变成反映、监督、决策支持三大职能。事实上，马克思所说的“过程的控制和观念的总结”中本身就包含着决策支持的职能，只是若干年来经济运行系统更多地强调财务会计，对会计职能的需求更多地体现为反映和监督，决策支持职能未能很好地发挥而已。所以，会计智能化，变的是技术的“形”，不变的是会计的“魂”，即会计的根本职能没有变，仍然是“过程的控制和观念的总结”，会计的监督、反映、决策支持的功能没有变。只要牢牢抓住会计职能这一灵魂，不论技术手段如何变化，传统会计如何转型，会计依然是会计。

智能会计与传统会计相互联系，传统会计是智能会计的基础，智能会计是传统会计的升华。智能会计在新兴的人工智能等技术的支持下，基于传统会计，能够提高会计工作效率、降低成本、优化资源配置，更实时有效地为管理层提供决策服务，实现价值创造。

本章小结

随着大数据、人工智能、移动互联网、云计算、物联网、区块链等数字技术的迅猛发展，会计智能化转型已成必然。学习理解会计智能化的背景与趋势、内涵与特征、目标与功能、框架与内容、路径与方法，以及智能会计与传统会计的区别与联系等知识，能够为会计智能化转型提供内在动力和重要基础，有助于加速推进会计的智能化转型。

复习思考

1.会计智能化是否意味着会计会被机器人取代？

2.会计是否一定要智能化，什么是会计智能化？

3.会计智能化的路径与方法是什么？

课后作业

名词解释

1.会计智能化；2.共享经济；3.财务共享；4.大数据；5.云计算；6.区块链；7.人工智能；8.物联网；9.移动互联网；10.应用场景。

简答题

1.会计为什么要智能化，会计智能化的趋势是什么？

2.2023年影响中国会计从业人员的十大信息技术是什么？

3.近五年影响中国会计从业人员的十大信息技术的变化趋势是什么？

4.会计智能化的内涵与特征是什么？

5.会计智能化要实现的目标与功能是什么？

6.会计智能化有哪些职能？相较于传统会计，会计智能化的职能有哪些特殊变化？

7.会计智能化的框架是什么？怎么理解会计智能化的实施框架？

8.会计智能化的内容有哪些？您是否可以举出有代表性的实例来说明会计智能化的发展情况和发展趋势？

9.智能会计与传统会计的区别与联系是什么？

论述题

现代信息技术对会计学专业提出了哪些挑战？会计专业应如何应对？

参考文献与推荐阅读

[1] 柏思萍．财务共享应用［M］．北京：中国财政经济出版社，2020.

[2] 陈春花．激活组织：从个体价值到集合智慧［M］．北京：机械工业出版社，2017.

[3] 陈虎，孙彦丛，赵旖旎，等．财务机器人——RPA的财务应用［M］．北京：

中国财政经济出版社，2019.

［4］陈虎，孙彦丛．财务共享服务［M］．2版．北京：中国财政经济出版社，2018.

［5］贾小强，郝宇晓，卢闯．财务共享的智能化升级：业财税一体化的深度融合［M］．北京：人民邮电出版社，2020.

［6］刘梅玲，黄虎，佟成生，等．智能财务的基本框架与建设思路研究［J］．会计研究，2020（3）：179-192.

［7］刘勤，尚惠红，等．智能财务：打造数字时代财务管理新世界［M］．北京：中国财政经济出版社，2021.

［8］刘勤，杨寅．智能财务的体系架构、实现路径和应用趋势探讨［J］．管理会计研究，2018（1）：84-90；96.

［9］卢奇，科佩克．人工智能［M］．林赐，译．2版．北京：人民邮电出版社，2018.

［10］腾讯研究院．人工智能：国家人工智能战略行动抓手［M］．北京：中国人民大学出版社，2017.

［11］吴践志，刘勤，等．智能财务及其建设研究［M］．上海：立信会计出版社，2020.

［12］杨寅，赵健，吕晓雷．中国企业智能财务应用现状及发展趋势分析：基于调查问卷数据的例证［J］．财会通讯，2021（11）：140-146；151.

［13］张庆龙．智能财务的应用场景分析［J］．财会月刊，2021（5）：19-26.

［14］张玉明，等．智能会计［M］．北京：经济科学出版社，2021.

［15］中国企业数字化联盟专家组．数字化转型白皮书［R］．北京：中国企业数字化联盟，2021.

［16］FELSON M，SPAETH J L.Community structure and collaborative consumption：A routine activity approach［J］．American Behavioral Scientist，1978（21）：614-624.

第2章
会计智能化的信息系统基础

要发展数字经济，加快推动数字产业化，依靠信息技术创新驱动，不断催生新产业新业态新模式，用新动能推动新发展。

——习近平在全国网络安全和信息化工作会议上的讲话（2018年4月20—21日）

世界经济加速向以网络信息技术产业为重要内容的经济活动转变。我们要把握这一历史契机，以信息化培育新动能，用新动能推动新发展。

——习近平在中共中央政治局第三十六次集体学习时的讲话（2016年10月9日）

网络安全和信息化对一个国家很多领域都是牵一发而动全身的，要认清我们面临的形势和任务，充分认识做好工作的重要性和紧迫性，因势而谋，应势而动，顺势而为。

——习近平在中央网络安全和信息化领导小组第一次会议上的讲话（2014年2月27日）

学习目标

1. 了解会计信息系统的含义和发展；
2. 掌握会计智能化信息系统的基本架构；
3. 掌握会计智能化信息系统的基本功能；
4. 熟悉会计智能化信息系统的构建流程；
5. 理解会计智能化信息系统的运行与维护；
6. 理解会计智能化信息系统的评价及安全。

重点难点

1. 会计智能化信息系统的基本架构；
2. 会计智能化信息系统的基本功能；
3. 会计智能化信息系统的构建流程；
4. 会计智能化信息系统的运行与维护及安全。

思维导图

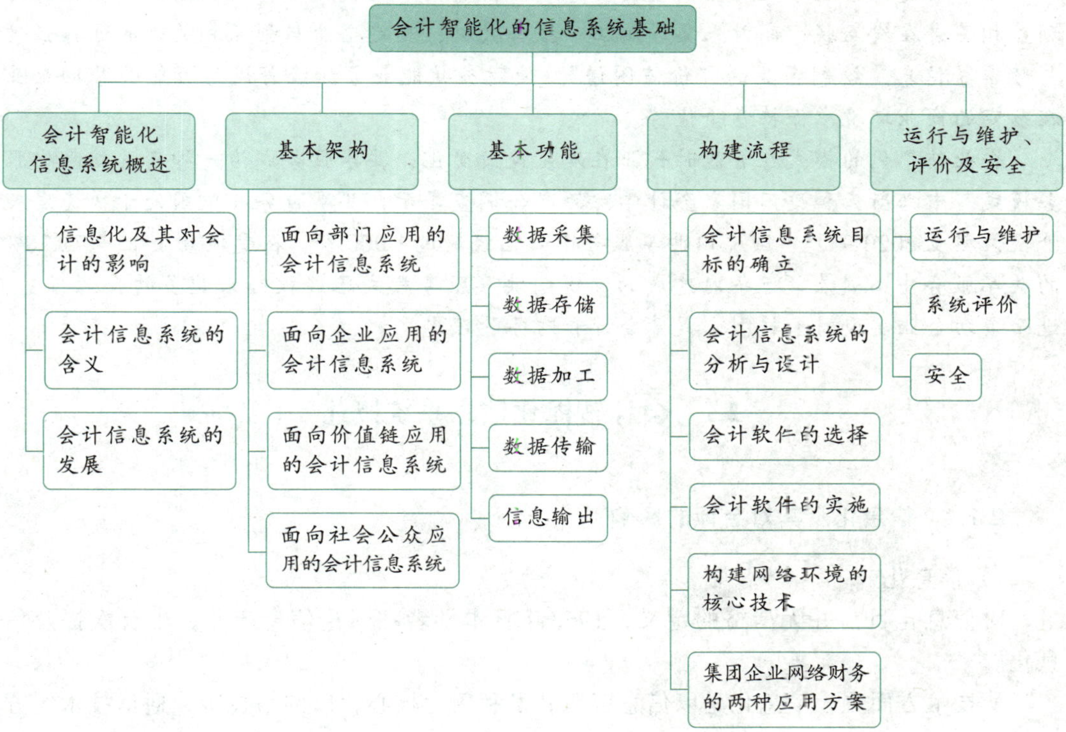

课程思政要点

序号	教学单元	课程思政要点
1	2.1　会计智能化信息系统概述	掌握马克思主义思想方法和工作方法；科学思维和系统思维
2	2.2　会计智能化信息系统的基本架构	科学思维和系统思维；数字化转型；新阶段、新理念、新格局
3	2.3　会计智能化信息系统的基本功能	高质量发展；党的二十大报告关于“加快建设制造强国、质量强国、航天强国、交通强国、网络强国、数字中国”的论述；网络安全；诚实守信和职业道德
4	2.4　会计智能化信息系统的构建流程	网络安全；数据治理；工匠精神；吃苦耐劳和精益求精的精神
5	2.5　会计智能化信息系统的运行与维护、评价及安全	低碳战略；掌握马克思主义思想方法和工作方法；科学思维和系统思维

注：本表关于课程思政要点为建议内容，授课教师可根据实际情况进行必要的调整。

导入案例

信息化是财务数字化转型的重要支撑。在信息技术的支持下，财务通过信息系统与利益相关者在线互联，高效采集、加工、报告数据，测定企业与利益相关者的连接强度与频率等信息，绘制企业的“价值图谱”，使财务赋能业务和经营成为可能，帮助企业在多变的商业环境中保持竞争优势。

企业信息化的模式在智能时代正在发生较大变化，共享服务成为一种新的信息化服务模式。中兴新云和厦门国家会计学院的联合调查显示，共享服务在中国处于快速发展阶段，截至2020年，中国境内共享服务中心已经超过1 000家。在受调查企业中71.28%的共享服务中心是在近5年内建成的，说明共享服务模式已经被越来越多的企业接受，进而帮助企业实现财务转型，提升会计和财务管理水平。

2.1 会计智能化信息系统概述

2.1.1 信息化及其对会计的影响

1）信息化

对信息化目前并无严格的定义，1963年日本学者在《论信息产业》中首次提及信息化。

从技术方面看，信息化是以信息资源开发利用为核心，以网络技术、通信技术等方式为依托的一种新技术扩展过程。

从过程方面看，信息化是一个动态的过程，是在社会和经济活动中普遍采用信息技术、开发和利用信息资源，以此来推动经济发展、社会进步，使得通过利用信息资源创造的产值在国内生产总值中的比重逐渐上升，直到占据主导地位的过程。

此外，信息化还应该是一个在信息技术的支持下，将生产模式、生活模式、管理模式逐步变革的过程。

信息化是一个集成的概念，它具有明显的层次性。从总体上看，信息化可以划分为社会、国民经济信息化，行业、领域信息化，组织、企业信息化三个层次。本书中以第三个层次为背景，探讨财务管理信息化。三个层次之间相互联系，共同构成信息化的背景。组织和企业的信息化是社会信息化的基本构成单位，信息化的进程往往是从某个组织开始的。

2）信息化对会计工作的影响

当今世界包括我国在内，都认识到信息化不仅是经济和社会发展的大趋势，而且是未来发展的制高点，它关系到科技、经济、社会、文化、政治、军事、国家安全的全局，信息化水平已成为衡量一国现代化程度、综合国力、国际竞争力、经济增长能力的重要标志。党中央、国务院制定并发布的《2006—2020年国家信息化发展战略》中明确指出，国家信息化发展的战略重点包括：推进国民经济信息化、推进社会信息化、加强信息资源开发利用、推行电子政务、完善综合信息基础设施、提高国民经济信息应用能力等。

会计工作是经济社会发展的基础，直接关系到企事业单位的会计信息质量和内部管理，国家宏观决策、社会管理和市场监管，以及市场经济秩序和社会公众利益等各个方面。在信息化下，IT技术环境正对传统会计理论、实务、教育和管理产生巨大的冲击。这种冲击将使传统会计发生以下变革：

（1）会计学向交叉学科发展。

（2）会计学理论体系的变革。

（3）会计实务工作的变革。

（4）会计信息系统质的变革。

（5）会计组织机构和会计岗位设置的调整。

（6）会计制度和会计准则的变革。

总之，迅猛发展的信息技术正在把会计的方方面面推向一个新时代，变革意味着会计仍将是一个充满生机的行业。面对正在到来的种种机遇，我们不应该只是被动地接受或继承旧的思维方式和规则，而应积极主动地做好迎接未来挑战的准备，成功将属于那些能预见、制定和实施新的“游戏规则”的人。

2.1.2　会计信息系统的含义

1）管理信息系统

管理信息系统（management information system，MIS）是20世纪中后期才逐渐形成的一门新学科。1985年，管理信息系统的创始人高登·戴维斯给管理信息系统下了一个较为完整的定义：“管理信息系统是一个利用计算机硬件和软件，手工作业，分析、计划、控制和决策模型，以及数据库的用户——机器系统。它能提供信息，支持企业或组织的运行、管理和决策功能。”

管理信息系统是指：以信息基础设施为基本运行环境，由人、信息处理设备和运行规程组成的，通过信息的采集、传输、存储、加工处理，并以企业战略竞优、提高效率为目标，支持企业高层决策、中层控制和基层运作的集成化人机系统。这一定义明确了构成管理信息系统的三个要素：人、信息基础设施和运行规程。在任何一个系统中，“人”始终是第一要素。人是管理信息系统的使用者，同时也是管理信息系统的规划、控制和运行管理者，越是面向高层的系统，人的参与程度越大。信息基础设施提供了管理信息系统运行的物理环境，同时信息基础设施的建设必须服从于管理信息系统的目标；运行规程体现了管理信息系统的运行规则，运行规则是应用规划、控制措施、知识智能的集合体，它是保证数据、控制指令、执行动作按照科学合理的原则运行的基本保证。

2）会计信息系统

会计信息系统（accounting information system，AIS）特指在信息技术环境下，以提供决策有用的会计信息为目标，用于采集、整理、记录、存储、处理与输出会计信息的计算机管理信息系统及其相应的硬件、软件、数据、人员、管理制度等运行环境。它属于管理信息系统的一个重要分支。

会计信息是企事业单位最重要的经济信息，它连续、系统、全面、综合地反映和监督企业经营状况，并为管理、经营决策提供重要依据。在现代科学技术背景下，这样的信息系统无疑就是计算机会计信息系统。计算机会计信息系统以计算机为主要工具，对各种会计数据进行采集、存储和处理，完成会计核算任务，并提供管理、分析与决策相关的会计信息的系统，实质上是将会计数据转化为会计信息的系统。

3）会计信息系统的构成

一般而言，广义的会计信息系统包括如下要素：①计算机硬件环境；②计算机软件环境；③数据；④人员；⑤管理制度。

2.1.3 会计信息系统的发展

会计信息化从开始应用到逐渐普及，国外和国内的发展有很大的差异。由于引进国外技术速度较快，因此我国会计信息化的发展具有跳跃性的特点。

1）国内会计信息系统的发展

（1）以替代手工账为目标的会计电算化发展阶段

我国会计电算化工作起始于20世纪70年代末。1981年8月，在财政部、原第一机械工业部、中国会计学会的支持下，在长春第一汽车制造厂召开了“财务、会计、成本应用电子计算机专题学术研讨会”，会上正式把“电子计算机在会计中的应用”简称为“会计电算化”。

所谓会计电算化，是指将计算机引入会计工作中，利用计算机系统高速的数据处理能力，完成算账、记账和报账等任务，并对会计信息进行加工、分析、判断等。会计电算化的目标在于降低会计人员的工作强度，替代手工账，将会计人员从繁重的登账、转账、核算等工作中解放出来，提高处理速度的同时，提高了数据处理的准确性。

1983年至1988年期间，由于经济体制改革的不断深化，企业领导认识到企业管理工作特别是会计工作的重要性，会计电算化的行政推广力度比较大。1988年以后全国相继出现了以开发经营会计核算软件为主的专业公司，包括用友公司、金蝶公司等几百家。它们在财政部及有关部门的支持下，业务发展较快，开启了我国会计电算化软件的商品化推广阶段。

（2）以实现财务业务一体化为目标的会计网络化阶段

随着网络技术的出现，会计电算化的弊端逐渐显露出来，主要表现在：第一，会计电算化方式只是对手工系统的简单模拟。第二，会计电算化造成了企业内部的信息“孤岛”。第三，这种方式造成了信息系统的投入和产出比例不协调。随着计算机网络化水平的提高，会计信息系统也从单机方式运行的会计电算化方式，向会计网络化阶段过渡。

所谓会计网络化，是指将会计工作通过计算机网络连接为一个有机的整体，实现数据在业务系统和财务系统的协同和共享，进一步提高信息处理的效率。在这种模式下，借助网络将会计工作的各个环节组织在一起，实现数据在不同子系统之间的传递。

但这一模式的缺点在于：第一，各子系统在设计时，仅仅考虑了会计部门的信息需求，而没有将管理重点放在业务本身，用户在使用时往往觉得无所适从，既不能很好地满足业务部门业务处理的要求，也不能完全满足财务部门的信息需求。第二，虽然通过网络将各个子系统的数据联系在一起，但并没有改变传统的核算流程和数据处理过程，只是将原来手工传递数据转变为网络传递。各子系统之间较少产生数据上的关联和参照，用户很难发现数据之间的错误。第三，缺乏基于网络环境的管理思想的渗透，仍停留在手工处理的思路上。

（3）以实现会计信息资源整合为目标的会计信息化发展阶段

会计信息化是网络技术日新月异和企业管理水平适应市场经济不断发展变化的综合作用的产物，是在最初的会计电算化、会计网络化的基础上逐渐演变和发展来的。会计信息化是指基于现代信息技术平台，融物流、资金流和信息流于一体的，高效、实时、综合反映会计信息的信息处理系统。会计信息化的核心含义在于结合现代信息技术对传统会计进行重整，并据以建立开放的会计信息系统。这种系统将全面运用现代信息技术，使业务处理高度自动化，信息高度共享，能够主动和实时报告会计信息。会计信息化使企业组织内人人都可能成为信息的处理者和使用者，并通过网络系统接受企业组织外部及信息使用者的监督。

会计信息化是在20世纪90年代末，随着会计界对ERP以及会计电算化认识的不断加深而被提出并迅速而广泛采用的概念。按照杨周南教授所给的定义，它是指在会计行业和组织或企业会计活动中普遍采用现代信息技术、有效开发和利用会计信息资源，使会计信息资源成为全社会的共享财富，以推动会计信息资源产业发展的历史过程。会计信息化具有以下基本特征：第一，会计与信息技术融合；第二，会计业务流程再造；第三，会计信息资源在信息技术环境下增值。

2）国外会计信息系统的发展

国外没有“会计信息化”的专门叫法，他们一般将现代信息技术与会计的融合称为“基于计算机的会计信息系统（computer-based accounting information system）”、“数据库会计（database accounting）”或“REA会计（resource-event-agent accounting）”等，其发展经历了四个阶段。

（1）单项处理阶段

1954年，美国通用电气公司首次利用计算机计算工资，开创了利用计算机处理会计数据的新纪元。此后，计算机开始在会计中代替手工操作成批处理数据，其基本特征是：程序和数据相互不独立，数据量大、无数据管理功能，数据依赖于程序，主要完成某一方面的工作，如工资核算、材料核算等。

（2）综合处理阶段

20世纪60年代中期到70年代初，进入实施处理阶段，表现为利用计算机对某一会计子系统进行核算。其基本特征是：针对某一会计子系统，进行较为综合的数据处理，程序已构成一个子系统，以文件方式管理数据，数据与程序有一定的相互独立性，使用比较灵活，如材料管理等。

（3）管理信息系统处理阶段

20世纪70年代以后，进入管理信息系统处理阶段，逐步实现了经济信息的综合化、系统化，形成了计算机的管理信息系统。会计信息系统作为企业管理的一个系统，成为整个管理信息系统的有机组成部分，共享系统的资源。从处理方式上，使用数据库管理系统，一方面，实现了应用程序与数据相互独立，运行效率高，数据冗余度小；另一方面，产生了局域网系统，能将分散在企业各部门的计算机和各主要设备联系起来，实现远距离的数据传递和通信。其基本特征是：以文件或数据库作为软件的支持，数据共享性提高，容量大。

（4）决策支持系统处理阶段

20世纪80年代开始进入决策支持系统处理阶段，在数据处理方式上实现了完整的数据管理系统，建立了经济数学模型库，能提供高层次的决策方案和决策信息。在处理方式上，应用程序和数据均有最大的独立性，数据冗余度最小，出现了分布网络系统。其基本特征是：数据的冗余度最小，并可以无限扩张，建立网络构造及终端。

从发展阶段的内容可知，第一、第二阶段属于电子数据处理阶段。发展到第三阶段，才是真正意义上的会计信息化。在第四阶段，会计信息化的功能有了很大的扩充，它可以为决策提供信息资料和方案，这是会计信息化的发展趋势。

2.2 会计智能化信息系统的基本架构

经过40余年的发展，会计信息化取得长足的进步，但在不同规模的企业，会计信息系统应用的程度不尽相同，会计信息系统呈现出不同的功能构成。按照会计信息系统应用的规模和覆盖面不同以及满足的需求对象不同，可将会计信息系统划分为面向部门应用、面向企业应用、面向价值链应用和面向社会公众应用四个层次。

2.2.1 面向部门应用的会计信息系统

面向部门应用的会计信息系统主要指会计软件的应用范围局限在会计部门内部，使用人员局限在会计人员，应用的主要目的是实现会计核算和报表编制的信息化。

1）面向部门应用的会计信息系统的特点

（1）数据采集点主要是会计核算所需的原始单据，业务单据仍然采用手工方式传递给财务部门。

（2）会计核算过程使用计算机替代，提高了数据加工的准确性和效率。

（3）应用的目标是生成财务报告。

（4）部门应用中虽然涉及固定资产、工资等业务核算和管理模块，但这些模块的设计主要为满足会计核算的需求，并没有过多考虑资产管理部门和人力资源部门对上述模块的需求。

2）面向部门应用的会计信息系统的功能结构

面向部门应用的会计信息系统的功能结构如图2-1所示。

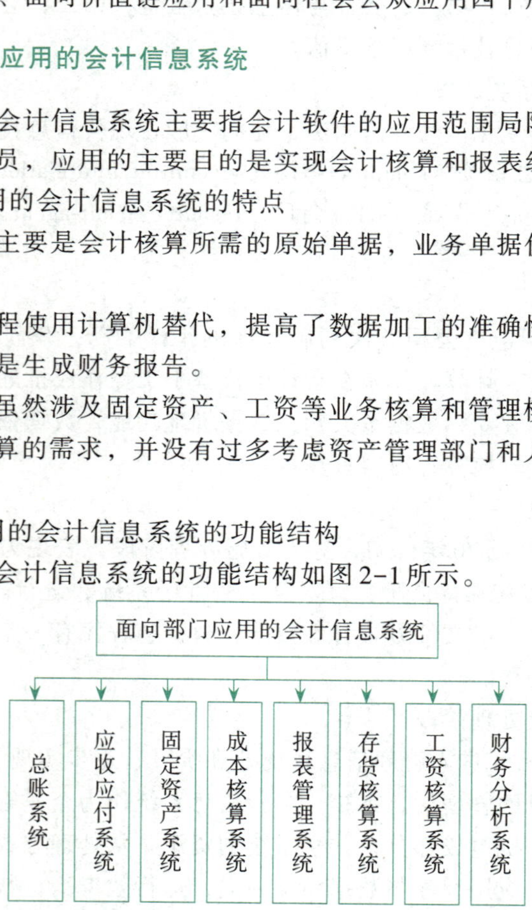

图2-1 面向部门应用的会计信息系统的功能结构

面向部门应用的会计信息系统各模块的主要功能如下：

（1）总账系统。总账系统也称为账务处理子系统，执行记账、算账、对账、转账、结账工作任务。输入记账凭证，生成日记账、总账和除各子系统生成的明细账以外的全部明细账。在大部分软件中，账务处理子系统还兼有银行对账、往来账管理、部门核算和项目核算等辅助功能。

（2）报表管理系统。报表管理系统用来实现各种会计报表的定义和生成，并可进行报表合并和报表汇总。该子系统生成的会计报表，除包括对外的资产负债表、利润表和现金流量表等之外，还有对内的管理会计报表。

（3）应收应付系统。应收应付系统也称为往来账管理子系统，包括应收账款管理子系统和应付账款管理子系统。

应收账款管理子系统完成各应收账款的登记、冲销工作，动态反映各客户信息和应收账款信息，并可进行账龄分析和坏账估计。当然，对工业企业来讲，应收账款管理子系统也可与产成品及销售核算子系统合并为一个子系统。

应付账款管理子系统完成各应付账款的登记、冲销及应付账款的分析统计工作，及时反映各应付账款的数额及偿还所需要的资金，同时也可以掌握供应商及合同信息。对于工业企业来讲，应付账款管理子系统也可以与材料核算子系统合并为一个子系统。

（4）工资核算系统。工资核算系统完成工资的计算、工资费用的汇总和分配等工作，生成工资结算单、工资条、工资结算汇总表、工资费用分配汇总表、职工福利费计提分配表等，并自动编制转账凭证传递给账务处理子系统。

（5）固定资产系统。固定资产系统实现固定资产卡片的管理、固定资产增减变动核算、折旧费用的计提与分配等工作，生成固定资产卡片、固定资产登记簿、固定资产增减变动表、固定资产折旧计提表、固定资产统计信息表等，并自动编制转账凭证传递给账务处理子系统。

（6）存货核算系统。存货核算系统完成材料及库存商品等存货的收发结存核算、材料费用的分配等工作，生成材料采购明细账、材料明细账、材料费用分配表等，并自动编制材料收发结存转账凭证传递给账务处理子系统。

（7）成本核算系统。成本核算系统接收各子系统转来的成本信息，实现各种费用的归集和分配，及时准确地计算出产成品的总成本和单位成本，并自动编制转账凭证传递给账务处理子系统。

（8）财务分析系统。财务分析系统根据系统生成的报表数据，采用指标分析、因素分析、趋势分析等方法对企业财务经营情况进行分析，并自动生成相应的分析结果。

2.2.2　面向企业应用的会计信息系统

面向企业应用的会计信息系统作为整个企业管理信息系统的一个有机子系统，与企业管理信息系统高度集成，因此其设计目标应充分考虑企业整体管理和决策的需求。

1）面向企业应用的会计信息系统的特点

（1）会计信息系统的应用属于企业整体信息化的一个子集，全面改造企业的业务流程，实现企业业务流程、会计工作流程和信息流程的集成，从而使企业的物流、资金流、信息流和业务流整合为一体；实现企业内部的信息和过程集成，彻底消除了“信息孤岛”，大大提高了信息的共享性。

（2）会计信息系统运行所依托的软硬件环境按照企业信息化的需求构建，会计信息系统的运行更多的是借助于企业共享的信息化平台运行。

（3）会计工作的起点深入到业务环节，在完成业务数据处理的同时，完成相关会计数据的采集或搜集，并自动化地进行数据的汇总和计算。

（4）会计管理和控制职能借助于向业务环节的渗透得以实现，从而实现内部控制和管理职能向业务流程的嵌入。

（5）财务报告向综合财务报告演进，借助于覆盖企业范围的信息查询和决策支持系统，更好地支持企业决策。

2）面向企业应用的会计信息系统的功能结构

面向企业应用的会计信息系统的功能结构及各相关子系统的联系如图2-2所示。

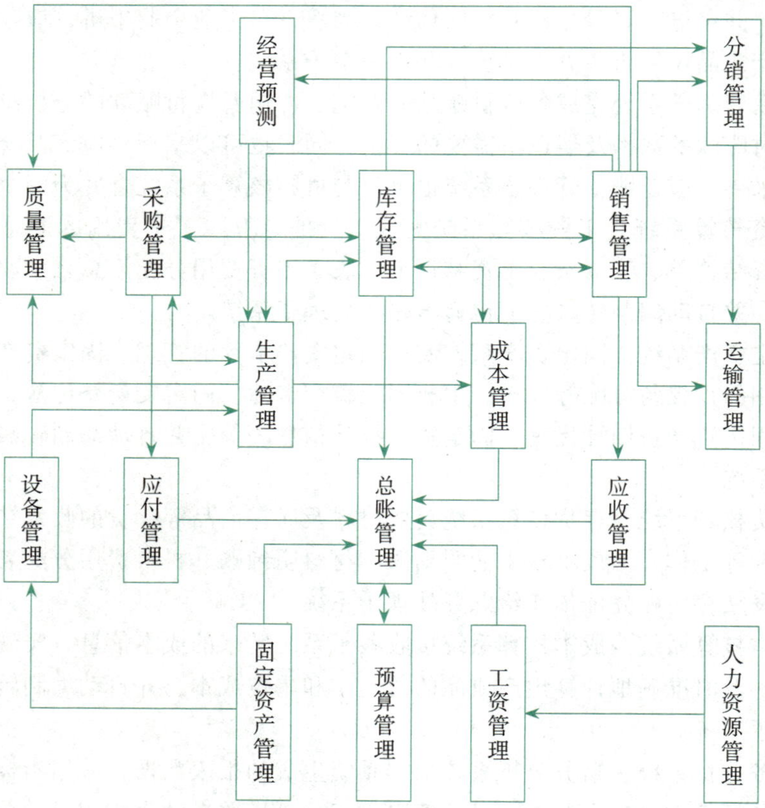

图2-2 面向企业应用的会计信息系统的功能结构

在面向企业应用的会计信息系统中，除核算模块外，会计相关模块还包括：

（1）财务预测子系统。预测是指以过去的历史数据和现在能够取得的经济信息、统计资料为基础，运用人们所掌握的科学知识，推测事物发展的必然性和可能性的过程。信息化环境为预测工作提供了更为便利的条件，数据库可以提供丰富的历史数据，强大的计算机工具可以帮助用户使用更为准确的预测方法。财务预测信息化包括利润预测、市场预测、销售预测、资金需求量预测、企业价值预测等。

（2）预算控制子系统。根据决策结果和由决策方案产生的指标、计划等信息编制预算，并负责预算的执行监督和管理。该子系统支持集团预算的编制和执行。

(3) 现金管理子系统。现金管理也是信息化的重要环节。这里的现金不仅指纸质货币，也包括电子货币及其转化形式。随着网上交易和网上银行应用的日渐成熟，企业的现金管理不再局限于简单的货币管理和对账，还要实现电子货币的结算、核对的网上管理。同时，合理控制现金支出，判断企业现金流量变动，及时作出现金需求安排，也是现金管理子系统的重要内容。针对集团企业，还可以应用资金管理中心实现集团内部现金的统一配置和管理。

(4) 财务决策子系统。财务决策子系统是财务管理信息系统的主要内容之一，主要包括企业筹资决策信息化、投资决策信息化和股利分配活动信息化。它构成了财务管理信息化的主干，具体包括用户决策需求分析、决策环境分析、决策模型构建、决策参数获取、决策结果生成等模块，并包含模型库、方法库和数据库等决策所需的基本的数据库管理系统。

2.2.3 面向价值链应用的会计信息系统

价值链是波特在《竞争优势》这部著作中首先提出，并作为企业在竞争中获取竞争优势的基本分析工具贯穿全书。价值链有狭义价值链和广义价值链之分。狭义价值链泛指单体企业和企业集团内部的价值链，或被称为纵向价值链。广义价值链包含两个内容：其一是指以某一核心企业为主体的外部价值链，或被称为横向价值链；其二是以多个核心企业为主体的有限闭环价值链，或被称为社会价值链。

价值链管理实质是一种集成的管理思想和方法，它注重价值链上企业间的合作，把不同企业的人、财、物和市场等要素集成起来以使整个价值链的价值得到提升。价值链管理把企业资源的范畴从过去的单个企业扩大到整个价值链的企业群。企业关心的将不再仅仅是企业本身，而是它所置身其中的整个价值链的集成利益和发展能力。与此相适应，价值链会计管理将突破传统会计管理的范围，价值链会计管理信息化作为实现价值链会计管理所必备的环境和技术基础将使信息系统发生重大变革。

价值链会计，又可称为价值链会计管理，它是以市场和客户需求为导向，以核心企业为龙头，以价值链的整体价值增值为根本目标，以提高价值链竞争力、市场占有率、客户满意度和获取最大利润为具体目标，以协同商务、协同竞争和多赢原则为运作模式，通过运用现代信息技术和网络技术，从而实现对价值链上的物流、信息流和资金流进行有效规划和控制的一种管理活动。价值链会计管理的目的就是要将核心企业与供应商、分销商、服务商、客户连成一个完整的网链结构，形成一个极具竞争力的战略联盟，通过价值链的创建，形成整个价值链的低成本或差异化竞争优势，真正实现“多赢”。

面向价值链应用的会计信息系统的主要内容有：

1) 分销管理

分销系统指通过互联网将供应商与经销商有机地联系在一起，为企业的业务经营及与贸易伙伴的合作提供了一种全新的模式。供应商、分支机构和经销商之间可以实现实时提交业务单据、查询产品供应和库存状况，并获得市场、销售信息及客户支持，实现供应商、分支机构与经销商之间端到端的供应链管理，有效地缩短了供应链。

2）电子结算系统

电子结算就是买主和卖主之间进行在线资金交换。交换的内容通常是由银行或中介机构发行的并由法定货币支撑的数字金融工具，包括信用卡结算、电子现金结算、电子支票结算、电子钱包结算、借记卡结算、电子代币结算等方式。电子结算系统可以通过资金结算将上下游企业连接成统一的整体。

3）物流管理

围绕核心企业形成的物流管理系统，可利用现代信息技术和设备，提供将物品从供应地向接收地的准确的、及时的、安全的、保质保量的、门到门的合理化服务模式和先进的服务流程，包括商品的运输、配送、仓储、包装、搬运装卸、流通加工，以及相关的物流信息等环节。在价值链会计管理中，侧重于物流成本的核算及分摊，在保证客户利益最大化的同时，合理分配参与物流活动的各成员的利益，明晰核算和管理。

2.2.4 面向社会公众应用的会计信息系统

基于会计信息的公共性，面向社会公众的会计信息平台主要站在信息使用者的角度，构建面向监管者和社会公众的共享化的会计信息管理和服务平台，主要内容包括：

1）共享的会计报告平台

企业特别是上市公司均有主动披露会计信息的责任和义务，共享的会计报告平台提供企业主体发布、披露会计报告的管理平台和数据检索、查询和分析平台。例如，上交所和深交所均建立了面向社会公众的会计报告管理系统。

2）会计信息监管及鉴证

会计信息作为企业和社会经济运行的重要参考信息，要求会计信息满足其内在的质量特征。通过公共会计信息平台的建立，构建社会化的会计信息管理和鉴证平台，通过第三方信息验证方式，实现企业、银行、税务、会计师事务所等相关机构的信息共享和参照，提供高质量的会计信息。

综上所述，在社会信息化程度不断提高的背景下，会计信息系统的概念和范畴也在不断扩展，不仅包括传统意义上的会计核算和管理，而且开始向价值链和整个社会公众的应用过渡。四个层次的会计信息系统相互包容，共同构成完整的会计信息系统。

2.3 会计智能化信息系统的基本功能

会计核算是一种特殊的数据处理程序，是运用会计特有的方法，对经济业务的数据进行加工、处理、存储，并输出财务报告。

会计信息系统的基本功能是：会计数据的采集、会计数据的存储、会计数据的加工、会计数据的传输、会计信息的输出。

2.3.1 数据采集

收集大量的数据，并采用适当的方式将其记录下来，这是数据处理的第一步，它关系着输出数据的真实性、完整性。数据采集一般包括数据判定和数据记载两项工作。

会计信息系统中对收集到的数据的确认实际上就是这里所说的数据判定，数据记载就是通过业务单据或会计凭证等数据载体记录经济业务的发生或完成。

在数据记载过程中往往还包含数据校验，数据校验是指对记载过程的数据进行校验，以保证完整和正确的数据进入处理系统。在会计信息系统中，数据校验是通过对取得的原始凭证进行审核完成的，并根据审核后的原始凭证编制记账凭证，表明通过审核的经济业务能够进入会计核算系统。

2.3.2　数据存储

数据存储是指将原始数据、中间结果和程序存储起来，以备调用。

会计数据的收集和使用时间是不一致的，而且对数据的处理是一个连续不断的过程，或者说是一个周期循环的过程，大量的会计数据均要存储起来，以备将来使用。会计数据是存储在序时账簿、分类账簿和有关备查账簿中的。

2.3.3　数据加工

数据加工是指通过算术运算或逻辑运算，把收集好的数据转换成信息的处理过程。数据加工过程一般包括分类、排序、核对、合并、计算、比较、选择等工作。对会计数据的处理一般也包括这些工作。

2.3.4　数据传输

数据传输是指将数据从一个地方传送到另一个地方，或把最终结果传送给用户。财务报告是会计工作的最终结果，企业应定期编制财务报告，并报送给有关的会计信息使用者。

2.3.5　信息输出

信息输出是指将经过信息系统处理形成的信息向相关使用者输出。信息是经过加工的数据，对接收者有用，对决策或行为有现实的、潜在的价值。信息是处理数据后所获得的，可以对数据和事实进行分析或将其用作获取知识和推断结论。换句话说，准确、系统化、可理解、相关且及时的数据就是信息。数据是原始的、未经分析的、未经组织的、不相关的、不间断的材料，用于在分析后得出信息。信息系统就是一个将数据加工成为信息的系统，信息输出是信息系统的重要环节。

数据是一个包含原始事实和数字的单位。信息是有用数据的集合，可以提供有关特定方式的知识或见解。信息是从数据中得出的，是可感知的，以特定方式解释为一条消息，为数据提供含义。

会计信息系统中会计数据处理的特点：

（1）数据来源广泛，连续性强，数据量大。存储周期长，类型较为复杂。输入时要进行严格的审核。

（2）工作较简单，但准确性要求非常高。

（3）信息输出频繁且量大，输出形式多种多样。

（4）处理环节较多，处理步骤定期重复进行，处理过程必须符合会计制度和政府法规的要求，并方便审计。

（5）证、账、表种类繁多且数量大，要作为会计档案长期保存，并方便查找。

（6）对数据处理的安全性、保密性有一定要求，以杜绝舞弊和贪污。

（7）处理深度、广度进一步扩展，由简单加工向复杂加工、多次加工过渡。

整个会计信息系统，从系统目标的制定、数据的输入、信息的加工处理到数据输出的过程，均反映了企业运营的重要内容。企业不仅要建立信息系统控制，还必须对所建立的各项控制进行测试和评价，特别是要对会计信息系统控制是否健全、有效作出评价，以便及时发现问题，及时纠正。信息的获取、存储、管理、检索、统计、发布等各个环节组合在一个统一的体系结构中，会计信息系统与其他业务系统之间要做到信息一体化、信息透明化和信息共享化，从而以最低的成本达到最高的绩效，以最简洁的方式达到最优质的效用。

2.4 会计智能化信息系统的构建流程

2.4.1 会计信息系统目标的确立

会计信息系统的目标应服从于企业、信息系统、会计三者的目标。企业的目标是通过提供让客户满意的服务获取更多的利润。信息系统的目标是向信息系统的使用者提供决策有用的信息。会计的目标是要提高企业的经济效益以获取更多的利润。由此，会计信息系统的目标可以确定为，向企业内外部的决策者提供需要的会计信息及对会计信息的利用有重要影响的其他非会计信息。

2.4.2 会计信息系统的分析与设计

1）会计信息系统建立的一般方法

会计信息系统建立的一般方法包括自主开发、委托开发、联合开发、购买商品化软件、租用应用服务供应商的系统等。

2）会计信息系统可行性分析

可行性分析，就是分析、比较、衡量一个新的会计信息系统的实施给企业实际业务的运作带来的利益或风险是多还是少。

可行性研究的内容包括经济可行性、操作可行性、技术可行性和人员可行性。

2.4.3 会计软件的选择

1）选择商品化会计软件的方法和步骤

（1）收集市场信息，确认候选的供应商。

（2）访问软件公司，了解其综合实力和产品信息。

（3）访问软件公司的客户。

（4）请有关咨询公司帮助选型。

（5）模拟运行方式。

（6）招标比价。

2）软件评价标准。

（1）软件功能。

（2）开发工具。

（3）软件文档。

（4）售后服务与支持。

（5）软件商的信誉和稳定性。

（6）价格问题。

（7）企业原有资源的保护。

2.4.4 会计软件的实施

1）会计软件实施的定义

广义上讲，会计软件的实施是指从会计信息系统项目立项开始直到新系统最终上线运行为止的所有阶段性工作，包括会计软件的系统分析、系统设计和实现、系统转换、系统运行和维护的全部过程。

狭义上讲，会计软件的实施仅指软件的安装、培训、用户化和二次开发、初始化等阶段性工作。

2）企业业务流程重组

（1）业务流程重组的定义

业务流程重组（BPR）是对企业的业务流程进行根本性再思考和彻底性再设计，从而获得在成本、质量、服务和速度等方面业绩的实质性改善，使得企业能最大限度地适应以“顾客、竞争和变化”为特征的现代企业经营环境。

（2）实施原因

有关统计表明，在整个20世纪80年代，美国企业在信息技术（information technology，IT）应用上投资了10 000亿美元，其中8 000亿美元是由服务行业投入的。尽管有这样的巨资投入，但是生产率在整个80年代实质上并没有发生大的变化，这些投资并没有达到预期目标。经济学家称之为“生产率悖论”，而众多的公司则认为它们投入信息技术应用方面的钱掉入了“黑洞”。

会计信息系统的应用如果仅仅在对企业传统管理方式进行简单重复或修补的基础上进行低水平的实施，那么，在加速企业原有正面产出的同时，也会加速其负面产出。企业的综合效益只有融入企业持续变革的过程中，才能使企业在信息化建设上的巨大投资真正得到回报，获得应有成效。

3）主要思想与原则

（1）从职能管理到面向业务流程管理的转变。

（2）注重整体流程最优的系统思想。

（3）组织为流程而定，而不是流程为组织而定。

（4）充分发挥每个人在整个业务流程中的作用。

（5）客户与供应商是企业整体流程的一部分。

（6）信息资源的一次性获取与共享使用。

4）会计软件的实施步骤

（1）明确目标和制订实施计划。

（2）对用户组进行教育和培训。

(3) 在需求分析基础上进行业务流程重组。
(4) 进行试运行试验。
(5) 制订技术解决方案。
(6) 调试环境、培训和测试。
(7) 系统投入实际运行。
(8) 周期性系统运行审查。

2.4.5 构建网络环境的核心技术

1) 数据库技术

财务系统的数据库是存放企业财务数据的仓库，是企业应用财务软件的基石之一。

2) 三层结构技术

财务软件是典型的数据库应用，而三层结构技术则是目前所采用的一项先进且成熟的数据库应用结构技术。根据分布式计算原理，三层结构技术分为数据库端、中间层、客户端三个层次。

3) Web技术

Web技术是与Internet相关的多项技术的统称，包括安全技术、网页技术、电子交易技术等。

(1) 安全技术

安全技术用于保护服务器的数据安全，以及传输过程中的数据安全。

(2) 网页技术

网页技术用于编写能够生成网页的Web服务器程序，用户能够通过浏览器实时查看和操作财务数据。

(3) 电子交易技术

电子交易技术是指应用信息技术来传递商务信息和交易，核心技术主要有公开密匙加密、电子数字签名、电子信封、电子安全证书等。

4) 财务管理技术

财务管理技术包括财务软件的业务规则以及数据处理的手段。

2.4.6 集团企业网络财务的两种应用方案

1) 集中式应用方案

集中式应用，是指将网络财务软件安装在企业（集团）总部的服务器上，企业（集团）的各分支机构（会计主体）将数据集中到总部服务器上，再由总部统一进行数据管理（包括数据的存放、维护等），各分支机构则通过广域网操作网络财务软件，以进行实时作业。

这一方案适用于有严格集中监管要求且有雄厚实力的企业集团，或虽实力不强但地域分布范围小的企业集团。这一方案的优点有：数据采取集中管理，使用方便；服务器配置成本小；可以作单数据库处理，信息统计及时。

2) 分布式应用方案

分布式应用方案，是指把网络财务软件安装在企业（集团）各分支机构（会计主体）的服务器上，以供各分支机构在各自的服务器上独立处理相关业务；其数据一般存储在本地，每隔一定时期，根据企业（集团）总部业务管理的需要进行数据整合，再通过广域网定期传送到总部的服务器上。

这一方案适用于机构分散、财务监控要求一般的企业集团。其优点是整体系统可靠性高；信息管理较灵活；没有实时在线通信费用。这一方案的缺点包括：数据分散，不能集中维护；需要配置较多的服务器，购置和管理费用较高。

2.5　会计信息系统的运行与维护、评价及安全

2.5.1　会计信息系统的运行与维护

经过一段时间的试运行后，就可以进入新系统的正式运行阶段，在试运行和正式运行过程中，系统维护人员要对系统进行不断的修改、补充和日常保养，使系统运行稳定并不断完善，这就是系统维护工作。

1）运行与维护应注意的事项

（1）新系统正常运行后，必须了解其运行情况，及时解决运行中发现的问题，并完成应用系统日常的维护工作。

（2）了解新的业务需求，设计或完善原有系统，以适应业务的变化。

（3）制定一套系统日常维护制度，规范系统日常维护工作。

（4）使系统维护人员全面了解系统的设计思想、数据结构、体系结构，力求新业务需求的实现与原设计思想统一。

（5）定期收集系统的运行报告，及时了解和掌握业务政策及操作办法的变化，了解系统对业务的满足程度，据此得出系统改进与完善的目标与计划，并负责组织实施。

2）系统维护的内容

（1）对系统开发和测试过程中没有发现的问题进行修改和完善。

（2）对由单位内外部政策、制度变化引起的变动进行修改。

（3）对系统的功能进行扩充或随着计算机技术的发展对系统运行环境进行升级。

（4）对系统及运行环境进行日常维护。

（5）对系统及系统中的数据由意外事故造成的损坏进行恢复。

3）系统维护的类型

（1）修正性维护。

（2）适应性维护。

（3）完善性维护。

（4）预防性维护。

2.5.2　会计信息系统的评价

1）系统评价的主要指标

信息系统评价是一项难度较大的工作，它属于多目标评价问题，目前大部分的系统评价处于非结构化阶段，只能就部分评价内容列出可度量的指标，许多内容还只能用定

性方法作出描述性的评价。

（1）经济指标：包括系统费用、系统收益、投资回收期和系统运行维护预算等。

（2）性能指标：包括系统的TMBF（平均无故障时间）、联机作业响应时间、作业处理速度、系统利用率、对输入数据的检查和纠错功能、输出信息的正确性和精确度、操作方便性、安全保密性、可靠性、可扩充性、可移植性等。

（3）应用指标：包括企业领导、管理人员、业务人员对系统的满意程度，管理业务覆盖面，对生产过程的管理深度，提高企业管理水平，对企业领导的决策参考等。

2）评价方法

（1）结果观察法：完全通过观察对系统的效果进行评价。

（2）模拟法：采用人工或计算机做定性的模拟计算，估计实际的效果。

（3）对比法：与基本相同的系统进行对比，得出大概的结果。

（4）专家打分法：同行专家评审打分，再加权平均。

3）系统评价报告

系统评价完成后，根据评价结果编写系统评价报告。评价报告一般包括系统运行的一般情况、系统的使用效果、系统的性能、系统的经济效益、系统存在的问题及改进意见等五个方面的内容。

2.5.3 会计信息系统的安全

1）会计信息系统安全概述

（1）会计信息安全系统的定义

会计信息安全系统是控制与计算机会计信息系统有关的特别风险的子系统，具有任何一个会计信息系统的基本要素。例如，涉及会计软件使用的数据和违反安全的情况被实时收集，并存储于数据库，用于生成报告。

（2）会计信息安全系统的生命周期

安全系统生命周期第一阶段的目标是产生一份脆弱性和威胁分析报告。第二阶段的目标是设计一套综合的风险控制措施，包括用于防止损失的安全措施和用于应对可能发生损失的偶然事件计划。

会计信息系统风险管理是评估和控制计算机会计系统风险的过程。

（3）分析脆弱性与威胁

分析脆弱性与威胁有两种基本方法：

一是定量风险评估方法，每种损失风险由单个损失成本与其发生的可能性相乘计算而得。

二是定性风险评估方法，仅列出系统脆弱性和威胁，根据它们对公司总损失风险的影响大小，主观地将其分为各个等级。

2）脆弱性和威胁

（1）脆弱性和威胁的定义

脆弱性是指一个系统的薄弱环节。威胁是指利用这种脆弱性的可能性。

（2）威胁的分类

威胁可以分为主动威胁与被动威胁。主动威胁包括信息系统舞弊和计算机破坏行为。被动威胁包括系统故障和自然灾害，如地震、洪水、火灾等。

（3）会计信息系统舞弊的严重性

统计表明，公司由于舞弊和贪污造成的损失在很大程度上超过由于行贿、入室盗窃和入店行窃等引起损失的总和。

因为大多数情况下，发现的舞弊从不会被告诉执法人员，否则会引起内部控制缺陷的公开披露，管理者倾向于回避由于这些公开起诉所导致的负面影响。

（4）把威胁引入会计信息系统的人员

对会计信息系统的成功攻击需要能够接近硬件、敏感数据文档或关键程序，系统管理员、用户和计算机窃密者因其接近系统的能力不同，而把威胁引入会计信息系统的程度有所区别。

一是系统管理员。系统管理员经常引入威胁，因为他们经常获得大范围授权以接近敏感数据和关键程序。系统管理员包括计算机维护员、程序员、操作员、信息系统管理员和数据控制员。

二是用户。用户的接近路径很有限，但他们仍然去寻找路径进行欺诈。通常，用户由不同种类的人群构成，很多用户有权使用那些可能被披露给竞争者的敏感数据。在一些情况下，用户可以控制重要的计算机输入，例如贷方备忘录、信用账户等。

三是计算机窃密者。计算机窃密者指未经正当授权就使用设备、电子数据或者文档的人。计算机窃密者通常不会获得任何特权，但他们常常是有能力给公司带来巨大损失的人。黑客是把攻击信息系统当作乐趣和挑战的计算机窃密者。

（5）会计信息系统的主动威胁

会计信息系统的主动威胁包括输入操作、程序变更、文档直接变更、恶意破坏等。

输入操作是大多数计算机舞弊所采用的方法，这种方法对技术技能的要求最低。

程序变更是计算机舞弊中使用最少的方法，是仅限于有限的人才掌握的编程技术。

文档直接变更是在某些情况下，个人可以避开正常程序，用其他方法把数据输入计算机程序，其后果可能是灾难性的。

恶意破坏对任何信息系统都会造成严重的威胁。对计算机或软件的破坏足以导致一个公司的破产。有时，恶意破坏行为可以通过电脑程序加以实施。

3）会计信息系统中的安全系统

会计信息系统中的安全系统是公司内部控制系统的一部分。

（1）控制环境

控制环境是保证整个控制系统的有效性的基础。建立一个好的控制环境依赖于八大要素，分别是：管理哲学、经营风格、组织结构、董事会及其下属委员会、管理控制活动、内部审计职能、人事政策和实践、外部影响。

（2）对主动威胁进行控制

基本原理：预防主动威胁（如舞弊和恶意破坏）的主要途径是用连续层面来控制进入。分层进入控制的基本原理在于，建立多层次的控制来隔离潜在犯罪者和他觊觎的目标。

分类：建立进入控制的第一个步骤是根据资料和设备的重要性和脆弱性进行分类，负有关键使命的数据和设备需要进行最严格的控制。

对主动威胁的控制有三个层次：站点进入控制、系统进入控制及文档进入控制。

站点进入控制的目标是从物理上将未授权个体与计算机资源隔离开来。物理隔离尤其适用于硬件、数据登记领域、数据库和连接线。

系统进入控制是一种用来阻止未被授权的使用者进入系统的软件导向型控制，其目的是通过用户名、密码、IP地址和硬件配置等手段来鉴别使用者。

文档进入控制是指阻止对数据和程序文档的未经授权的访问。

（3）对被动威胁进行控制

被动威胁包括供电系统或者硬件系统的故障，对此类问题的控制包括预防和修正两个方面。

4）灾难风险管理

灾难风险管理涉及灾难预防与偶然事件计划两个方面。

（1）预防灾难

预防灾难的发生是灾难风险管理的第一步。

例如，研究显示，下列灾难发生的概率为：

自然灾害——30%　　人为错误——45%　　蓄意破坏——45%

这些数据表明，通过贯彻良好而全面的安全政策，能够避免很大一部分灾难损失。

（2）偶然事件计划

灾难恢复计划在公司中必须被高度贯彻执行。制订该计划的第一步是取得高级管理层的支持，并应成立专门的计划委员会。

计划的设计包括三个主要部分：评估公司的需要、将需要按照优先级列表、整合出恢复策略和过程的规划。

评估公司的需要——所有负有关键使命的资源都要通过鉴定，其中包括硬件设施、软件、电力及其维护、建筑物的空间、关键记录以及人力资源。

恢复优先级列表——即使拥有一个完美的恢复计划，要把一切都从灾难中恢复过来也是需要大量时间的，因此，必须对最需要的恢复评估优先级。列表中应列出那些负有关键使命的运作或服务，它们是要求在几分钟或者几小时内被恢复的；同时列示可以等到几天、几个星期甚至几个月后再恢复完成的任务。

恢复策略和过程——一份完整的恢复策略与过程非常关键。计划中必须包含非常详细的规定，这样在遭受灾难之后，公司可以马上知道应该做什么、该由谁去做、怎么做，以及应该在多长时间内完成。

本章小结

会计智能化的基础环境是会计信息系统，了解和掌握会计信息系统的基础知识和基本原理是实现会计智能化的基本要求，本章阐述了信息化及其对会计的影响、会计信息系统的含义及其发展历程，会计信息系统的基本架构和基本功能、构建会计信息系统的流程和会计信息系统的运行与维护及系统评价等基本内容，这是实现会计智能化的基础知识和能力要求之一。

复习思考

1.简述会计信息系统的含义及其在我国的发展历程。

2.绘制不同应用层级会计信息系统的比较表格，分别从应用范围、人员、目标、功能构成四个角度，描述面向部门、企业、供应链和社会公众的会计信息系统的特点。

3.会计信息系统的基本功能是什么？

4.为什么说会计信息系统中的安全系统是公司内部控制系统的一部分？

课后作业

名词解释

1.信息化；2.管理信息系统；3.会计信息系统；4.面向部门应用的会计信息系统；5.价值链会计；6.分销系统；7.数据加工；8.会计软件实施；9.业务流程重组；10.集中式应用方案；11.分布式应用方案。

简答题

1.信息化对会计工作产生了什么影响？

2.面向部门应用和面向企业应用的会计信息系统的特点分别有哪些？

3.面向部门应用和面向企业应用的会计信息系统具有怎样的功能结构？

4.面向价值链应用的会计信息系统的主要内容有哪些？

5.面向社会公众应用的会计信息系统的主要内容有哪些？

6.会计信息系统中会计数据处理的特点有哪些？

7.会计信息系统建立的一般方法有哪些？

8.会计软件的实施步骤具体有哪些？

9.集团企业网络财务的两种应用方案是什么？

10.会计信息系统运行与维护应该注意的事项有哪些？

11.会计信息系统维护的内容有哪些？

12.会计信息系统评价的主要指标有哪些？

论述题

智能化时代会计信息化如何发展？以流程管理为核心的会计信息系统与共享模式的会计信息系统有何区别和联系？

参考文献与推荐阅读

［1］陈潇怡，欧阳电平．企业内控信息化实施的规范化方法研究：基于领域分析与形式化方法［J］．会计研究，2013（3）：72-78.

［2］丁胜红，胡俊．人工智能技术下会计信息系统的构建［J］．财会月刊，2021（8）：98-102.

［3］刘秋生．管理信息系统研发及其应用［M］．2版．南京：东南大学出版社，

2018.

[4] 杜娟，饶兴明. 会计信息系统理论与实务 [M]. 2版. 北京：人民邮电出版社，2016.

[5] 韩庆兰. 会计信息系统 [M]. 北京：人民邮电出版社，2016.

[6] 李闻一，刘勤，范文林，等. 智能财务赋能经济高质量发展——第十九届全国会计信息化学术年会主要观点综述 [J]. 会计研究，2020 (11)：187-189.

[7] 孙彦丛，郭奕，扶冰清. 数字化时代的财务中台——共享运营系统 [M]. 北京：中国财政经济出版社，2021.

[8] 王兴山. 数字化转型中的财务共享 [M]. 北京：电子工业出版社，2018.

[9] 叶康涛，孙苇杭. 会计软件采用与企业生产率——来自非上市公司的证据 [J]. 会计研究，2019 (1)：45-52.

[10] 张驰. 基于REA模型的企业会计信息系统构建 [J]. 财会通讯，2021 (13)：138-142.

[11] 周宇，仲伟俊，梅姝娥. 信息系统提升企业敏捷性的机制研究 [J]. 科学学与科学技术管理，2015 (7)：70-83.

第3章
会计智能化的技术基础

科学技术是第一生产力。

——邓小平在会见捷克斯洛伐克前总统胡萨克时提出（1988年9月5日）

我国经济社会发展和民生改善比过去任何时候都更加需要科学技术解决方案，都更加需要增强创新这个第一动力。

——习近平在科学家座谈会上的讲话（2020年9月11日）

学习目标

1. 了解智能感知的含义、过程及其研究内容；
2. 理解数据获取的概念、采用的技术和方法；
3. 理解近距离传输技术和远距离传输技术；
4. 掌握大数据分析和挖掘技术；
5. 理解智能知识的概念和知识图谱关键技术；
6. 理解机器人流程自动化技术及其他相关技术。

重点难点

1. 智能感知的含义、过程及技术；
2. 大数据分析及数据挖掘技术；
3. 智能知识概念、知识划分及知识图谱技术；
4. 区块链技术在会计中的应用。

思维导图

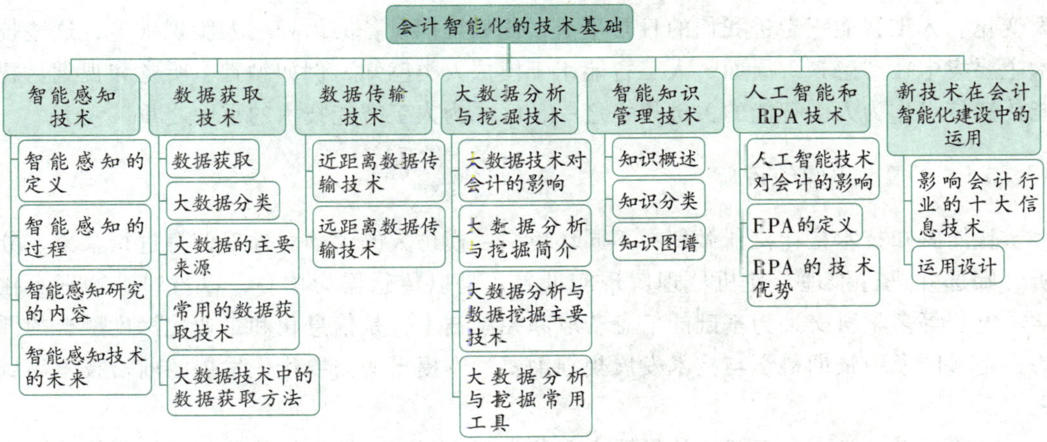

课程思政要点

序号	教学单元	课程思政要点
1	3.1 智能感知技术	科学技术是第一生产力；创新为第一动力；科学思维和系统思维；习近平总书记关于网络强国和网络安全的论述（见《习近平关于网络强国论述摘编》）；党的二十大报告关于“加快建设制造强国、质量强国、航天强国、交通强国、网络强国、数字中国”“加快发展数字经济，促进数字经济和实体经济深度融合”的论述；工业和信息化部《关于工业大数据发展的指导意见》；国资委《关于加快推进国有企业数字化转型工作的通知》；产业数字化转型
2	3.2 数据获取技术	
3	3.3 数据传输技术	
4	3.4 大数据分析与挖掘技术	
5	3.5 智能知识管理技术	
6	3.6 人工智能和机器人流程自动化技术	
7	3.7 新技术在会计智能化建设中的运用	

注：本表关于课程思政要点为建议内容，授课教师可根据实际情况进行必要的调整。

导入案例

计算机技术与网络技术的发展加快了人工智能技术的发展，尖端技术不断应用于财务管理活动中，使财务智能化一步步发展至今，从最初的会计电算化逐步发展到财务智能化，这是一个长期的过渡过程。2015 年普华永道开始尝试在企业财会管理活动中使用人工智能，并推出了一系列计划。2016 年 3 月，德勤宣布将人工智能引入会计、审计、财务工作中，并于下半年正式投入使用。人工智能、财务机器人在财会领域刮起了一阵新风，对传统财务会计活动产生了深远的影响。

3.1 智能感知技术

随着互联网、人工智能、大数据、虚拟现实等技术的发展，人类社会环境发生了巨大变化。人工智能正走进我们的日常生活，比如智能设备的语音、人脸识别等，这些技术主要集中在“感知”层面，人工智能用于模拟人类感知，例如触觉、听觉和视觉。智能传感技术作为人工智能的关键技术之一，已成为人工智能技术的重中之重。

3.1.1 智能感知的定义

智能感知技术是让机器做到在不同环境中，模仿人的大脑对外部信息进行采集、分析、筛选并进行推理，使机器理解现实世界，是以传感器为核心，以材料、物理、化学、电子等多学科交叉为基础的信息获取和控制技术，是信息化和工业化深度融合的源头，是《国家中长期科学与技术发展规划纲要》中提出的需要优先发展的前沿技术领域之一。

有研究者认为，人工智能的发展主要分为三个层次，即运算智能、感知智能和认知智能。运算智能，是指计算机快速计算和记忆存储的能力。感知智能，是指通过各种传感器获取信息的能力。认知智能，是指机器的理解、推理等能力。这种分类方法是否合理我们不予讨论。本书认为，关于人工智能发展的研究，应着重智能感知和智能决策两个方面。

智能感知，不仅包括通过各种传感器获取外部信息的能力，也包括通过记忆、学习、判断、推理等过程，达到认知环境和对象类别与属性的能力。智能决策，是指在对环境和对象智能感知的基础上，为达到某种目的，经过再次记忆、学习、判断、推理等过程，给出行为决策的能力。

3.1.2　智能感知的过程

现代智能感知技术的一个重要技术手段就是能够获取足够的传感信息和由之产生的特征信息。各种传感器的信息具有不同的特征，而智能感知的重要任务之一是要从各种传感信息中抽取对象的各种特征。正如小孩子从娘胎出来后认识母亲时要获取母亲的各种形象特征和语音特征等一样。

获取对象和环境各种特征的过程，实际上是一个记忆和学习的过程。自然界人和动物的记忆和学习机理还远远没有被揭示出来，现在急速发展的深度学习方法是实现记忆和学习功能的一种有效手段。深度学习的概念源于对人工神经网络的研究，含多隐层的多层感知器就是一种深度学习结构。深度学习通过组合底层特征形成更加抽象的高层表示特征，以发现数据的分布式特征表示。例如，目标形体不变矩特征的提取与学习，是从一幅数字图像中计算矩量，并获取该图像不同类型几何特征信息的过程。目标运动特征的提取与学习，是对其速度、高度、机动等特性的获取与学习的过程。目标辐射特征的提取与学习，是对其电磁辐射、音频辐射等频率、带宽特性，以及隐含信息特征获取与学习的过程。

获取了对象和环境的各种特征之后，智能感知的另一个重要任务是判断和推理。实际上，每种传感器仅能给出目标和环境的部分特征信息，如何利用各种类别的特征信息来确定目标和环境的类别与属性，需要基于多传感信息融合的判断和推理。多传感信息融合的基本原理，是把在空间或时间上的冗余或互补的信息依据某种准则进行充分组合，以获得感知对象的一致性解释或描述，从而完成智能感知的全过程。

现代智能感知系统需要模仿人和动物的认知机理，来完成对象特征的提取和智能推理等过程。虽然人和动物认识客观对象的多传感信息融合机理还远远没有被揭示出来，但人工智能可以用机器视觉-机器听觉-机器触觉，以及感知信息融合的全过程来模拟人和动物的认知过程，这也需要建立新的理论框架来描述认知的本质。建立判断和推理的方法有很多，如概率推理、模糊判定、证据理论等。

3.1.3　智能感知的研究内容

1）传感器技术

传感器技术是现代发展的十大技术之一，大致分为三代：第一代是一种结构传感器，它使用结构参数变化来检测和转换信号，例如热敏电阻。第二代是固态传感器，这种传感器由半导体、磁性材料等固体元件组成，利用材料的某些特性制成，如霍尔、超声波传感器等。第三代是智能传感器，它是微电脑技术和检测技术的结合，对外界信息具有一定检测、自诊断、数据处理以及自适应能力。此外，该传感器还与生物仿生学相结合，形成各种生物传感器。

2）无线传感网络感知技术

无线传感网络是将大量的无线传感网络节点随机放在被监测区域中，构成自组织网络，这些节点按功能可分为感知节点、汇聚节点及管理节点。其工作过程是：在被监测区域内将各节点传感器采集到的环境信息，通过自组网的形式，以多种方式传送到汇聚节点，最后再通过网络将传感信息传送到管理节点。无线传感器网络应用广泛，未来将充满我们的生活，无处不在。

3）被动无线感知技术

被动无线感知技术利用生物体在无线网络中对无线信号的反射、折射、遮蔽等影响，构建无线信号和生物体状态间的函数关系，感知其在被测环境中的状态，包括位置、手势、行为和运动轨迹等。被动无线感知技术不要求用户携带任何设备，无光照要求，具有穿透性，从而将用户从物理设备的束缚中解放出来，减少硬件设备开支，同时它覆盖面广，还能够保护用户的隐私，是非常有前景的一种智能感知技术。

3.1.4 智能感知技术的未来

关于智能感知技术在未来的发展，首先应该强调智能机器人。未来的智能机器人应该具备形形色色的智能感知系统，具有智能化水平更高的机器视觉、听觉、触觉和嗅觉，并且具有更发达的“大脑”学习机制和推理机制。这种智能机器人能够完全理解人类语言，应该根据感知信息进行智能判断和分析，形成和人类非常相似的感知模式，其中还有许多难题需要解决，如基于环境理解的全局定位、目标识别和障碍物检测等。

未来的自动驾驶车辆与智能交通系统对智能感知的需求更强。自动驾驶车辆在21世纪初已经呈现出接近实用化的趋势，依靠智能感知技术将实现全面自主的协同工作。智能交通系统将实时、准确、高效地实现综合交通运输管理，要求在一个更广的范围内实现智能感知，不仅要求对局部路况和环境的智能感知，还要求对区域内车辆分布、天气变化、突发事件等的智能感知。

未来多平台协同作战的战术信息系统，要以各平台之间的武器协同数据链（全向或定向）作为网络传输通道，支持各作战平台在作战过程中进行智能感知信息的共享，以达到协同探测、协同攻击和协同防御的目的。

未来发展的智能控制系统，是人工智能和控制理论的交叉，是具有智能感知、智能信息反馈和智能控制决策的系统。对工业对象的智能感知更具有复杂性，千变万化的场景与对象需要各种各样的传感器获取信息，要充分利用人工神经网络的自学习特性和容错特性，进行深度学习以获取场景与对象的各种特征，再利用专家系统和各种推理规则达到认知场景与对象的目的，为其行为决策提供依据。

有专家认为，人机结合将把人类带入全新的领域。在地球生物的进化历史中，人类从来都不是最强的生物，但我们肯定是最会利用外物适应环境的生物，能够利用工具曾被作为从动物进化为人的分界线。所以，当机器进化到一定阶段后，人类一定会优先利用机器改造自己，我们会像接受眼镜、义肢、助听器、手机和语音导航等一样，接受钛合金制造物和人工智能程序对我们身体的改造，以增强人类的智能感知能力。

3.2　数据获取技术

3.2.1　数据获取

数据获取（数据采集）是指利用一种装置，将来自各种数据源的数据自动收集到一个装置中。被采集数据是已被转换为电讯号的各种物理量，如温度、水位、风速、压力等，可以是模拟量，也可以是数字量。采集一般是采样方式，即隔一定时间（称采样周期）对同一点数据重复采集。采集的数据大多是瞬时值，也可是某段时间内的一个特征值。准确的数据量测是数据采集的基础。

数据获取是地理信息系统建设首先要进行的任务，它可以有多种实现方式，包括数据转换、遥感数据处理以及数字测量等，其中已有地图的数字化录入是目前被广泛采用的手段，也是最耗费人力资源的工作。在GIS中，录入的内容包括空间信息与非空间信息，前者是录入的主体。目前，空间信息的录入主要有两种方式，即手扶跟踪数字化和扫描矢量化。在图形数据录入完毕后，需要进行各种处理，包括坐标变换、拼接等，其中最重要的是建立拓扑关系。

3.2.2　大数据分类

传统的数据采集来源单一，且存储、管理和分析数据量相对较小，大多采用关系型数据库和并行数据库即可处理。

在依靠并行计算提升数据处理速度方面，传统的并行数据库技术追求的是高度一致性和容错性，从而难以保证其可用性和扩展性。

传统数据分为业务数据和行业数据，在大数据体系中，传统数据体系中没有考虑过的新数据源包括内容数据、线上行为数据和线下行为数据三大类。

在传统数据体系和新数据体系中，数据共分为以下五种：

（1）业务数据：消费者数据、客户关系数据、库存数据、账目数据等。

（2）行业数据：车流量数据、能耗数据、PM2.5数据等。

（3）内容数据：应用日志、电子文档、机器数据、语音数据、社交媒体数据等。

（4）线上行为数据：页面数据、交互数据、表单数据、会话数据、反馈数据等。

（5）线下行为数据：车辆位置和轨迹、用户位置和轨迹、动物位置和轨迹等。

3.2.3　大数据的主要来源

大数据的主要来源包括：

（1）企业系统，包括客户关系管理系统、企业资源计划系统、库存系统、销售系统等。

（2）机器系统，包括智能仪表、工业设备传感器、智能设备、视频监控系统等。

（3）互联网系统，包括电商系统、服务行业业务系统、政府监管系统等。

（4）社交系统，包括微信、QQ、微博、博客、新闻网站、朋友圈等。

在大数据体系中，数据源与数据类型的关系如图3-1所示。

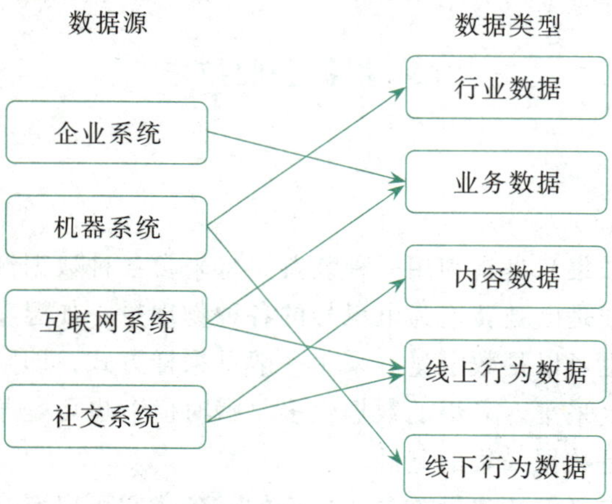

图3-1 数据源与数据类型的关系

3.2.4 常用的数据获取技术

数据获取技术是指完成数据从源端获取，并传输到大数据平台，以供数据治理、数据服务使用的技术。数据是指通过RFID射频数据、传感器数据、社交网络交互数据及移动互联网数据等方式获得的各种类型的结构化、半结构化（或称之为弱结构化）及非结构化的海量数据，是大数据知识服务模型的根本。要重点突破的技术包括：分布式高速高可靠数据爬取或采集、高速数据全映像等大数据收集技术；突破高速数据解析、转换与装载等大数据整合技术；设计质量评估模型、开发数据质量技术。

OceanMind海睿思数据采集包括公开数据采集和采集汇聚工具。

公开数据采集主要偏向于互联网公开数据的采集、汇聚。公开数据采集是一个灵活、便捷、高效、可扩展的互联网数据爬虫系统，可实现利用模板从指定公开网页上爬取数据，并供后续数据处理使用。

采集汇聚工具偏向于持有型数据的采集、汇聚。汇聚工具是可视化数据采集软件，外部数据通过采集工具将数据库或文件类型的数据转换为指定格式的文件（CSV、parquet）存放到指定的FTP路径，然后通过汇聚工具将FTP上的文件汇聚至大数据平台。

传统数据采集与大数据采集的区别：

传统数据采集：来源单一，数据量相对于大数据较小；结构单一；关系数据库和并行数据库。

大数据采集：来源广泛，数据量巨大；数据类型丰富，包括结构化、半结构化、非结构化；分布式数据库。

3.2.5 大数据技术中的数据获取方法

1）离线获取

工具：ETL。

在数据仓库的语境下，ETL基本上就是数据采集的代表，包括数据的提取（extract）、转换（transform）和加载（load）。在转换的过程中，需要针对具体的业务场景对数据进行治理，例如进行非法数据监测与过滤、格式转换与数据规范化、数据替换、保证数据完整性等。

2）实时获取

工具：Flume/Kafka。

实时采集主要用在考虑流处理的业务场景，比如，用于记录数据源执行的各种操作活动，包括网络监控的流量管理、金融应用的股票记账和Web服务器记录的用户访问行为。在流处理场景，数据采集会成为Kafka的消费者，就像一个水坝一般将上游源源不断的数据拦截住，然后根据业务场景做对应处理（例如去重、去噪、中间计算等），之后再写入对应的数据存储中。这个过程类似传统的ETL，但它是流式的处理方式，而非定时的批处理Job，这些工具均采用分布式架构，能满足每秒数百兆的日志数据采集和传输需求。

3）互联网获取

工具：Scribe等Crawler技术，DPI等。

Scribe是Facebook开发的数据（日志）收集系统，又被称为网页蜘蛛、网络机器人，按照一定的规则自动抓取万维网信息的程序或者脚本，它支持图片、音频、视频等文件或附件的采集。

除了网络中包含的内容之外，对网络流量的采集还可以使用DPI或DFI等带宽管理技术进行处理。

4）其他数据获取方法

对于企业生产经营数据中的客户数据、财务数据等保密性要求较高的数据，可以通过与数据技术服务商合作，使用特定系统接口等相关方式采集数据。比如八度云计算有限公司的数企BDSaaS，无论是数据采集技术、BI数据分析，还是数据的安全性和保密性，都做得很好。

3.3 数据传输技术

信息传输、交换与接收处理模块共同构成了计算机信息传输模块，计算机信息传输有远、近距离传输之分，其中远距离传输主要通过传输网进行，如此能够保证远距离信息传输得以实现，而近距离传输的原理相对简单。计算机信息数据传输技术的关键在于信息传输，将计算机看成信息接收与发送的载体，进行多样化信息传输程序开发实现实时发送和同步接收，故而结合时代发展步伐将计算机信息传输技术灵活地、巧妙地应用到智能办公领域是满足时代发展步伐的表现。

3.3.1 近距离数据传输技术

近距离数据传输技术是指通信双方通过无线电波传输数据，并且传输距离在较近的范围内，其应用范围非常广泛。近年来，应用较为广泛且具有较好发展前景的近距离无线通信标准有Zig-Bee、蓝牙（bluetooth）、无线宽带（Wi-Fi）、超宽带（UWB）和近场通信（NFC），其技术原理、特点及应用见表3-1。

表3-1 近距离数据传输技术

技术	技术原理	特点	应用
Zig-Bee	Zig-Bee是由可多到65 000个无线数传模块组成的一个无线数传网络平台，十分类似现有的移动通信的CDMA网或GSM网，一个Zig-Bee网络数传模块类似于移动网络的一个基站，在整个网络范围内，它们之间可以进行相互通信；每个网络节点间的距离可以从标准的75米，扩展到几百米，甚至几千米；另外，整个Zig-Bee网络还可以与现有的其他各种网络连接	Zig-Bee技术是一种近距离、低复杂度、低功耗、低速率、低成本的双向无线通信技术，主要用于距离短、功耗低且传输速率不高的各种电子设备之间的数据传输，以及典型的周期性数据、间歇性数据和低反应时间数据的传输	Zig-Bee主要适用于家庭和楼宇控制、工业现场自动化控制、农业信息收集与控制、公共场所信息检测与控制、智能型标签等领域，可以嵌入各种设备
蓝牙（Bluetooth）	蓝牙是一种无线技术标准，可实现固定设备、移动设备和楼宇个人域网之间的短距离数据交换（使用2.4~2.485GHz的ISM波段的UHF无线电波）。蓝牙设备使用无线电波（而非电线或电缆）连接手机和电脑。当蓝牙设备之间想要相互交流时，它们需要进行配对，当网络环境创建成功后，一台设备作为主设备，而所有其他设备作为从设备。微微网在蓝牙设备加入和离开无线电短程传感时动态、自动建立	蓝牙技术的适用设备多，不需要电缆，且工作频段全球通用，适于全球范围内用户无界限使用。蓝牙技术产品使用方便，可迅速建立起两个设备之间的联系，实现自动传输数据。安全性和抗干扰能力强、兼容性较好、传输距离较短。现阶段，蓝牙技术的主要工作范围在10米左右，经过增加射频功率后的蓝牙技术可以在100米的范围进行工作	蓝牙技术被广泛应用于无线办公环境、汽车工业、信息家电、医疗设备、学校教育和工厂自动控制等领域
无线宽带（Wi-Fi）	无线宽带在无线局域网的范畴是指“无线相容性认证”，实质上是一种商业认证，同时也是一种无线联网技术。区别于过去通过网线连接电脑，Wi-Fi通过无线电波来联网，常见的设备是无线路由器，在无线路由器电波覆盖的有效范围内都可以采用Wi-Fi连接方式进行联网，如果无线路由器连接了一条ADSL线路或者别的上网线路，则又被称为热点	无线宽带覆盖范围广，无须布线，传输速度快。采用低密度奇偶校验码，可提高纠错能力；空时分组编码，利用多重天线提高信号的可靠性	Wi-Fi的应用领域包括：网络媒体、掌上设备、日常休闲、客运列车、公共厕所等各个领域和场所

续表

技术	技术原理	特点	应用
超宽带（UWB）	UWB是一种无载波通信技术，利用纳秒至微秒级的非正弦波窄脉冲传输数据，其传输距离通常在10米以内，使用1GHz以上带宽，通信速度可以达到几百兆bit/s以上，UWB的工作频段范围从3.1GHz到10.6GHz，最小工作频宽为500MHz。与大多数无线技术不同，UWB通过脉冲无线电工作。它在宽频带上使用一系列脉冲，因此有时也被称为IR-UWB或脉冲无线电UWB。相比之下，卫星、Wi-Fi和蓝牙在窄频带上使用调制正弦波来传输信息	传输速率高；发射功率低，功耗小；保密性强；UWB通信采用调时序列，能够抗多径衰落；UWB所需要的射频和微波器件很少，可以减小系统的复杂性。由于UWB系统占用的带宽很高，因此可能会干扰现有其他无线通信系统	UWB主要应用在高分辨率"较小范围"能够穿透墙壁、地面等障碍物的雷达和图像系统中。这种装置可以用来检查楼房、桥梁、道路等工程的混凝土和沥青结构的缺陷，以及定位地下电缆及其他管线的故障位置，也可用于疾病诊断。另外，在救援、治安防范、消防及医疗、医学图像处理等领域都大有用途
NFC	NFC是一种新的近距离无线通信技术，其工作频率为13.56MHz，由13.56MHz的射频识别（RFID）技术发展而来，它与目前广为流行的非接触智能卡ISO14443所采用的频率相同，这就为所有的消费类电子产品提供了一种方便的通信方式。NFC采用幅移键控（ASK）调制方式，其数据传输速率一般为106kbit/s和424kbit/s	NFC的主要优势是：距离近、带宽高、能耗低，与非接触智能卡技术兼容	NFC在门禁、公交、手机支付等领域有着广阔的应用价值

3.3.2　远距离数据传输技术

规模较大、实力雄厚的企业或机构更易享受计算机信息传输技术发展所带来的智能办公快捷性，不过部分受到自身条件限制的企业要享受计算机信息传输技术发展而产生的高效率办公存在一定难度。因此偏远山区企业或机构等要想在智能办公方面实现数据的高速传输，还应在计算机上安装传真调制调解器，进行远距离信息传输。目前，偏远地区广泛应用的无线数据传输技术主要有GPRS/CDMA、数传电台、扩频通信技术等，其技术原理、特点及应用见表3-2。它主要使用在较为偏远或不宜铺设线路的地区，如煤矿、海上、有污染或环境较为恶劣的地区等。

表3-2　远距离数据传输技术

技术	技术原理	特点	应用
GPRS/CDMA无线通信技术	GPRS/CDMA无线网络数据通信技术在运行的过程中，主要通过分组交换技术来达到报文数据发送以及接收的目的。其通信终端，在运行的过程中，直接将需要发送的报文分成多个不同的分组，每一个分组中实际上都包含了最终目的地，而各个不同报文组本身就是通过网络的形式来完全独立地进行传输，当报文组到达相应的目的地之后，就会自动进行重组，从而恢复成一个完整的报文数据	永远在线且透明数据传输，中继站一开机就能自动登录到GPRS/CDMA网络上，并与数据中心建立通信链路，随时收发用户数据设备的数据；按流量计费；传输功率小且传输速度快	GPRS/CDMA无线数据传输技术在移动办公、工业控制、远程遥测等多方面应用广泛
数传电台通信技术	数传电台通信技术是采用数字信号处理、数字调制解调，具有前向纠错、均衡软判决等功能的一种无线数据传输电台。在常规的超短波调频电台内部植入一个调制解调器（MODEM），发送数据时通过该MODEM的调制器把脉冲信号（即数据信号）转换成模拟信号，接收时则正好经历一个相反的过程，通过MODEM的解调器把接收到的模拟信号还原成脉冲信号	在一定的特殊条件下，可以在专用网络中提供实时、可靠的监测信号数据传输。具有成本低、安装维护方便、衍射能力强、组网结构灵活、覆盖范围广等特点	已经在各行业取得广泛的应用，在航空航天、铁路、电力、石油、气象、地震等各个行业均有应用，在遥控、遥测、摇信、遥感等SCADA领域也取得了长足的进步和发展
扩频通信技术	扩频通信技术在接收端收到宽带射频信号，将其变频至中频，然后由本地产生的与发端相同的扩频码序列解扩，再经信息解调，恢复成原始信息输出。一般的扩频通信系统都要进行三次调制和相应的解调。一次调制为信息调制，二次调制为扩频调制，三次调制为射频调制，以及相应的信息解调、解扩和射频解调。与一般通信系统相比，多了扩频调制和解扩部分	抗噪声能力极强；抗干扰能力极强；抗衰落能力强；易于多媒体通信组网；具有良好的安全通信能力；不干扰同类的其他系统等，同时具有传输距离远、覆盖面广等特点，特别适合野外联网应用	扩频通信的热浪已经波及短波、超微波、微波通信和卫星通信，码分多址（CDMA）已开始广泛用于未来的蜂窝通信、无绳通信、个人通信以及各种无线本地环路，发挥越来越大的作用

3.4　大数据分析与挖掘技术

学习大数据分析与挖掘技术，首先要对大数据有一个基本的认识，了解大数据产生的背景以及它所带来的挑战。在充分掌握数据分析与挖掘原理的基础上，结合大数据处理技术，才能有效地完成大数据分析与挖掘任务。本章介绍了大数据分析与挖掘的几种主流技术。在学习数据分析与挖掘的算法过程中，可以通过Sklearn这个数据挖掘工具包，在小规模数据条件下完成各种基本的分析与挖掘任务，并且通过实践加深对各种基本算法的理解。在此基础上，运用Spark平台所提供的机器学习组件（ML）来完成大数据集合的高效分析与挖掘任务，并加深对大数据计算平台的理解。此外，本章还介绍了大数据分析与数据挖掘在不同行业的应用情况。

3.4.1　大数据技术对会计的影响

网络信息化的迅速发展带来了大数据时代，冲击着传统会计的两大基本职能：会计核算与监督。由此，会计行业面临一次重大改革，本节从传统会计的两大基本职能入手，全面深入地剖析大数据时代对它的影响，针对利弊影响分析策略，探讨传统会计未来的转型与发展。

相比于原来的小数据时代，在大数据时代，企业需要处理海量、非结构化的业务数据，财务部门需要对数据进行快速收集、整理、分析、利用，并将有效信息整合，实现资源优化配置，这使得数据的挖掘和整理成为企业关注的热点问题。但依靠传统会计方法难以处理如此庞大的数据，这也成为每个企业面临的难题。

1）对传统会计行业影响的分析

在小数据时代，传统会计职能是核算与监督，当海量数据出现后，会计核算将不再是简单的财务核算、财务管理，财务管理人员的职能开始向着一专多能甚至多专多能的方向发展。

信息化技术特别是会计电算化、网络化的发展逐渐使传统的会计核算被取代，并且衍生出更多的会计职能。通过互联网技术，代理记账公司可以同时管理上百家企业的会计账务，这种高效的方式也意味着上百个会计核算岗位消失。当然，除去核算功能，会计的另一项重要职能即会计监督是代理记账公司不能履行的职能，目前多数大中型公司设立的财务部门主要在履行会计监督职能，将财务集中管控，加强集团控制力度。从未来发展来看，一个完善的企业信息系统应该是一个闭环组织，并且嵌入内控制度进行管理，将会计监督职能安置在每一个业务环节前端，相互控制，相互监督，这比传统会计监督更有效、更便捷。

综上所述，传统的财务部门需要逐渐发展为信息化财务部门，而目前大多数企业的信息部门主要为后勤辅助性质，没有发挥其作用，国际化大企业往往在信息部门植入内控管理人才，对企业整体运行在线评估，并且根据企业需求和短期发展方向对系统进行升级改造，这也是企业管理的一个大趋势。

因此传统意义上的会计要想持续发展必须转型，会计从业人员也应该由单纯的技能型会计发展为一专多能甚至多专多能的财务精英。财务部门是企业管理层面的核心部门，财务工作与所有的管理工作紧密相关。例如，在人力资源管理方面，人员的录用与激励都与报酬有关，业绩考核、奖金分配、期权激励、股权激励等都与财务相关；在投资管理方面，从投资策略的制定到投资目标的达成，财务工作都与之密切联系；其他的诸如预算管理、内控管理，都是以财务为核心的管理工作。

2）集权化管理是未来的趋势

按照企业正常管理要求，财务部门应该是企业的一个核心部门。企业的主要目的是增加收入，实现利润最大化，而财务部门在企业运行整个流程中不是主要的创收环节，这导致财务部门又并非核心环节，因此多数财务人员选择自我封闭，仅仅通晓财务知识、做业务单据等，然后才是核算决算。现代信息技术给财务人员提供了一个强大的数据库，从业人员随时可以立足业务前端，实时分析，对有用数据进行挖掘整理。以前为实现部门相互监督制约，企业管理层级多，处理事务效率低，而现在实现业务全方位整合共享后，分权反而不利于规范化、标准化，所以集中管控是未来的方向。传统会计势必要向管理会计、信息化会计发展，挖掘有用的业务信息，以为集中管控服务。

3）财务信息和业务信息逐渐整合，形成财务业务一体化

信息化时代，业务流程、财务流程、管理流程将有机融合，财务数据和业务数据将融为一体。企业发展至今，各部门提供的数据相对分散，如财务部门提供财报数据，业务部门提供市场信息等，造成信息交流不对称。公司要对外发布一个报告，各部门提供的数据一旦出现差别，找到错误信息的源头很困难。实际上国际化大型企业已实现财务部门的转型，财务信息不再是简单的企业资金损益等指标，高级财务人员会通过各季度报表挖掘非财务信息，如业务信息、市场信息等，因为财务信息源于业务信息，业务信息也会隐含着大量的财务信息，两者的界限会变得模糊。因此了解一个企业的财务状况仅仅通过三张主表远远不够，应在原有数据的基础上，以企业业务为主，通过数据分析对企业未来长短期发展进行规划，由此产生的分析报表能更贴合企业对市场的反馈。

大数据对传统财务会计行业来说并不是洪水猛兽，也不能简单地认为大数据分析将完全取代会计分析。目前国内企业的财务部门与大数据的概念还有一定距离，这其中既有技术发展的原因，也有从业人员业务水平的原因。新的技术确实会打破人们固有的工作思维方式，同时也会变革人们基于这种工作方式建立的组织架构体系，所以短期内传统行业对这些是排斥的。但是，目前许多行业已经认识到传统会计工作方式的局限性，大型企业开始招聘内部审计，对管理会计的需求也越来越大。这种趋势变化对于一线会计从业人员来说是最敏感的，同时也是影响最大的，要么变，要么被淘汰，从业人员应顺应这种趋势，并且努力融入新的协作方式中去。

3.4.2 大数据分析与挖掘简介

大数据研究机构高德纳（Gartner）将大数据（big data）定义为需要新处理模式才能具有更强的决策力、洞察发现力和流程优化能力的海量、高增长率和多样化的信息资产。大数据不仅意味着数据的大容量，而且具有一些区别于海量数据（mass data）和非常大的数据（very large data）的特点。国际数据中心（IDC）也定义了大数据：“大数据技术描述了一个技术和体系的新时代，被设计用于从大规模、多样化的数据中通过高速

捕获、发现和分析技术提取数据的价值。”这个定义从四个方面刻画了大数据的显著特点，即容量（volume）、多样性（variety）、速度（velocity）和价值（value），这个由“4V”描述的大数据定义使用得最为广泛。既然大数据是一种资产，人们自然希望从中挖掘更多有价值的信息，因此大数据分析与挖掘越来越引起人们的广泛关注。数据分析是用适当的统计分析方法，对收集来的大量数据进行分析，提取有用信息和形成结论并对数据加以详细研究和概括总结的过程。在这个过程中，用户会有一个明确的目标，通过“数据清理、转换、建模、统计”等一系列复杂的操作，以洞察数据，从而协助用户进行决策。数据分析可以分为三个层次，即描述分析、预测分析和规范分析。大数据分析是指对规模巨大的数据进行分析，是从大数据到信息再到知识的关键步骤。

数据挖掘（data mining）是指从数据集合中提取人们感兴趣的知识，这些知识是隐含的、事先未知的、潜在有用的信息。提取出来的知识一般可表示为概念（concepts）、规则（rules）、规律（regularities）、模式（patterns）等形式。

在大数据背景下，知识的获取与传统的学习方式有了很大不同。在很多情况下，只要数据足够多，不需要通过具体问题的专业知识建模，就可以直接从数据中发现事先未知的知识。以对流感疫情的预测为例，在大数据时代之前，我们要根据数理统计的要求，通过对人群和医院进行抽样调查来获得数据，然后根据其抽样分布和经验模型来进行预测。谷歌公司则另辟蹊径，运用大数据分析方法来展开预测。谷歌搜索引擎每天会执行超过数十亿次的搜索，公司从搜索记录中筛选出5 000万条频繁词，然后与美国疾控中心公布的流感数据进行相关性分析，挖掘出高度相关的45种搜索词组合，构建流感预测的挖掘算法。2007—2008年，谷歌公司根据网民的搜索记录进行了准确的预测。由此可见，与数理统计相比，大数据分析不需要具备概率分布的先验知识，限制条件更少，更为灵活高效。

3.4.3　大数据分析与数据挖掘的主要技术

大数据分析与数据挖掘的过程一般分为如下几个步骤：

1）任务目标的确定

这一步骤主要是进行应用的需求分析，特别是要明确分析的目标，了解与应用有关的先验知识和应用的最终目标。

2）目标数据集的提取

这一步骤是要根据分析和挖掘的目标，从应用相关的所有数据中抽取数据集，并选择全部数据属性中与目标最相关的属性子集。

3）数据预处理

这一步骤用来提高数据挖掘过程中所需数据的质量，同时也能够提高挖掘的效率。数据预处理过程包括数据清洗、数据转换、数据集成、数据归约等操作。

4）建立适当的数据分析与挖掘模型

这一步骤包含了大量的分析与挖掘功能，如统计分析、分类和回归、聚类分析、关联规则挖掘、异常检测等。

5）模型的解释与评估

这一步骤主要是对挖掘出的模型进行解释，可以用可视化的方式来展示它们以利于人们理解。对模型的评估可以采用自动或半自动方式来进行，目的是找出用户真正感兴趣或有用的模型。

6）知识的应用

将挖掘出的知识以及确立的模型部署在用户的应用中，但这并不代表数据挖掘过程的结束，还需要一个不断反馈和迭代的过程，使模型和挖掘出的知识更加完善。

数据挖掘主要包括如下功能：

1）对数据进行统计分析与特征描述

统计分析与特征描述是对数据的本质进行刻画的方法。统计分析包括对数据分布、集中与发散程度的描述，主成分分析，数据之间的相关性分析等。特征描述的结果可以用多种方式进行展现，例如散点图、饼状图、直方图、函数曲线、透视图等。

2）关联规则挖掘和相关性分析

在超市或者网店的商品交易过程中，经常发现有些商品会被同时购买。例如，在购买牛奶时也会购买面包，这些经常一起购买的商品就构成了关联规则。有些商品的购买则是相继出现的，例如很多消费者先购买一台笔记本电脑，隔了一段时间会购买内存卡、蓝牙音箱等，这称为频繁序列模式。

3）分类和回归

分类是通过对一些已知类别标号的训练数据进行分析，找到一种可以描述和区分数据类别的模型，然后用这个模型来预测未知类别标号的数据所属的类别。分类模型的形式有多种，例如决策树、贝叶斯分类器、KNN分类器、组合分类算法等。回归则是对数值型函数进行建模，常用于数值预测。

4）聚类分析

分类和回归分析都有处理训练数据的过程，训练数据的类别标号为已知，而聚类分析则是对未知类别标号的数据进行直接处理。聚类的目标是使聚类内数据的相似性最大，聚类间数据的相似性最小。每一个聚类可以看成一个类别，从中可以导出分类的规则。

5）异常检测或者离群点分析

一个数据集可能包含这样一些数据，它们与数据模型的总体特性不一致，称为离群点。在很多应用中，例如信用卡欺诈这类稀有的事件可能更应该引起关注。离群点可以通过统计测试进行检测，即假设数据集服从某一个概率分布，然后看某个对象是否在该分布范围之内。也可以使用距离测量，将那些与任何聚类都相距很远的对象当作离群点。除此之外，基于密度的方法可以检测局部区域内的离群点。

3.4.4 大数据分析与数据挖掘常用工具

目前有很多种大数据分析与挖掘工具，在单机环境下，Sklearn是高效的数据分析与挖掘工具。在处理大数据的时候，可以采用Spark的机器学习模块。

1）Sklearn

Sklearn是机器学习中一个常用的Python第三方模块，对一些常用的机器学习方法进行了封装，只需要简单地调用Sklearn里的模块就可以实现大多数机器学习任务。机器学习任务通常包括分类（classification）、回归（regression）、聚类（clustering）、数据降维（dimensionality reduction）、数据预处理（preprocessing）等。常用的分类器包括KNN、贝叶斯、线性回归、逻辑回归、决策树、随机森林、GBDT等。

2）Spark ML

Spark是加州大学伯克利分校AMP（Algorithms Machines and People）实验室开发的通用内存并行计算框架，常用于构建大型的、低延迟的数据分析应用程序。Spark提供了对Scala、Python、Java（包括Java 8）和R语言的支持，是Apache的顶级项目。Spark立足内存计算，适合迭代计算。Spark提供了一个机器学习库（MLlib），MLlib提供了常用机器学习算法的分布式实现。开发者只需具有Spark基础，并且了解机器学习算法的原理，以及方法相关参数的含义，就可以通过调用相应的API来实现基于海量数据的ML过程。Spark提供的各种高效的工具使得机器学习过程更加直观便捷。目前，Spark已经拥有了实时计算、批处理、机器学习算法库、SQL、流计算等模块，功能越来越强大。

3.5 智能知识管理技术

经济全球化和信息科学、网络技术的快速发展使得知识经济应运而生。21世纪是知识经济的时代，知识将取代资本、设备、劳动力等传统工业要素成为企业生存与发展的最重要资源。建立先进的知识管理系统对知识的获取、存储、传递、应用和创新进行有效的管理，将为企业赢得竞争优势，促进企业可持续发展。智能知识管理是企业发展的必然趋势，是企业成功的必要条件。本节从知识的含义入手，介绍知识管理的基本原理，并进一步探讨一些与知识图谱构造相关的问题。

3.5.1 知识概述

知识是人们在实践活动中获得的关于世界的最本质认识，既是人类实践经验的归纳结晶，又能指导新的实践。在组织中，知识不只嵌入在各种文件资料中，更多地还存在于日常活动、流程和规范中。通过各种方式，知识可以在个人或组织间共享，由个人知识转化为集体知识，再由集体知识转化为社会知识。知识虽然具有非损耗性，可以反复使用，价值不会减小，但它存在过时和更新问题。这就需要我们不断地学习和实践，在知识的使用过程中丰富和发展知识。

由于知识是一个复杂、抽象的概念，不同的学者可以从不同的角度对它加以定义，所以至今对知识的定义还没有达成一致意见。Leonard和Sensiper认为：知识是相关的、可行动化的信息，至少部分基于经验；知识是信息的一个子集，它是主观的，和有意识的行为有关，拥有经验中的隐性成分。Nonaka认为：知识是一种被确认的信念，通过知识持有者和接收者的信念模式和约束来创造、组织和传递，在传递知识的同时也传递着一整套文化系统和相关的背景系统。各个学者对知识的共同认识就是：知识来源于人并为人所用，它可以给个人或组织创造价值。随着对知识的认识不断加深，人们开始从不同角度对知识进行分类，区分不同类型的知识的表现形式及其特点。

3.5.2 知识的分类

按知识的复杂性，可将知识划分为显性知识和隐性知识，它是知识管理中最基本和最重要的划分结构。显性知识是用系统、正式的语言传递的知识，可以编码和度量，易于传播，通常以书籍、文件、网页、电子邮件等形式存在。它可以清晰地表达出来，在人与人之间进行直接交流。显性知识的处理可以用计算机实现。隐性知识是存在于人脑中的、非结构化的、与特定语境相关的知识，很难编码和度量，通常以直觉、价值观、推断、经验、技能等形式表现出来。它难于表述，是个人能力的直接表现，是人们通过反复的实践、失败、再实践的过程而形成的。

按知识的结构化程度，可将知识划分为模型化数量性知识、经验归纳符号性知识和实例样本性知识。有些事物可以抽象化为数学模型，并可以对其进行分析和计算，如数学规划优化方法。这类事物用数据表示知识，而数据的运算反映的就是知识的推理和运用。这种知识潜含着探索性推理，每次运算都能探索推理到更好的知识。模型化数量性知识描述的就是这些事物。经验归纳符号性知识多表现为规则、方法、语义网络、框架等形式，这种知识便于经验的归纳和总结，可以将知识以明确规范化的语言显式地表达出来，同时也方便了计算机的实现。

按知识的主体，可将知识划分为个人知识和组织知识。个人知识是属于个人自己的知识，是个人区别于组织其他人的关键所在，它会随着个人离开组织而在组织内消失。组织知识是组织成员共享的知识，它不会因为个别成员离开组织而在组织内消失，它会在组织里不断传递下去，是组织获得竞争优势的关键所在。个人知识转化为组织知识会解决组织人才流失问题，但是会受到个人利益的阻碍。组织知识转化为个人知识不仅可以提高组织成员的能力，还会提高整个组织的能力，但是会受到组织信息基础设施、组织管理体制等的限制。

按知识的等级，可将知识划分为事实知识、原理知识、技能知识和人力知识。事实知识是“知道是什么”（know-what）的知识，是对事物的基本认识。原理知识是“知道为什么”（know-why）的知识，是对事物原因及其规律性的认识。技能知识是“知道怎么做”（know-how）的知识，是对实现目标的方法、技巧的认识。人力知识是“知道谁有知识”（know-who）的知识，是对知识源的了解和认识。

3.5.3 知识图谱

1）知识图谱介绍

知识图谱的前身为语义网，是语义网逐渐发展的结果。知识图谱以关系数据的知识库为基础，通过对数据进行标注，确定关联关系，构造底层的知识结构网络。知识图谱展现了现实中实体、概念、事件之间的关系，能够对知识库中的内容进行深层次语义分析，对数据进行深度挖掘，并结合目前的机器学习技术和自然语言处理技术，为用户提供智能搜索、兴趣推荐及知识推理等功能。

知识图谱力求将当今繁杂庞大的知识进行系统化、有序化的组织，在大数据的时代，有着无法替代的重要性。在网络信息资源爆炸式增长的背景下，传统的知识组织结构松散，难以满足用户日益增长的对知识服务的需求和期望，而知识图谱技术适应了用户的认知需求，与传统人工脑力进行的有关某学科领域发展的宏观状况相比，具有无比优越的科学性、高效性、有效性。因此，知识图谱的诞生也是一种必然。

2）知识图谱关键技术

知识图谱关键技术大致分为六个方面，即知识获取、知识融合、知识存储、查询式的语义理解、知识检索和可视化展现。众所周知，知识库的构建是知识图谱实现的核心，而这六个方面的技术则为知识库的构建提供支持。知识库中存储的内容需要充分、广泛的知识获取以及深入的知识融合，知识库融合的饱和程度将决定用户进行查询检索的效果。

知识获取：知识图谱作为一种查询型引用系统，第一步也是最有必要的一步就是图谱中知识的来源。因此，知识图谱的关键技术之一就是知识信息的获取以及数据库与知识库的系统性构建。知识图谱的数据一般有两个来源：互联网中网页的数据，数据库中的结构化与非结构化数据。

知识融合：知识图谱中的知识具有信息数量多、来源广，知识质量参差不齐、来自不同数据库的知识内容重复、知识间的关联繁杂混乱等问题，所以知识融合在知识图谱中显得至关重要。知识融合是使来自不同信息源、不同体系的知识在同一框架规范下进行简洁的数据整合、合理的重要度推算和恰当的推理衍生等步骤，使庞大的知识信息更加条理化、系统化，以达到数据、信息、知识、方法、经验以及主观思想的有机统一。整合异构数据需要进行数据清洗、实体对应、属性值判断以及合理关系的建立。知识融合的过程也可以简化为知识实体挖掘，通过知识整合等技术，把知识进行分类和具体呈现。

知识存储：无论是知识库还是数据库，最基本的功能之一就是对知识进行存储和再现。知识图谱的知识存储依赖于互联网技术中的海量数据存储技术，首先是对知识进行简单的大容量储存。在此前提下，利用该技术来系统、有序地管理大规模分散式的数据信息，并实现海量存储系统大容量、高度科学性的知识存储需求，最终形成可操作的知识体系。

查询式的语义理解：不同的用户有着千变万化的查询方式，知识图谱中的这一环节直接决定着用户查询的结果。这一技术针对用户不同的查询式问题，通过科学语言处理，可以根据设置好的程序，如自然语言处理技术和人工智能，进行筛选和重组，分类理解查询式，方便答案的正确反馈，最大程度上满足用户需求。

知识检索：知识检索是基于用户实际输入的所需知识，在知识库中针对实体的属性与结构进行知识关联，是语义检索的智能化拓展，进而满足用户的多样化需求。

可视化展现：知识图谱中的大量知识信息过于抽象化，提取所需信息的最后一步是可视化展现。可视化展现不仅注重答案的精准，还考虑到不同实际情况进行内容显示精度、美观度上的把握，关注页面中的显示细节，考虑在多种设备上显示的效果问题，以期获得最大程度的实用性。

3.6 人工智能和机器人流程自动化技术

3.6.1 人工智能技术对会计的影响

作为21世纪典型新兴科技产物之一的人工智能技术，随着科技的不断进步，自身也在不断地发展、完善，在越来越多领域和行业发挥更大的作用，其中在会计行业已经取得一定成就。

人工智能（artificial intelligence，AI）是研究、开发用于模拟、延伸和扩展人的智能的理论、方法、技术及应用系统的一门技术科学。人工智能是计算机科学的一个分支，它企图了解智能的实质，并生产出一种新的、与人类智能相似的方式作出反应的智能机器。该领域的研究包括机器人、语言识别、图像识别、自然语言处理和专家系统等。

随着人工智能技术的崛起和发展，人工智能技术逐渐渗透到会计行业。2016年，身为世界四大会计师事务所之一的德勤率先把人工智能运用到会计领域，随后毕马威也开始应用沃森技术开展审计和会计工作。目前在我国会计行业中，人工智能技术主要运用在会计信息的录入、汇总和合并。人工智能技术的引入和电算化的升级，促进了半智能化软件的发展，通过语音录入所需信息、电子扫描账表等技术即可实现表、账、证等信息的自动生成。人工智能技术的引入极大地简化了会计信息的输入与数据的汇总整合工作，把会计人员从大量、重复的统计输入工作中解放出来，提高了工作效率。但是由于人工智能技术研发的有限性，目前人工智能技术在会计行业中只是替代“简单劳动”，而非“复杂劳动”。在会计深层面上，如对会计信息的判断、审核、决策等工作，仍需要人工配合完成。随着日后人工智能技术的发展与完善，我们有理由相信，在未来，人工智能技术将对会计行业产生巨大的影响和冲击，掀起会计行业的革命风暴。

人工智能对会计行业的积极影响及优势表现在以下几个方面：

1）提高了财务工作效率

人工智能技术的引入给会计行业带来了半智能化软件。与制作手工账的传统会计和尚未引入人工智能技术的电算化会计相比，由于语音输入、智能扫描输入、一键生成账表等技术的引入，会计信息记录、录入、汇总、整合等基础会计信息处理工作的速度大大提高了，会计人员只需登录系统对录入的信息进行筛选、分类以及审核，不再需要进行手工记账、登账、制作凭证等工作，提高了工作效率，将会计人员从大量基础性工作中解放出来。

2）提高了信息的准确度

在传统会计中，由于大部分企事业单位仍要对相关信息做现实备份，但是由于会计账表、科目、凭证、报表种类繁多且数量庞大，且对数据记录以及判断主要通过手工编制和大脑识别等方式，具有主观性，所以在日常手工做账时免不了手误计错账。采用人工智能技术支持下的扫描输入、语音输入等方式，极大地降低了做错账的概率，提高了信息的准确度，降低了信息失真程度。

3）降低了劳动成本

随着人工智能技术的引入，半智能化财务软件出现，使得会计信息传输、整理、制单、报销等基本任务相对于传统手工做账时更简单高效，原本由很多会计人员才能完成的任务，现在一个人就可以完成，单位可以雇用更少懂得使用智能财务软件的会计人员去做相应的会计工作，从而降低劳动成本。

4）在一定程度上抑制了财务造假行为的发生

一些企业为了获取不正当利益而进行财务造假。财务造假的方式之一就是在手工账上做手脚。人工智能技术支持下产生的半智能化财务软件，依靠先进的会计管理系统，很大程度上减少了虚假信息的出现。在人工智能环境下，一方面，会计人员进行信息录入等工作时需要登录个人账号并受企业内部系统的限制，这些条件不利于虚假信息的实施，因此能够保障会计信息的真实性；另一方面，会计人员有明确的分工，即使出现信息虚假问题，也能够根据职责权限进行快速辨别，提高了相关人员造假的风险，保障了会计信息的安全。

在可预见的未来，人工智能技术在会计行业的应用和发展势必会掀起一场新的行业改革风暴，在提升会计工作效率和质量的同时，也会淘汰一大批会计从业人员，相应法律法规及会计行业等级评价标准和制度都会发生较大改变，在人工智能技术引领下完成整个行业转型升级。会计从业人员只有与时俱进，积极接受并学习掌握人工智能技术支持下的新型智能财务软件，拓展会计职能，完成工作重心的转移（由基础会计工作向数据分析、预测及决策方向转变），转变思想观念，完成由传统会计人员向复合型会计人才的转型升级，才能从这场改革风暴中存活下来，成为更加优秀、更加符合时代和行业背景的新型会计人才。这不是一场人类和人工智能技术在会计行业你死我活的斗争，而是一场人类与人工智能技术在会计行业的有利结合与升级。

3.6.2　机器人流程自动化的定义

机器人流程自动化（robotic process automation，RPA）是一种流程自动化管理软件，根据事先设定好的流程逻辑对业务进行自动化操作。它通过模仿最终用户在电脑的手动操作方式，提供了另一种方式来使最终用户手动操作流程自动化。

IEEE标准协会于2017年6月发布了《IEEE智能流程自动化术语和概念指南》。其中，机器人流程自动化的定义为："预配置的软件实例，使用业务规则和预定义的活动编排来自动执行一个或多个不相关的软件系统的过程、活动、交易和任务，无须人为管理就能获取成果或服务。"换言之，机器人流程自动化仅仅是一个系统，它可以重复执行一组已定义的任务，并且不会出错，因为它是为该任务专门设计的。

该技术软件随着工业化大生产变革而出现和发展，机械化进程加快，部分人工被机器所取代，为进一步提高工作效率，人与机器人一起协同工作。在大中型企业中，随着自动化技术在办公系统中的应用普及，需要大量人员操作计算机应用系统，需要频繁地执行系统启闭、信息读取录入等操作，为避免在这个过程中发生人为失误而引起损失，使用RPA，通过在计算机中设置一套自动化程序使系统能按照事先设定的逻辑与步骤代替人工工作、处理各项烦琐的事务，不仅可以提高工作效率，而且可以降低错误率，同时解放了人力，充分发挥人的价值。

在传统的工作流自动化技术工具中，程序员会产生自动化任务的动作列表，并且会用内部的应用程序接口或是专用的脚本语言作为和后台系统之间的界面。机器人流程自动化会监视使用者在应用软件中图形用户界面（GUI）所进行的工作，并且直接在GUI上自动重复这些工作，可以减少产品自动化的阻碍，因此有些软件可能没有这类用途的API。

RPA在技术上类似图形用户界面测试工具，这些工具会自动地和图形用户界面互动，会由使用者示范其流程，再用示范性编程来实现；其不同点是这类系统会允许资料在不同应用程序之间交换，如接收电子邮件可能包括接收付款单、取得资料并输入到簿记系统中。

3.6.3 机器人流程自动化的技术优势

RPA目标是使符合某些适用性标准的基于桌面的业务流程和工作流程实现自动化，一般来说这些操作在很大程度上是重复的，数量比较多的，并且可以通过严格的规则和结果来定义。

成功部署企业RPA能够带来以下好处：更高的运营效率，节省时间并释放员工的能力；增强准确性、可审计性，监视、跟踪和控制业务流程的执行；可扩展且灵活的增强型“虚拟”员工队伍，能够快速响应业务需求；协作和创新的文化，使业务和IT人员可以一起工作。

RPA是基于自动化技术的软件，同时满足以下几个条件就可以完成自动化业务处理功能：第一，业务规格和处理流程要设置明确，这样流程自动化机器人才能进行自动化识别，进行准确的判断；第二，在系统中完成整段业务；第三，一般在不需要人工判断、数据以结构化形式存放在计算机中时会用到流程自动化机器人。在具备上述这些功能和应用条件的基础上，RPA应用和发展的优势可以概括为以下几个方面：

1）能够快速、正确地处理大量业务

和人工处理不同的是，RPA可同时处理多个业务，速度极快且能保证正确率。一般来说，人工处理业务必然会受到人为因素的限制而无法处理大量业务，尤其在既要保证速度又要保证质量时。对于复杂的数据、复杂的系统间的业务，采用RPA可快速准确地将对照结果输入其他业务系统。对于需要大量对比检查的业务，如数字内容、文字列对比等，都可以用RPA进行正确、快速的处理，提高处理效率的同时保证处理质量，减少作业人员的工作量，降低劳动强度。

2）不受主客观条件的制约

RPA不受客观劳动条件、劳动制度的影响，可以24小时不间断地工作；不受人力资源管理的影响，也不受人员增减的影响，在任何时候都可快速处理大量业务，并在有限时间内完成；同时不受人为主观因素的影响，可按照要求定期完成需要实施的业务。

3）不用修改现有系统就能拓展其功能

随着企业的发展，尤其是规模扩大、业务拓展，企业内部管理制度、组织机构、业务事项、人员等一直在发生变化，但是RPA在一开始就设置在计算机内，可以不受现行系统的影响依然能够处理复杂的业务。在业务人员调动离职、核心技术或人员非自有的情况下还可以正常处理业务，对于频繁更换的业务也可以高效处理，且能减少整体系统开发的工作量。此外，如果企业没有资金进行系统的更改，在不改变现有系统的基础上也能拓展上述功能。

RPA应用和发展的优势正在被各大企业认识和认可，逐渐被应用到企业系统中用来处理各项繁杂、重复机械的业务，解放了劳动力，使人力发挥在更有价值的地方，凸显人力资源的价值。企业在实际应用推广时可以结合自身发展状况和具体业务的特征、规则法规等，研究应该将哪些业务划分给流程自动化机器人去做，而哪些依旧需要人工去完成。总之，使用RPA可以降低人力成本、提高工作效率、提高业务处理的正确率。但是要注意的是，不是所有的业务都可以交给RPA去完成，RPA无法代替人的位置，在自动化体系下还有不少作业需要人去完成，比如自动化设备就需要人工去执行操作和监管。RPA只是分担了其中一些烦琐的、重复性的工作，使原来的操作人员可以去执行更有价值的工作。

业务流程自动化由大型机主宰的简单自动化开启，中间经历了集成自动化，现在已经来到了以融合AI等技术的RPA为代表的智能化时代。要实现集成自动化需要重投入，而且将很多企业多年累积的各种管理软件打通也不容易。由此，融合AI技术、投入更小、见效更快的RPA就成了传统集成自动化的替代品，也成了弥补集成自动化不足的高效的工具。

就市场需求而言，广大企业的数字化转型需要智能化RPA，它可以很好地助力广大中小企业降本增效。当然，也有很多大型企业已将RPA解决方案作为必需。经过这几年的发展，不管是海外还是国内，RPA都已成为业务流程管理中自动化部分的主力解决方案。

3.7　新技术在会计智能化建设中的运用

3.7.1　影响会计行业的十大信息技术

本节中的新技术，是指以人工智能为代表的“大智移云物区”等新技术，主要包括大数据、人工智能、移动互联网、云计算、物联网和区块链等。2017年，上海国家会计学院在中国会计学会会计信息化专业委员会的支持下，携手多家合作机构，恢复举办了“影响中国会计从业人员的十大信息技术”（以下简称“十大信息技术”）评选活动，并在2017—2023年连续7年开展。本节聚焦连续7年的十大信息技术评选结果。

1）2023年的评选结果

由上海国家会计学院刘勤教授担任组长的“2023年影响中国会计行业的十大信息技术”评选报告于2023年6月18日正式发布，评选结果如图3-2所示。

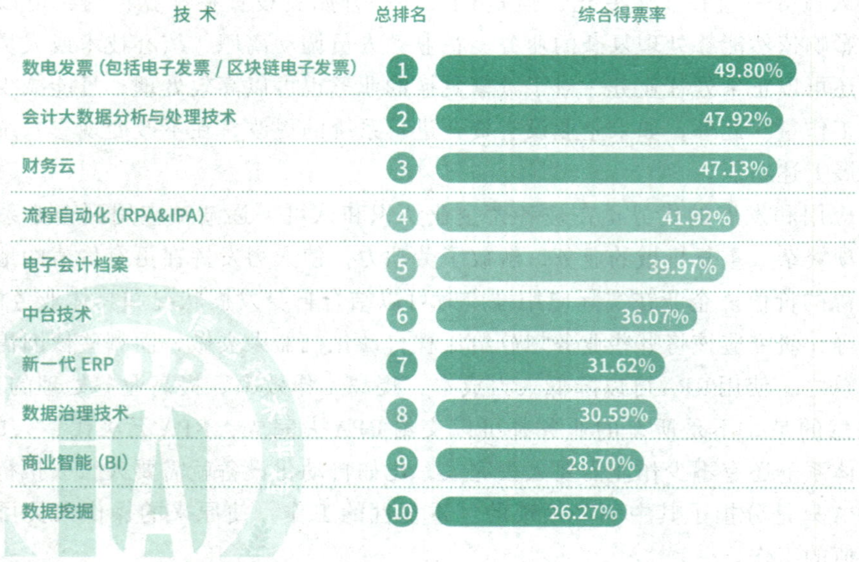

图3-2 影响中国会计行业的十大信息技术（2023年）

2）连续7年的评选结果

表3-3是连续7年的评选结果。

表3-3 连续7年的评选结果统计

年份	2023年	2022年	2021年	2020年	2019年	2018年	2017年
1	数电发票（包括电子发票/区块链电子发票）	财务云	财务云	财务云	财务云	财务云	大数据
2	会计大数据分析与处理技术	会计大数据分析与处理技术	电子发票	电子发票	电子发票	电子发票	电子发票
3	财务云	流程自动化（RPA&IPA）	会计大数据分析与处理技术	会计大数据技术	移动支付	移动支付	云计算
4	流程自动化（RPA&IPA）	中台技术（数据中台、业务中台、财务中台等）	电子会计档案	电子档案	数据挖掘	电子档案	数据挖掘
5	电子会计档案	电子会计档案	机器人流程自动化（RPA）	RPA（机器人流程自动化）	数字签名	在线审计	移动支付
6	中台技术	电子发票	新一代ERP	新一代ERP	电子档案	数据挖掘	机器学习

续表

年份	2023年	2022年	2021年	2020年	2019年	2018年	2017年
7	新一代ERP	在线审计与远程审计	移动支付	区块链技术	在线审计	数字签名	移动互联
8	数据治理技术	新一代ERP	数据中台	移动支付	区块链发票	财务专家系统	图像识别
9	商业智能（BI）	在线与远程办公	数据挖掘	数据挖掘	移动互联网	移动互联网	区块链
10	数据挖掘	商业智能（BI）	智能流程自动化（IPA）	在线审计	财务专家系统	身份认证	数据安全技术

3）2023年潜在影响中国会计行业的五大信息技术

为了帮助会计行业研判未来3~5年可能深刻影响会计行业，但目前还尚未有成熟应用场景的新技术，本次活动还评选了“潜在影响中国会计行业的五大信息技术”，这五大信息技术分别是：生成式人工智能（AIGC），大数据多维引擎与增强分析，AI信任、风险和安全管理，多模态预训练大模型，自适应人工智能。

3.7.2 新技术在会计智能化建设中的运用设计

表3-4为某企业在进行智能会计建设中涉及的智能化应用场景与匹配的支撑性新技术。这些智能化应用场景分别对应不同的财务工作任务，在智能会计建设完成后将落脚在不同的智能会计相关信息系统当中。如预算管理这一财务工作任务中，涉及实时税利测算、自动预算编制、定额匹配校验、自动预算控制、预算偏差自动预警、智能预算评价、自动预算上报等智能化应用场景，除自动预算控制外，未来它们将在业务预算一体化管理系统中予以实现。

表3-4 智能会计建设中的智能化应用场景与新技术运用

财务工作领域	智能会计核算			智能会计管理							智能会计共享				
财务工作任务	财务核算	财务报表	会计档案管理	资金管理	国有资产管理	税务管理	全面预算管理	成本管理	报账管理	财务风险防范	影像管理	共享管理	智能化管理	业财一体管理	移动门户
相关信息系统	财务核算系统	财务报表系统；合并报表系统	电子会计档案管理系统	资金管理系统；银企连云	资产管理系统	税务管理系统	业务预算一体化管理系统	成本管理系统	智能报账系统；智能商旅平台	风险管控平台；财务分析平台（财务驾驶舱）	影像管理系统	财务共享运营管理平台	核算自动化引擎；智能审核平台	与业务系统集成业财数据转换平台	智能会计移动门户
预期效益	标准化↑ 合规性↑ 效率↑ 准确性↑	协同性↑ 智能化↑	合规性↑ 安全性↑ 无纸化↑	合规性↑ 安全性↑ 效率↑ 效益↑	合规性↑ 效率↑ 精细化↑	合规性↑ 效率↑	业务化↑ 全面性↑ 精细化↑ 智能化↑	实时性↑ 精细化↑	合规性↑ 效率↑ 用户体验↑	实时性↑ 全面性↑ 动态性↑ 协同性↑	共享化↑	共享化↑ 成本↓	自动化↑ 智能化↑	一体化↑ 一致性↑ 及时性↑	实时化↑ 移动化↑

本章小结

智能感知技术、数据获取技术和数据传输技术是会计智能化数据获取的主要部分，而大数据分析与挖掘技术和智能知识管理技术是数据处理、知识的关联与融合不可缺少的部分。机器人流程自动化技术以及其他相关技术为实现真正的会计智能化提供保障。对新技术在会计智能化建设中运用的分析有助于促进会计智能化建设。

复习思考

1.随着科学技术的迅速发展，智能感知技术对人们的影响比较深远，如何看待智能感知技术的快速发展？

2.智能感知技术是否能取代人类？

3.对不同的数据对象来讲，数据获取技术主要指哪几种技术？采用哪些方式可以获取大数据？

4.在数据传输过程中，安全性十分重要，尤其是涉及客户的敏感信息，其安全性保证更应被重视。在数据传输过程中，如何保证数据传输的安全性与可靠性？

5.知识图谱在实际生产生活中的应用有哪些？

课后作业

名词解释

1.智能感知；2.解释信号；3.大数据技术；4.知识图谱；5.机器人流程自动化；6.人工智能；7.区块链。

简答题

1.常见的智能感知技术有哪些？

2.数据获取的任务是什么？

3.常见的近距离数据传输技术和远距离数据传输技术有哪些？

4.大数据分析与挖掘的概念是什么，主要技术有哪些？

5.大数据分析的主要步骤有哪些？

6.知识的概念是什么，怎样分类？

7.知识图谱的关键技术主要包括哪些方面？

8.RPA的目标是什么？企业部署RPA会带来哪些好处？

9.新技术在会计智能化建设中的运用建议有哪些？

论述题

各种现代信息技术在会计智能化建设过程中所起的作用是什么？

参考文献与推荐阅读

[1] 朝乐门，王锐．数据科学平台：特征、技术及趋势［J］．计算机科学，2021，48（8）：1-12.

[2] 陈欣，曹朝金，叶春森，等．社会科学数据的创建和使用研究——二次匹配数据采集规则的应用［J］．图书情报工作，2021，65（10）：90-104.

[3] 高长元，张晓星，张树臣．多维邻近性对跨界联盟协同创新的影响研究——基于人工智能合作专利的数据分析［J］．科学学与科学技术管理，2021，42（5）：100-117.

[4] 井底望天，武源文，赵国栋，等．区块链与大数据：打造智能经济［M］．北京：人民邮电出版社，2017.

[5] 马兆林．人工智能时代，一本书读懂区块链金融［M］．北京：人民邮电出版社，2017.

[6] 毛基业．运用结构化的数据分析方法做严谨的质性研究——中国企业管理案例与质性研究论坛（2019）综述［J］．管理世界，2020，36（3）：221-227.

[7] 欧忠辉，蔡猷花，胡慧芳．知识网络嵌入情境如何激活企业双元创新？——基于QCA的研究［J］．科研管理，2021，42（6）：94-101.

[8] 盘和林，邓思尧，韩志杰．5G大数据：数据资源赋能中国经济［M］．北京：中国人民大学出版社，2020.

[9] 秦志光．智慧城市中的大数据分析技术［M］．北京：人民邮电出版社，2015.

[10] 王娟，华东，罗建平．Python编程基础与数据分析［M］．南京：南京大学出版社，2019.

[11] 谢康，夏正豪，肖静华．大数据成为现实生产要素的企业实现机制：产品创新视角［J］．中国工业经济，2020（5）：42-60.

第4章
会计智能化的数据基础

大数据是信息化发展的新阶段。要构建以数据为关键要素的数字经济。

——习近平在中共中央政治局第二次集体学习时的讲话（2017年12月8日）

善于获取数据、分析数据、运用数据，是领导干部做好工作的基本功。

——习近平在中共中央政治局第二次集体学习时的讲话（2017年12月8日）

学习目标

1.了解数据治理；
2.了解数据战略；
3.熟悉数据库、数据仓库与数据湖等概念及其功能；
4.理解元数据、主数据的定义、分类及核心能力；
5.掌握数据中台的功能及建设路径。

重点难点

1.数据治理的架构及内容；
2.数据战略规划及实施；
3.元数据管理成熟度评估；
4.数据中台建设。

思维导图

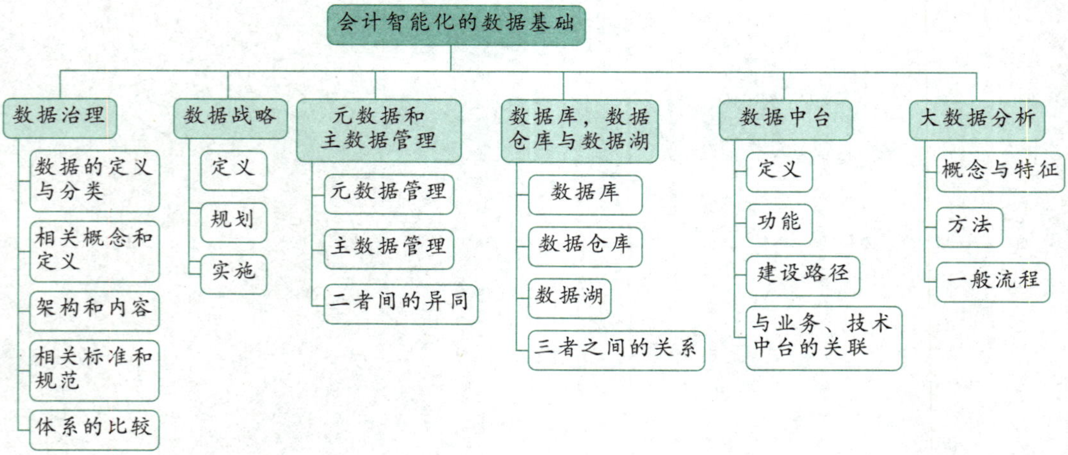

课程思政要点

序号	教学单元	课程思政要点
1	4.1 数据治理	实事求是的精神；科学思维和系统思维；习近平总书记关于数据战略的论述；党的二十大报告关于“加快建设制造强国、质量强国、航天强国、交通强国、网络强国、数字中国”“加快发展数字经济，促进数字经济和实体经济深度融合”的论述；党的十九届五中全会和“十四五”规划关于“加快数字化发展”的论述
2	4.2 数据战略	
3	4.3 元数据管理和主数据管理	科学思维和系统思维；高质量发展；实事求是的精神
4	4.4 数据库、数据仓库与数据湖	
5	4.5 数据中台	
6	4.6 大数据分析	

注：本表关于课程思政要点为建议内容，授课教师可根据实际情况进行必要的调整。

导入案例

数据治理是现代企业在信息化和全球化的大环境下，谋求竞争优势和向高端发展进程中难得的一个机遇，也是一个无法回避的挑战，对中国企业而言更是如此。根据国际数据公司（IDC）2018年年末的测算，到2025年，中国将成为全球五个分区中最大的数据资源拥有地区（占比为28%，数据总量为49ZB），其数据总量将是美国（排名第四，占比为18%）的1.56倍。实际上，2019年，中国的数据总量已经超过了美国。然而，目前中国工业企业的数据资源存量普遍不大，宝贵的数据资源由于缺乏科学的数据管理而随意流失；工业企业数据总量低下，与企业规模极不相称；半数以上的工业企业仍在使用纸质或更原始的方式进行数据的存储和管理；数据孤岛几乎是所有工业企业都面临的困境。此外，无论是数据管理还是数据治理，中国工业企业的状况都不容乐观。调查显示，仅有37.849%的大型工业企业、46.67%的中型工业企业、13.64%的小型工业企业开展了数据管理工作；大多数工业企业缺乏专门的数据管理部门，投入数据管理的人、财资源也非常有限，更谈不上顶层规划和战略管理。凡此种种都说明，中国工业企业在数据管理和数据治理方面亟待迎头赶上。

4.1 数据治理

2022年6月22日，中央全面深化改革委员会第二十六次会议审议通过的《关于构建数据基础制度 更好发挥数据要素作用的意见》中指出，数据作为新型生产要素，是数字化、网络化、智能化的基础，已快速融入生产、分配、流通、消费和社会服务管理等各个环节，深刻改变着生产方式、生活方式和社会治理方式。可见，在数字经济时代，数据业已成为生产要素之一。工信部着力推动的数据成熟度的贯标和评估工作，其核心就是将数据作为一种新的要素，甚至一种新的资产，为未来的企业发展注入新动力。尽管数据如何资产化、数据价值如何被计量等问题目前尚未形成统一定论，但数据在企业经营管理中的价值（包括货币价值）业已得到普遍认可和重视。

2021年1月12日，国务院印发的《“十四五”数字经济发展规划》（国发〔2021〕29号，以下简称《规划》）强调，推进产业数字化转型、数字产业化，以数字技术与实体经济深度融合为主线。国务院国资委办公厅在2020年8月21日下发的《关于加快推进国有企业数字化转型工作的通知》中则提出，“加快集团数据治理体系建设，明确数据治理归口管理部门，加强数据标准化、元数据和主数据管理工作，定期评估数据治理能力成熟度。加强生产现场、服务过程等数据动态采集，建立覆盖全业务链条的数据采集、传输和汇聚体系。加快大数据平台建设，创新数据融合分析与共享交换机制。强化业务场景数据建模，深入挖掘数据价值，提升数据洞察能力”。足见，数字化转型不是发展数字经济而是发展数据经济，企业数字化转型的根本目标就是让数据成为企业运行的核心，让企业所有决策都能够建立在数据基础之上，即数据驱动，或者基于数据的决策。

4.1.1 数据的定义与分类

1）数据的定义

长期以来，对数据的定义强调了它在反映客观事实方面的作用。如《新牛津美语词典》将数据定义为：收集到一起进行分析的事实和统计信息。美国质量协会（ASQ）则认为数据是收集到的一组事实，并把数值数据分为两种类型，即测量数据或变量数据、计数数据或属性数据。国际标准化组织（ISO）将数据定义为：以适合于通信、解释或处理为目的，以形式化方式对信息重新解释的表达（ISO 11179）。该定义强调数据的电子性质，并正确地假定数据需要标准，因为它是通过信息技术系统管理的，但并不涉及跨不同系统以一致的方式将数据形式化的挑战，也不能很好地解释非结构化数据的概念。

一般认为，数据（data）是指对客观事件进行记录并可以鉴别的符号，是对客观事物的性质、状态以及相互关系等进行记载的物理符号或这些物理符号的组合。它是可识别的、抽象的符号。它不仅包括狭义的数字，还涵盖具有一定意义的文字、字母、数字符号的组合，图形，图像，视频，音频等，也是客观事物的属性、数量、位置及其相互关系的抽象表示，如“2、4、8…”“晴、雨、气温”“居民的身份记录”“货物的运输情况”等都是数据。

在计算机科学中，数据是指所有能输入计算机并被计算机程序处理的符号的介质的总称，是用于输入电子计算机进行处理，具有一定意义的数字、字母、符号和模拟量等的通称。数据可以是连续的值，如声音、图像，称为模拟数据；也可以是离散的，如符号、文字，称为数字数据。计算机存储和处理的对象十分广泛，表示这些对象的数据也随之变得越来越复杂。要利用各种数据而不被其容量和增长速度所压倒，有必要对其进行有效治理。

2）数据的分类

数据的分类方式多种多样，可以按照数据对象划分，或依据数据结构划分，抑或基于数据库类型来划分等。常见的数据分类方式主要包括如下四种：

（1）按照数据对象划分

按照数据对象，可以将数据划分为参考数据、主数据、业务活动数据、分析数据与时序数据。

① 参考数据：指对其他数据进行分类和规范的数据，如国家、地区、货币、计量单位等产业通用的数据及各产业特色基础配置数据。为了简化，有的企业称这类数据为配置型主数据，也有的企业称这类数据为通用基础类数据。参考数据是相对稳定、静态的数据，基本上不会变化，往往通过系统配置文件给予规范并固化在信息管理系统中。

② 主数据：指满足跨部门业务协同需要的、反映核心业务实体状态属性的基础信息。它主要用于描述企业核心业务实体，是企业核心业务对象、交易业务的执行主体，是在整个价值链上被重复或共享应用于多个业务流程、跨越多个业务部门和系统、高价值的基础数据，也是各业务应用和各系统之间进行数据交互的基础。从业务角度看，主数据是相对固定、变化缓慢的，但它是企业信息系统的神经中枢，是业务运行和决策分析的基础，如供应商、客户、企业组织机构和员工、产品等主数据。

③ 业务活动数据：又称交易数据，指在业务活动过程中产生的数据，是企业日常经营活动的直接体现，也是围绕主数据实体产生的业务行为和结果型数据，如采购订单、销售订单、发票、会计凭证等数据。业务活动数据存在于联机事务处理系统（OLTP系统）中，具有瞬间生成和动态的特点。

④ 分析数据：又称统计数据、报表数据或指标数据等，是组织在经营分析过程中衡量某一个目标或事物的数据，一般由指标名称、时间和数据等组成。

⑤ 时序数据：指时间序列数据，是按照时间顺序记录的数据列。为确保数据的可比性，要求在同一个数据列中的各个数据必须是同口径的。在企业中，实时数据就是时序数据的一种，如设备运行检测类数据、安全监测类数据、环境检测类数据。

（2）按照数据存储形式划分

按照数据存储形式，可以将数据划分为结构化数据、半结构化数据和非结构化数据。

① 结构化数据：指数据元素之间具有统一且确定关系的数据。它由明确定义的数据类型组成。结构化数据的一般特点是数据以行为单位，一行数据表示一个实体的信息，每一行数据的属性是相同的。结构化数据的分析更为便利，且存在成熟的分析工具。

② 半结构化数据：指数据元素之间的关系介于结构化数据和非结构化数据之间的数据。它是非关系模型的、有基本固定结构模式的数据，例如日志文件、XML文档、JSON文档、E-mail等。

③ 非结构化数据：指数据元素之间没有统一和确定关系的数据。它是具有内部结构，但不通过预定义的数据模型或模式进行结构化的数据，如各种格式的图片、视频等。非结构化数据占企业全部数据的80%以上，直接分析非结构化数据需要很强的专业性。

（3）按照数据库类型划分

按照数据库的类型，可以将数据划分为关系型数据库、非关系型数据库、图数据库、时序数据库。

① 关系型数据库：指采用关系数据模型的数据库系统。关系数据模型实际上是表示各类实体及其之间联系的由行和列构成的二维表结构。一个关系型数据库由多个二维表组成。表中的每一行为一个元组（或称一个记录），每一列为一个属性。属性的取值范围被称为域。对关系型数据库进行操作通常采用结构化查询语言（SQL）。

② 非关系型数据库：是对不同于传统的关系型数据库的数据库管理系统的统称。和关系型数据库相比，两者存在许多显著的不同点，其中最重要的是非关系型数据库使用NoSQL而不使用SQL作为查询语言。其数据存储可以不需要固定的表格模式，也经常会避免使用SQL的JOIN操作，一般具有水平可扩展性的特征。

③ 图数据库：指以图结构来表示和存储信息的数据库。

④ 时序数据库：指时间序列数据库，它是按时间顺序记录的数据列，在同一个数据列中的各个数据必须是同口径的，要求具有可比性。时序数据可以是时期数，也可以是时点数。

（4）按照数据权属类型划分

按照权属类型，可以将数据划分为公有数据和私有数据。

① 公有数据：指具有公共财产属性且可被公众访问的数据，如天气数据、人口数据等。

② 私有数据：指有明确归属的数据，如私人数据、企业数据等，其归属方为可决定数据使用目的的自然人、法人或其他组织。

4.1.2 数据治理的相关概念和定义

1）数据治理的概念界定

对于数据治理，不同机构的定义各不相同。

IS/IEC、TRO 38505-2：2018对数据治理的定义：数据治理是关于数据采集、存储、利用、分发、销毁过程的活动的集合。

GB/T ③ 4960.5-2018则认为，数据治理就是数据资源及其在应用过程中相关管控活动、绩效和风险管理的集合。

国际数据管理协会（DAMA）在其数据管理知识体系DAMA-DMBOK2中的定义是：数据治理（data governance，DG）是在管理数据资产的过程中行使权力和管控，包括计划、监控和实施。

国际数据治理研究所（DGI）则认为，数据治理是一个通过一系列信息相关的过程来实现决策权和职责分工的系统，这些过程按照达成共识的模型来执行，该模型描述了谁能根据什么信息，在什么时间和情况下，用什么方法，采取什么行动。

《银行业金融机构数据治理指引》中对数据治理的定义：数据治理指银行业金融机构通过建立组织架构，明确董事会、监事会、高级管理层及内设部门等职责要求，制定和实施系统化的制度、流程和方法，确保数据统一管理、高效运行，并在经营管理中充分发挥价值的动态过程。

Gartner将数据治理视作一种技术支持的学科，采用业务和IT协同工作，以确保企业共享的主数据资产的一致性、准确性、管理性、语义一致性和问责性。

总体而言，数据治理的概念较为宽泛，通常有狭义和广义之分。狭义的数据治理指数据资源及其应用过程中的相关管控活动、绩效和风险管理的集合，以保证数据资产的高质量、安全及持续改进。而广义的数据治理则涵盖了数据管理和数据价值“变现”，具体包含数据架构、主数据、数据指标、时序数据、数据质量、数据安全等方面的一系列数据管理活动，本书中的“数据治理”均为广义的概念。

2）数据治理与数据资产管理

数据治理与数据资产管理不尽相同，其中，数据治理的职能是指导其他数据管理领域的活动，其目的是确保根据数据管理制度和最佳实践正确地管理数据。而数据资产管理的整体驱动力是确保组织可以从其数据中获得价值。数据治理聚焦于如何制定有关数据的决策，以及人员和流程在数据方面的行为方式。

对于数据资产管理的基本框架，本书借鉴中国信息通信研究院与大数据技术标准推进委员会等共同编写的《数据资产管理实践白皮书（4.0）》的内容，囊括了数据资产管理的8个管理职能和5个保障措施，具体如图4-1所示。其中，管理职能是指落实数据资产管理的一系列具体行为，保障措施是指为了支持管理职能实现的一些辅助性组织架构和制度体系。

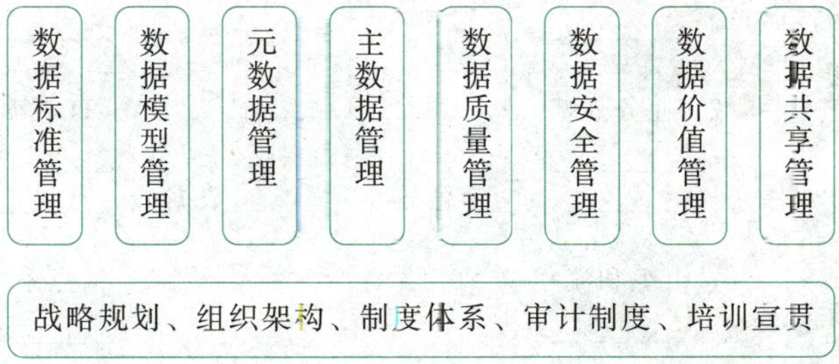

图4-1 《数据资产管理实践白皮书（4.0）》数据资产管理基本框架

基于“标准先行”的管理思想，在该数据资产管理理论框架中，将数据标准管理单独作为一项重要的数据管理功能，放在第一位。此外，除涉及数据模型管理、元数据管理、主数据管理、数据质量管理及数据安全管理等基本数据管理理论外，还加入了数据价值管理和数据共享管理两项内容。其中，数据价值管理是对数据内在价值的度量，包括数据成本和数据应用价值。数据共享管理主要是指开展数据共享和交换，实现数据内外部价值的一系列活动。数据共享管理包括数据内部共享（企业内部跨组织、部门的数据交换）、外部流通（企业之间的数据交换）和对外开放。

4.1.3 数据治理的架构和内容

1）数据治理的架构演进

数据资产与其他类型的资产具有较大差异性，有别于实物资产在同一时刻只能存放于某一地方，数据资产易于被复制和传送，且一旦丢失或被销毁，往往难以重新产生。另一方面，尽管其从形态上与无形资产接近，均无实物形态，且数据资产的价值常随时间的推移而变化，但它是持久的、不会磨损的。此外，数据本身是动态的，该类资产可以被多人同时使用，这也是它区别于其他资产的重要特性。由于数据资产在被多次使用后产生了更多的数据，大多数组织不得不对指数级增长的数据量和越来越复杂的数据关系进行谨慎治理。

由于企业需要从财务视角了解资产，从而作出相应的决策，因而在数据治理方面，将财务价值与数据建立关联的方法至关重要。数据治理涉及一组相互依赖的功能，每个功能都有自己的目标、活动和职责。进行数据治理时，应考虑从企业资产中获取价值所面临的挑战、平衡战略和运营目标、特定业务和技术要求、风险和合规性需求，并理解数据所包含的内容以及数据是否高质量。目前，围绕上述问题已经构建了一系列关于如何治理数据的路径。

(1) 战略一致性模型

战略一致性模型（strategic alignment model，SAM）抽象了各种数据管理方法的基本驱动因素，其中心是数据和信息之间的关系。其中，信息通常与业务战略和数据的操作使用相关，而数据则与信息技术和流程相关，这些技术和过程支持可访问数据的物理系统。围绕这一概念的是战略选择的四大基本领域，分别为业务战略、IT战略、组织和流程以及信息系统，如图4-2所示。

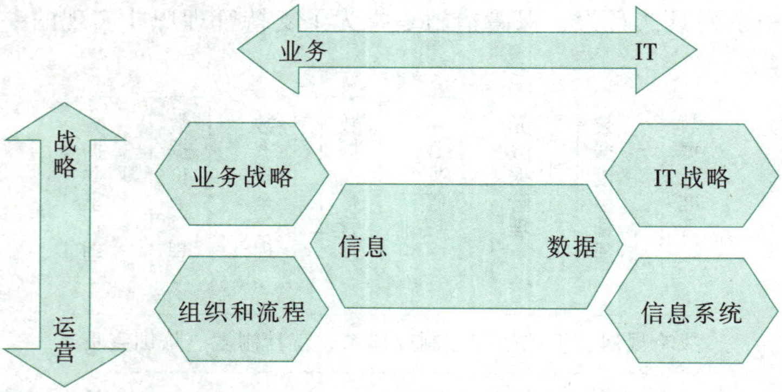

图4-2 战略一致性模型

战略一致性模型认为，企业的运营战略既是组织存在的动力，也是企业IT架构的逻辑基础。企业战略由高管层制定，而IT部门只是战略的执行者。当然，该模型的完整阐述比上图更为复杂，每个角的六边形都有自己的下层结构。例如，在业务战略和IT战略中，都需要将范围、能力和治理纳入其中。运营必须考虑基础设施、流程和技能。研究各部分间的关系有助于理解不同组件适配战略和功能集成。尽管上图较为简单，但依然能够帮助理解数据和数据治理是如何影响组织决策的。

(2) 阿姆斯特丹信息模型

阿姆斯特丹信息模型（the Amsterdam information model，AIM）与战略一致性模型的架构相似，也是从战略角度看待业务和IT的一致性，该模型分为9个单元，并据此抽象出一个关注结构（包括规划和架构）和策略的中间层。此外，该模型还进一步体现了信息通信的必要性，即图4-3中的信息治理和数据质量支柱。

总的来说，阿姆斯特丹信息模型和战略一致性模型，二者的框架结构较为相似，均是从横轴（业务战略/IT战略）和纵轴（战略/运营）两个角度详细描述组件之间的关系。

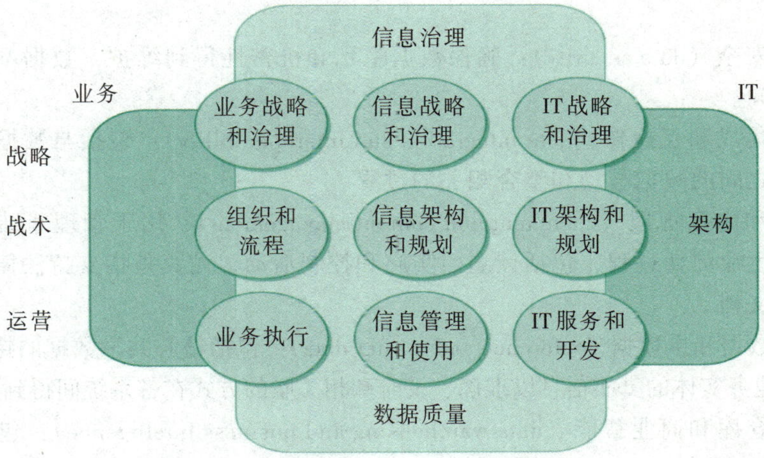

图4-3　阿姆斯特丹信息模型

（3）DAMA车轮图

作为全球性数据管理的、由业务专业志愿人士组成的非营利性组织，数据管理协会（DAMA）长期致力于数据管理的研究和实践，针对企业级数据治理给出了框架性建议，认为治理是实现功能内部一致性和功能之间平衡性所必需的内容。为此，在上述两种模型的基础上，DAMA提出了以数据治理为核心的新模型，即DAMA车轮图，具体如图4-4所示。

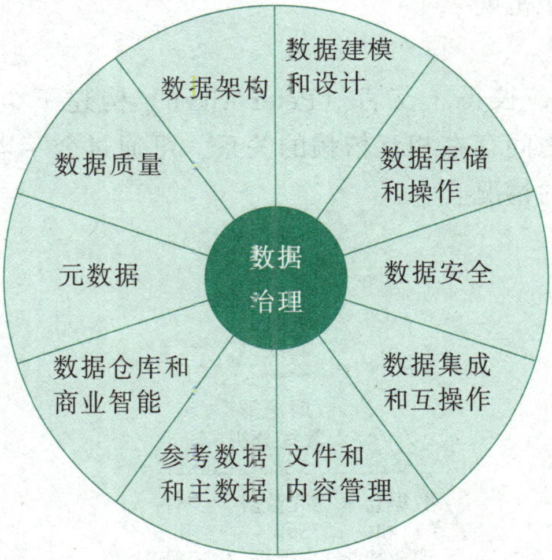

图4-4　DAMA车轮图

图4-4各部分的含义描述如下：

①数据治理（data governance）：通过建立一个能够满足企业需求的数据决策体系，为数据管理提供指导和监督。

②数据架构（data architecture）：定义了与组织战略协调的数据管理资产蓝图，以建立战略性数据需求及满足需求的总体设计。

③数据建模和设计（data modeling and design）：以数据模型的精确形式发现、分析、展示和沟通数据需求。

④数据存储和操作（data storage and operations）：以数据价值最大化为目标，包括存储数据的设计、实现和支持活动以及在整个数据生命周期中，从计划到销毁的各种操

作活动。

⑤数据安全（data security）：确保数据隐私和机密性得到维护，数据不被破坏，数据被适当访问。

⑥数据集成和互操作（data integration and interoperability）：包括与数据存储、应用程序和组织之间的数据移动和整合相关的过程。

⑦文件和内容管理（document and content management）：用于管理非结构化媒体数据和信息的生命周期过程，包括计划、实施和控制活动，尤其是指支持法律法规遵从性要求所需的文档。

⑧参考数据和主数据（reference and master data）：包括核心共享数据的持续协调和维护，使关键业务实体的真实信息以准确、及时和相关联的方式在各系统间得到一致性使用。

⑨数据仓库和商业智能（data warehousing and business intelligence）：包括计划、实施和控制流程来管理决策支持数据，并使知识工作者通过分析报告从数据中获得价值。

⑩元数据（metadata）：包含规划、实施和控制活动，以便能够访问高质量的集成元数据，包括定义模型、数据流和其他至关重要的信息。

⑪数据质量（data quality）：包括规划和实施质量管理技术，以测量、评估和提高数据在组织内的适用性。

2）企业数据治理的领域及内容

（1）数据治理的领域范畴

①DMBOK金字塔。

基于DAMA车轮图，彼得·艾肯（Peter Aiken）构建了金字塔模型，如图4-5所示。他认为各知识领域之间存在相互依赖的关系，可通过金字塔框架展示各知识领域的关联性，描述组织演化的情况。

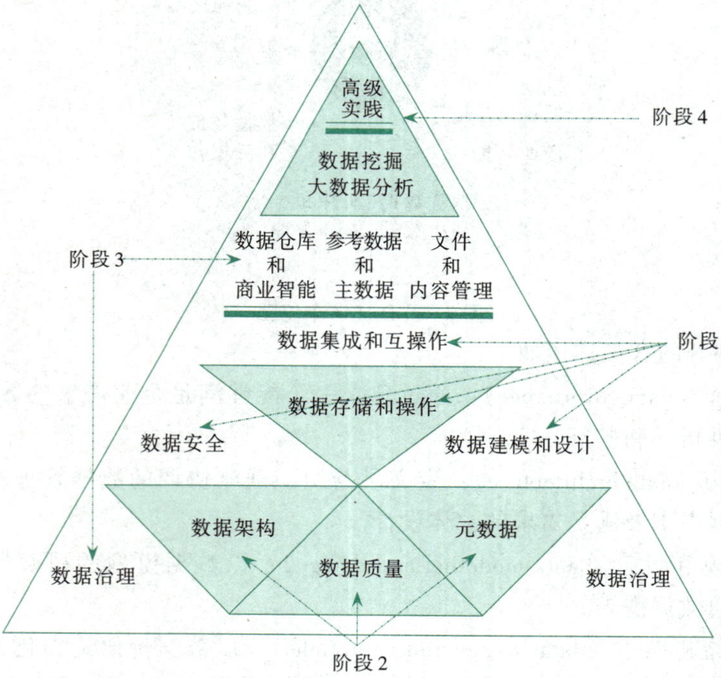

图4-5 DMBOK金字塔

运用金字塔模型，企业为达到拥有可靠的数据和流程的状态，支持其战略业务目标的实现，一般会经历上图所示的四个阶段。

阶段1：组织购买包含数据库功能的应用程序。这意味着组织以此作为数据建模、设计、数据存储和数据安全的起点。要使系统在其数据环境中运行，还需要做数据集成和交互操作方面的工作。

阶段2：组织一旦开始使用应用程序，将面临数据质量方面的挑战，但获得更高质量的数据取决于可靠的元数据和一致的数据架构，它们说明了来自不同系统的数据是如何协同工作的。

阶段3：管理数据质量、元数据和架构需要严格地实践数据治理，为数据管理活动提供体系性支持。数据治理还支持战略计划的实施，如文件和内容管理、参考数据管理、主数据管理、数据仓库和商业智能。

阶段4：该组织充分利用了良好管理数据的好处，并提高了其分析能力。

②五域管理模型。

祝守宇等（2020）基于企业管理层的视角，进一步从管控域、过程域、治理域、技术域和价值域五大维度出发，构建了数据治理的管理者视图，即图4-6的五域管理模型。

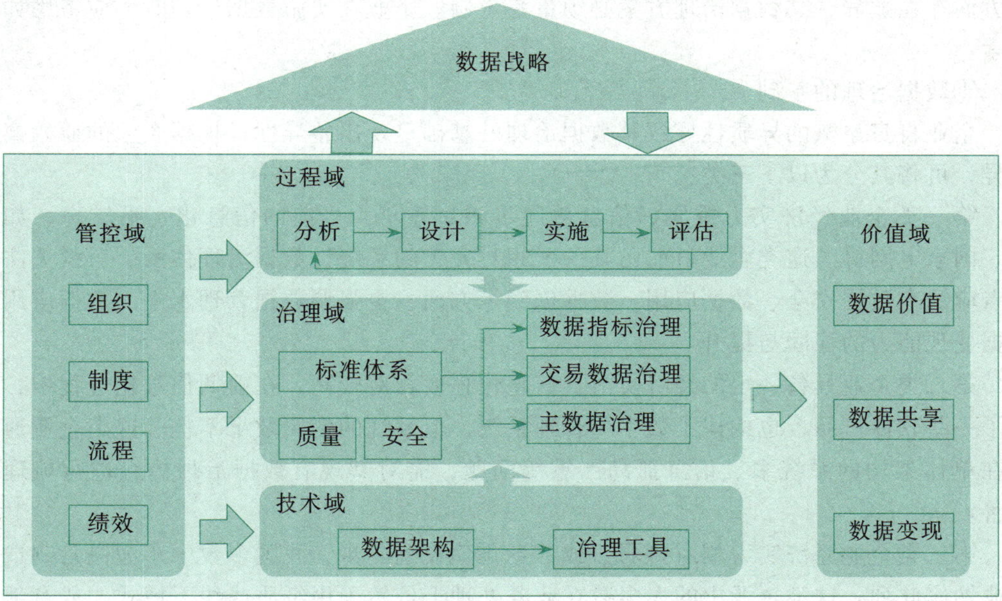

图4-6　五域管理模型

根据五域管理模型，首先，企业应确定数据治理的管控域，即应制定数据治理的战略指导原则，进行职能分工，通过建立岗位责任制，明确各岗位的职责与技能要求。在企业中，通常应设立由高层领导及相关专家组建的数据治理委员会，作为企业数据治理的最高权威组织，负责制定本企业的数据治理制度并梳理流程，建立基于数据的绩效考评机制，监督、支持和资助数据治理活动。

其次，企业应明确其治理域。作为数据治理的主体，治理域需构建数据标准体系，具体包括主数据治理、交易数据治理及数据指标治理。

再次，企业要构建技术域以提供数据治理所需的数据架构及治理工具平台。作为数据治理的支撑手段，技术域涉及多个功能模块，涵盖了元数据管理、主数据管理、数据指标管理、数据模型管理、数据质量管理、数据安全管理等数据治理的重要环节。

此外，企业还应重视数据治理过程，确立过程域。一般而言，该过程包括评估与分析、规划与设计、实施三个阶段，形成PDCA（即plan、do、check、action）循环。其中，评估与分析阶段旨在分析企业对数据治理的需求，并评价现有数据治理的成熟度、风险及合规性；规划与设计阶段则要明确数据治理的目标和任务，制定数据治理的相关制度和流程，设计数据标准、数据模型、数据架构及数据治理的实施路径；而实施阶段则包括制定数据治理的相关制度、流程细节，选择合适的数据治理工具并通过定制化开发来满足数据治理要求。

最后，考虑到企业进行数据治理的终极目标在于充分挖掘数据资产的价值，为此，应形成价值域，通过对数据价值建模与评估、进行数据共享以及数据交易，实现数据资产的变现。

（2）企业数据治理的影响因素

上文从理论层面探讨了企业数据治理的基本构架和主要内容，然而，这种框架设计并不是万能的。由于不同企业在所处行业、产权性质、企业文化及信息化基础设施建设等方面存在差异，其数据治理方案必须量身定制。企业在实施数据治理时，应考虑如下因素：

①数据治理的基础。

企业自身禀赋的异质性导致其数据治理的基础呈现出差异性，根据企业的原始禀赋差异，可将其分为以下三类：

第一类企业经济实力雄厚，信息化起步相对较早，当前的信息化水平较高，如银行、国家电网等。这类企业目前已具备了相对完善的系统性数据治理体系，后续关注的重点应放在数据安全、数据应用、数据创新等方面，更强调数据管理水平、数据应用和数据变现能力的稳固与提升。

第二类企业具备一定的经济实力且信息化程度相对较高。在前期信息化过程中，购买了一些软件产品，也构建了数字化管理系统，但系统的使用效果不佳。这类企业通常存在单体架构的系统多、信息孤岛严重等问题，需对其现有数据治理体系进行梳理与完善。

第三类企业经济实力相对薄弱，或信息化建设刚起步，我国多数中小型民营制造业企业均属此列。这类企业中的大多数在业务处理上依然采用纸质或线下模式，或有部分企业使用了财务软件或ERP系统，但数据主要存放在个人电脑或生产系统中，数据治理手段匮乏。这类企业有必要夯实其数据基础，进行数字化改革创新。

②数据治理的对象。

数据治理主要是针对企业数据资产的治理，而不是对全部数据的治理。根据维基百科的解读，数据资产是无形资产的延伸，不具有实物形态。其本质是数据作为一种经济资源参与企业的经济活动，减少和消除了企业经济活动中的风险，为企业的管理控制和科学决策提供合理依据，并预期给企业带来经济利益。尽管数据资产并不具备实物形态，但它反映了实物在网络世界映射的一种虚拟形态。对于企业而言，人、设备、产品、物料、软件系统、数据库，以及任何涉及使用文件作为载体的各类数据，都属于企业的数据资产。

数据资产在不同行业具有较大差异性，因而企业进行数据治理的侧重点也不尽相同。进行数据治理应先了解行业需求与企业诉求，制订差异化方案，在此基础上进行数据资产的识别和定义，明确数据治理的对象和范围，做好数据治理的顶层设计。

③数据治理的实施主体。

很多企业对数据治理存在认知误区，将它和业务割裂开来，认为数据治理是信息部门的事情，与企业的业务部门无关。事实上，数据治理是对企业数据资产的治理，其目标是挖掘数据资产的价值，而业务部门生产、使用的数据资产与企业发展息息相关，因而，数据资产归属部门应为业务部门，信息部门主要为业务部门的数据资产管理提供技术支持，属于技术保障部门。因此，企业数据治理应形成高层领导牵头，业务部门负责，信息部门执行，企业全员参与的主体架构。企业应培养全员的数据思维和数据意识，并不断融入企业文化中。

（3）企业数据治理的具体内容

数据治理是长期、复杂的工程，涉及数据战略、组织体系、制度体系、标准体系、流程体系、技术体系和评价体系七方面的工作领域，包含了数据标准、数据质量、主数据、元数据、数据安全等多方面内容。由于企业性质、业务特点、管理模式的不同，有必要建立符合企业现状和企业需求的数据治理框架，指导企业数据治理工作的开展。

①数据战略。

企业开展任何工作的首要任务都是制定战略目标，数据治理也不例外。为了使数据治理工作得以更好实施，企业应先进行数字化基础设施建设，即实施信息化战略。作为信息化战略的重要组成部分，企业需明确其数据治理的愿景与使命，设定中长期目标及行动计划，以此作为数据治理工作的行动纲领。企业的数据战略应由信息部门的负责人及业务负责人共同主导制定，依托于企业的IT战略并随其修订而改进。

②组织体系。

作为数据治理的关键，企业的组织架构设计至关重要，在其现有组织架构中是否建立了合适的数据治理组织将对企业的数据治理工作产生重大影响。由于数据治理项目的实施绝非一个部门的事情，因而难以由企业的某个单一部门予以解决。为此，需要从整个组织考虑，建立专业的数据治理组织体系，进行数据资产的确权，明确相应的治理制度和标准，培养整个组织的数据治理意识。这也需要企业的IT部门与业务部门进行实时沟通与协作，不断提升数据的可靠性和质量，从而为关键业务和管理决策提供支持，并确保遵守法规。

③制度体系。

制度作为企业的内部法律，既是其规范运营的基石，也是其优秀经营管理能力的重要载体。为确保数据战略目标的实现，企业必须建立完善的数据治理制度体系。通常而言，企业会依托其IT制度的总体框架和指导原则完善其数据治理制度，一般包括数据标准管理、数据质量管理、数据安全管理、主数据管理、元数据管理等多个方面的内容。

④标准体系。

数据治理的标准体系是多层面的，既包括国际标准和国家标准，也包含行业标准和企业标准等。企业数据标准体系内容通常涵盖元数据标准、主数据标准、参照数据标准以及数据指标标准等方面。数据治理的成效，很大程度上取决于数据标准的合理性和统一实施的程度。企业数据标准体系的建设应既满足当前的实际需求，又能着眼未来，与国家标准及国际标准接轨。

⑤流程体系。

数据治理流程体系，为数据治理的开展提供有据可依的管理办法，规定数据治理的业务流程、数据治理的认责体系、人员角色和岗位职责、数据治理的支持环境，颁布数据治理的规章制度、流程等。建立数据的生产、流转、使用、归档、消除的整个生命周期管理的过程。企业应围绕数据治理的对象，即数据质量、数据标准、主数据、元数据、数据安全等内容建立相应的制度和流程。

⑥技术体系。

数据治理包括数据治理的工具和技术，总体应包括元数据管理、主数据管理、数据标准管理、数据质量管理和数据安全管理。其中，元数据管理是对企业涉及的业务元数据、技术元数据、管理元数据进行盘点、集成和管理，按照科学、有效的机制加以管理，并面向开发人员和最终用户提供相应的元数据服务，以满足用户需求，并对企业业务系统和数据分析平台的开发、维护过程提供支持。借助变更报告、影响分析等应用，控制数据质量、减少业务术语歧义和建立业务与技术之间的良好沟通渠道，进一步提高各种数据的可信性、可维护性、适应性和可集成性。而主数据管理则是通过运用相关的流程、技术和解决方案，对企业核心数据进行有效管理，创建并维护企业核心数据的一致性、完整性、关联性和正确性。主数据是企业内外被广泛应用和共享的数据，被誉为企业数据资产中的“黄金数据”，主数据管理是撬动企业数字化转型的支点，也是企业数据治理最核心的内容。

除元数据管理和主数据管理外，数据治理技术体系还包括数据标准管理。数据标准适用于业务数据描述、信息管理及应用系统开发，既可作为经营管理中所涉及数据的规范化定义和统一解释，也可作为信息管理的基础，还可作为应用系统开发时进行数据定义的依据。数据标准体系涉及国家标准、行业标准、企业标准和地方标准，在定义元数据实体或元素时进行关联。数据标准管理是对数据标准的不断补充完善、更新优化和积累，企业通过数据标准管理可以更好地支撑业务的开发和系统的集成。

数据质量管理是数据治理技术体系的又一组成部分，企业需构建数据质量管理体系，从而明确数据质量管理目标、控制对象和指标、定义数据质量检验规则、执行数据质量检核，生成数据质量报告。企业通过运用数据质量问题处理流程及相关功能模块，实现数据质量问题从发现到处理的闭环管理，进而促进数据质量的不断提升。

此外，数据安全管理也是数据治理技术体系不可或缺的内容。尽管数据安全的受重视程度日益加深，但在现实生活中，数据安全却往往被忽视，只有出现数据安全问题甚至事故时，人们才认识到数据安全的重要性。对企业来说，数据安全应贯穿数据治理全过程，应保证管理和技术两线并举。从管理层面考虑，企业应建立数据安全管理制度、设定数据安全标准、培养全员的数据安全意识。从技术层面出发，企业需对数据的存储安全、传输安全和接口安全等问题高度重视。当然，安全与效率始终是一个矛盾体，数据安全管控越严格，数据的应用就可能越受限，因而，企业需要在安全和效率之间找到平衡点。

⑦评价体系。

建立数据评价与考核体系是企业实施和贯彻数据治理相关标准、制度和流程的根本。企业应首先建立明确的考核制度，在具体实践中再结合其自身情况及未来发展目标构建数据认责体系，设置考核指标和考核办法，并与个人绩效挂钩。考核指标包括两方面内容，一是对数据的生产、管理和应用等过程的评估和考核指标，二是数据质量的评测指标。

4.1.4　数据治理的相关标准和规范

1）国际标准与模型

2015年，国际标准化组织IT服务管理和IT治理分技术委员会制定了ISO/IEC 38505系列标准，提出了IT治理的通用模型和方法论。

ISO/IEC 38505标准阐述了基于原则驱动的数据治理方法论，提出了通过评估现在和将来的数据利用情况，来指导数据治理的准备及实施，并监督数据治理实施的符合性等。其数据治理的框架模型如图4-7所示。

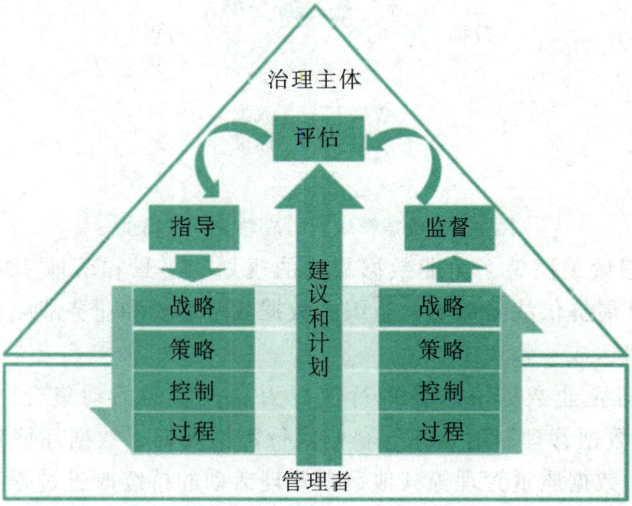

图4-7　ISO/IEC 38505标准数据治理的框架模型

此外，成立于1988年的国际数据管理协会（Data Management Association International，DAMA）作为一个非营利组织，常年致力于推广信息和数据管理的概念和实践。DAMA在全球设立了40多个分会，拥有7 500余名会员，在数据管理领域累积了丰富的知识和经验，是全球公认的数据管理权威组织之一。它先后出版了《DAMA数据管理字典》和《DAMA数据管理知识体系指南》（简称DAMA-DMB OK）的第1版和第2版，该指南集业界数百位专家的经验于一体，是数据管理业界最佳实践的结晶，已被公认为从事数据管理工作的经典参考和指南，在全球范围内广受好评。

DAMA的数据管理理论框架的核心是数据治理（如图4-4所示），通过11个数据治理的职能域建立一个能够满足企业需求的数据决策体系，为数据管理提供指导和监督。

其优点在于充分考虑了功能与环境要素对数据本身的影响，但考虑到数据资产化成为企业的核心竞争力，这11个职能域尚不能全面覆盖数据资产管理的业务职能。

2）国内标准及模型

（1）数据管理能力成熟度评估模型（DCMM）

数据管理能力成熟度评估模型（data management capability maturity model，DCMM）是在工信部、国家标准化管理委员会的指导下，由全国信息技术标准化技术委员会大数据标准工作组组织编写的国家标准，也是我国首个数据管理领域的国家标准。DCMM借鉴了国内外数据管理的相关理论思想，并充分结合了我国大数据行业的发展趋势，创造性地提出了符合我国企业的数据管理框架。该框架将组织数据管理能力划分为8个能力域，即数据战略、数据治理、数据架构、数据标准、数据质量、数据安全、数据应用和数据生存周期，如图4-8所示。

图4-8　数据管理能力成熟度评估模型

数据战略过程域关注整个企业数据战略的规划、愿景和落地实施，为公司数据管理、应用工作的开展提供战略保障，组织的数据战略需要和业务战略保持一致，并且要在利益相关者之间达成一致。

数据治理是对企业数据资产管理行使权力和控制的活动集合（规划、监控和执行），是建立企业数据管理制度、指导企业执行数据规划、数据环境建设、数据安全管理、元数据管理、数据质量管理等其他数据管理活动的持续改进过程和管控机制。

数据架构是用于定义数据需求、指导对数据资产的整合和控制、使数据投资与业务战略相匹配的一套整体构件规范。

数据应用是指通过对组织数据进行统一的管理、加工和应用，对内支持业务运营、流程优化、营销推广、风险管理、渠道整合等活动，对外支持数据开放共享、数据服务等活动，从而提升数据在组织运营管理过程中的支撑辅助作用，同时实现数据价值的变现。数据应用是数据价值体现的重要方面，数据应用的方向需要与组织的战略和业务目标保持一致。

数据安全管理是计划、制定、执行相关安全策略和规程，确保数据和信息资产在使用过程中有恰当的认证、授权、访问和审计等措施。有效的数据安全策略和规程要确保合适的人以正确的方式使用和更新数据，并限制所有不适当的访问和更新数据。

数据质量重点关注数据质量需求、数据质量检查、数据质量分析和提升，对数据从计划、获取、存储、共享、维护、应用、消亡的整个生命周期的每个阶段里可能发生的各类数据质量问题进行识别、度量、监控、预警等一系列活动，并通过提高组织的管理水平，使得数据质量进一步提高。

数据标准为组织各个信息系统中的数据提供规范化、标准化的依据，是组织数据集成、共享的基础，是组织数据的重要组成部分。

数据生存周期中实施数据管理，确保从宏观规划、概念设计到物理实现，从获取、处理到应用、运维、退役的全过程中，数据能够满足数据应用和数据管理需求。

（2）GB/T 34960数据治理规范

GB/T 34960《信息技术服务治理第5部分：数据治理规范》（以下简称《数据治理规范》）是我国信息技术服务标准（ITSS）体系中的服务管控领域标准，该标准根据GB/T 34960.1-2017《信息技术服务治理第1部分：通用要求》中的治理理念，在数据治理领域进行了细化，提出了数据治理的总则、框架，明确了数据治理的顶层设计、数据治理环境、数据治理域及数据治理的过程，可对组织数据治理现状进行评估，指导组织建立数据治理体系，并监督其运行和完善。《数据治理规范》将数据治理划分为顶层设计、数据治理环境、数据治理域和数据治理过程四大部分，如图4-9所示。

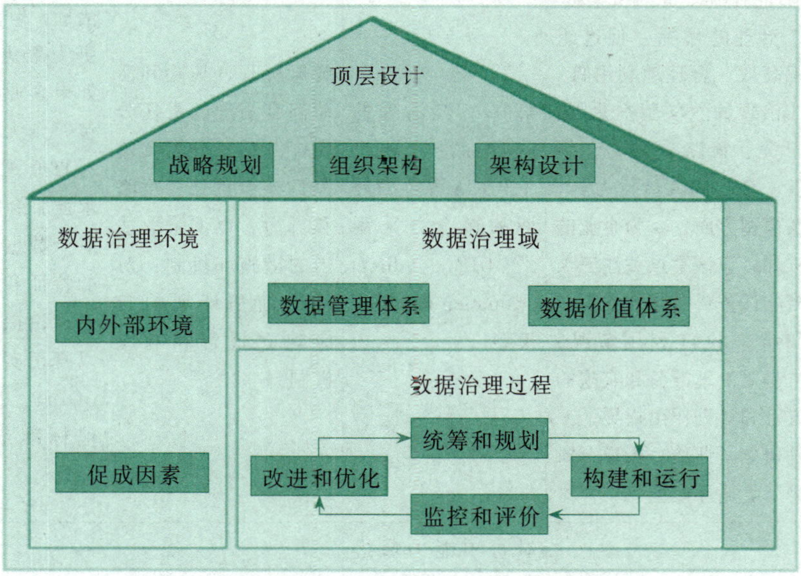

图4-9 GB/T 34960数据治理规范

4.1.5 数据治理体系的比较

目前业界常见的数据治理体系呈现出多样化的特点，其中，DAMA（国际数据管理协会）、ISACA（国际信息系统审计与控制协会）、DGI（国际数据治理研究所）、IBM数据治理委员会等权威机构均构建了自己的数据治理体系，并被不同类型的企业接受和认可。然而值得注意的是，各体系之间存在一定的差异性，表4-1从数据治理体系的构成要素、治理特点、优势与不足四个方面展开了对比分析。

表4-1 数据治理体系的比较

体系名称	构成要素	治理特点	优势	不足
ISO 8000数据质量国际标准	包括规范和管理数据质量活动、数据质量原则、数据质量术语、数据质量特征（标准）和数据质量测试。 数据质量标准由四部分组成： 一般原则：第0~99部分； 主数据质量：第1~199部分； 交易数据质量：第200~299部分； 产品数据质量：第300~399部分	基于国际协议：对于使用哪些数据特征来定义和衡量数据质量得到了业界的广泛认可；适用于各类工业数据，内容包括主数据、交易数据和产品数据	在数字供应链方面能够发挥重要作用，在整个产品或服务的生命周期内可以高质量地交换、分享和存储数据	主要关注数据质量这一数据治理的单一功能
ISO 38500 IT治理国际标准	提出IT治理框架，包括IT治理的目标、原则和模型。 IT治理的目标：促进组织高效、合理地利用IT。 IT治理的六项基本原则：职责、策略、采购、绩效、合规和人员行为。 在模型方面，认为企业的领导者应该重点关注三项核心任务：一是评估现在和将来的IT利用情况；二是对治理准备和实施的方针和计划作出指导；三是建立“评估→指导→监督”的循环模型	第一个IT治理的国际标准；跳出了PDCA等生命周期的概念，采用了DEM（direct evaluation monitor）模型	确保所有IT风险和活动都有明确的责任分配，尤其是分配和监控IT安全责任、策略和行为，以便采取适当的措施和机制，对于当前和计划的IT应建立报告和响应机制	尽管号称适用于数据治理，但针对性不强，更为聚焦于IT治理；如果企业将IT业务外包，则无法把一些针对IT管理者的特殊要求强加给企业管理者；对于数据治理所需要的特征和流程仍停留于理论探讨阶段，难以真正实施，仍需要COBIT、ITIL或者其他标准或框架予以补充
DCMM数据管理能力成熟度评估模型（国家标准）	提炼并定义组织数据管理的八大过程域，即数据战略、数据治理、数据架构、数据标准、数据质量、数据安全、数据应用和数据生命周期	对每项能力域进行了二级过程项和发展等级的划分以及相关功能介绍和评定指标的制定，让企业可以清楚地定义内部数据的水平并以模型为标准予以改进	该标准既适用于信息系统的建设单位、应用单位等进行数据管理时的规划、设计和评估，也可以作为针对信息系统建设状况的指导、监督和检查的依据	仅提出数据管理应具备何种能力，但并未指明如何实现该能力，落地实施效果不明显

续表

体系名称	构成要素	治理特点	优势	不足
GB/T 34960《数据治理规范》（国家标准）	将数据治理划分为顶层设计、数据治理环境、数据治理域和数据治理过程四大部分。数据治理域是数据治理的对象，包括数据管理体系和数据价值体系两个部分。其中，数据管理体系包括数据标准、数据质量、数据安全、元数据和数据生存周期；数据价值体系则涵盖数据流通、数据服务和数据洞察	运用正文与附录相结合的方式，解决了国际数据治理标准不易于落地的难题	提出了完整的数据治理框架，从治理和管理两个层面为组织在实现数据价值的过程中做到运营合规和风险可控提供了方法和思路	尽管指出了数据治理体系应包含的内容与落地实施的路径，但缺乏具体实施办法，在实际操作中仍需大量细化工作
DAMA数据管理知识体系（行业组织）	明确了11个数据管理职能领域，即数据治理、数据架构、数据建模和设计、数据存储和操作、数据安全、数据集成和互操作、文档和内容管理、参考数据和主数据、数据仓库和商业智能、元数据、数据质量，以及目标和原则、组织与文化、工具、活动、角色和职责、交付成果、技术七大环境要素，并在数据管理职能领域和环境要素之间建立了对应关系	以数据管理为主导，以数据治理为核心，解决了数据治理各项功能与环境要素的匹配问题	考虑功能与环境要素对数据的影响，并建立11个数据管理职能领域和七大环境要素的对应关系	数据管理职能领域若全面建设，难度较大且落地效果可能较差； 难以满足未来数据治理，尤其是数据资产管理的要求
数据资产管理实践白皮书（4.0版）（行业组织）	囊括数据标准管理、数据模型管理、元数据管理、主数据管理、数据质量管理、数据安全管理、数据价值管理、数据共享管理等8个管理职能，并涵盖战略规划、组织架构、制度体系、审计制度、培训宣贯等五大保障措施	引入了数据资产价值管理和共享管理等内容，并涵盖了数据资产管理的主要工具	注重数据资产管理方面的国家标准；实践案例丰富，参考性较强	偏重行业实践案例，理论性稍弱；提出的时间较短，企业经验较少

4.2 数据战略

4.2.1 数据战略的定义

数据在过去常被视为IT项目的一个部分，而不是被作为企业的一项资产来对待。在当前的数字经济时代，越来越多的企业管理者以及数据专家呼吁将数据战略作为数据相关活动的基础，可他们并未对数据战略的定义与内涵作出明确的解读。麻省理工学院信息系统研究中心数据委员会（2018）认为，数据战略是一个集中的、综合的概念，阐明数据将如何启动和激发商业战略。DAMA（2017）指出，数据战略应该包括利用信息来获得竞争优势和支持企业目标的商业计划。认为数据战略必须来自对业务战略中固有数据需求的理解，即组织需要什么数据，如何获取数据，如何管理数据，如何确保数据的可靠性，以及如何利用数据。Dalle Mule和Davenport（2018）则将数据战略定义为“用于组织、治理、分析和部署组织信息资产的一致策略，可以跨行业和数据成熟度级别应用”。祝守宇等（2020）提出，数据战略是一个数据管理计划的战略，是保存和提高数据质量、完整性、安全性和存取的计划，并指出，数据战略计划可能还包括利用信息达到竞争优势和支持企业目标的业务计划。数据战略必须来自对业务战略中所固有的数据需求的理解，这些数据需求驱动了组织的数据战略。

结合前文本书认为，数据战略是指制定企业数据资产管理的总体目标和发展路线图，指导企业在各阶段根据路线图中的工作重点开展数据治理和运营工作的商业计划。该战略的实施离不开组织管理体系、技术支撑体系、数据治理活动以及数据运营管理工作的开展。其中，组织管理体系为各项数据资产管理职能活动的开展，搭建良好的政策、组织、资源保障环境，规定各项数据管理具体工作的标准、规范等。技术支撑体系则通过建设数据资产管理平台，为承担数据管理职责的人员提供日常进行各项数据管理工作的技术工具，提高数据管理工作的效率和绩效。数据治理活动的主要目标是持续提高各类数据资产的质量和保证数据使用的安全可控。数据治理活动受组织管理体系中相关资源配置、管理制度规范的约束，数据资产管理平台提供支持这些工作的技术能力。而数据运营管理工作的主要目标是通过管理数据资产的使用和服务，评估数据服务水平和数据资产对企业的效益。

4.2.2 数据战略规划

1）愿景和目标

愿景是制定企业战略的起点，是对企业最终期望达成的状态的描述，包括企业的核心理念和未来展望两个部分，是企业战略的重要组成部分。而目标则是企业愿景的具体化，是对企业经营目的、社会使命的进一步阐释，也是对企业在既定领域开展经营活动所要达到的水平的具体描述，是企业未来较短期间的主要工作方向。企业愿景的实现是其长期战略，目标的实现更倾向于短期战略。从企业数据战略目标的规划设计来看，不仅需要思考其长期效果，也需注重其短期成效。

企业应首先建立数据战略规划的目标，制定数据管理战略；其次，针对所有业务领域，在整个数据治理过程中维护数据管理战略（目标）；再次，基于数据的业务价值和数据管理目标识别利益相关者，分析各项数据管理工作的优先权；最后，制订、监控和评估后续计划，用以指导数据管理规划的实施。

2）数据战略目标层级

企业的数据战略可规划为三个层级，即满足基本管理决策和业务目标，展开创新与转型，定义企业在数字化竞争生态中的角色和地位。这三个层次反映了企业的数据战略在不同阶段、不同成熟度下的三种具体形态。

（1）第一层级——短期目标

该层级主要满足企业基本的管理决策和业务协同。通过解决数据管理中的各类问题，满足企业决策分析和业务协同的需要。该战略目标旨在高效解决企业最迫切的痛点问题。在已有的数字化系统建设实践中，部分企业本已建设了多套业务系统，这些业务系统主要由业务部门驱动建设，而各业务部门在建设过程中有时为了集权管控，坚持业务“个性化”或主体“特殊性”，人为阻断不同业务系统数据之间的内在联系。导致企业数字化建设与系统开发形成各自为政、标准异化、数据失联的混乱状态，落地后的系统又成为新的信息孤岛。可见，高质量的数据资产，无疑是企业数字化转型的基石。

（2）第二层级——中期目标

该层级是企业数据战略的中期目标，即进行创新与转型，依托数据实现企业的管理升级与业务创新，通过数据拓展新业务、构建新业态、探索新模式。此时，数据战略与企业战略相互依存、互相作用，实现IT即业务，让研发、服务的IT技术部门与系统应用、实践的实务企业之间达成共识。对于制造业企业，可以利用数据治理加速管理创新、产品创新及销售模式创新，如通过数据治理加强集团管控、基于市场预测实现创新产品设计与商业化运作等。对于服务业企业，可借助数据挖掘和信息采集技术进行精准的市场定位，分析顾客消费行为和价值取向，探索服务的新模式。随着市场竞争的日益激烈，数据资产的价值将愈加显现。

（3）第三层级——远景目标

该层级将定义企业在数字化竞争生态中的角色和地位，属于企业数据战略的长期目标。数字技术的发展不仅会改变企业的业务形态，也会改变企业的竞争模式。在未来的市场竞争中，数字化将成为影响企业成败的核心因素，而数据战略的制定与实施，则会直接决定企业在市场中的竞争地位，确立其究竟是领导者、挑战者还是淘汰出局者。因而，应高度重视企业数据战略愿景的规划，并将其融入企业价值观与具体实践工作中，在存续的过程中实现企业价值。

4.2.3　数据战略实施

数据战略的实施，是企业完成数据战略规划并逐渐实现数据智能框架的过程，应具备较强的可控性。在实施过程中，应保证能对阶段性数据任务目标的完成情况作出合理评价并进行实时反馈，及时调整不足之处并为下一步工作做好准备。一般而言，企业的数据战略实施工作应包括制定实施策略、选择实施路径及确定实施步骤等内容。

1）制定实施策略

数据战略实施策略是企业数据战略举措的拆解和落地，主要解决怎么做、由谁做、做的条件、成功原因等问题，是数据战略的核心内容。

企业数据战略通常具有涉及业务范围广、系统范围大、参与人员多等特点，且作为数据战略的重要组成，企业的数据治理需要不断迭代、持续优化。因此，解决企业数据治理项目从何处入手、由谁来主导、需要哪些人配合，以及如何保证项目的成功实施并取得效果等问题至关重要。目前大多数失败案例均没有解答好上述问题，存在目标不明确、范围不清晰、主导人员分量不足、参与人员不够积极、过分迷信技术和工具、过度依赖外部资源等问题。对企业来说，应充分考虑如何解决前述问题，将数据资源进行有机整合，以提升数据治理成效。

2）选择实施路径

企业的数据战略实施路径是其落实数据战略目标或指导方针而采取的具有“协调性”的计划安排，重在解决“谁”“在什么时间”“做什么事”“达成什么目标”等具体问题。首先，应对数据战略目标进行拆解，分析各业务活动当前状态和未来状态之间的可能差异。其次，根据需求的紧迫程度，从对业务的影响程度、数据的共享程度、实施的难易程度及预期价值等多维度加以综合分析，并根据分析结果识别最易实施且能为企业带来快速成功的行动计划。与此同时，为保证行动计划的可操作性，企业应进行PDCA闭环管理，并定期复盘，找出不足并予以改进。最后，将数据治理形成规则融入企业文化。

3）确定实施步骤

企业数据战略的实施分为以下六大步骤：

（1）分析数据战略环境

企业制定数据战略时，既要考虑包括国家政策、监管要求、行业趋势、科技发展等在内的宏观环境因素，明确各领域可能发生的变化情况，也需要分析企业自身的数据现状和数据能力，如企业数据治理的成熟度，以及现行的数据治理对业务的支撑程度，更加全面地了解自己，明确企业未来的改进与提升方向。同时，对实施数据战略所需的如人员、经费和基础设施等企业内部相关资源，也需作出相应的评估。数据战略作为企业战略的重要组成部分，在制定前需厘清影响该战略的内外部环境因素。

（2）识别数据战略驱动

企业应明确数据战略的核心理念在于“数据取之于业务，用之于业务”，即企业应基于其业务发展制定数据战略。数据治理的需求源自数据所承载的业务价值，而非技术或者IT驱动。现实中，很多企业的管理层在切身感受到管理过程的痛点、短板后，往往放大了数据技术的作用，却忽视了数据治理等基础工作，即忽视了技术实现需要满足的条件，降低了系统的使用效率。因此，企业应结合自身业务发展战略、信息化战略的要求来识别本企业的数据战略。

（3）设立数据战略目标

作为各部门共同拥有的资源和资产，各业务单元或法人主体不应将数据私有化，应由企业对数据资产进行集中管理、统一治理、按需使用，以实现数据资产的效用最大化。企业制定数据战略要以业务应用为目标，数据管理为手段，在实现数据标准化管理的同时提升数据的应用效率，并确保数据使用的合规性。

当前阶段，很多企业的数据资产管理采用的是分散模式，遵循业务导向原则，由业务部门作为各业务系统建设的责任单元，导致各业务部门坚持按照其分工职责、工作目标、传统习惯等设计业务的应用场景、流程设计和系统需求，埋下了各业务数据分裂的隐患。为此，企业应根据自身的特点，提出“业务数据化”“数据业务化”的数据战略总体目标和阶段目标，实现对不同应用场景的整合管理。

（4）制订数据战略计划

企业在确立了数据战略的总体目标和阶段目标后，应将其按单位、按部门拆解为可评估、可衡量、可操作的具体目标，并制定每个细化目标的实施时点和详细行动计划，确定每个行动计划的起止时间、明确岗位职责权限、明晰行动计划成果。即企业应编制数据战略实施纲要和实施计划，列明为实现各子目标应采取的具体行动措施，以及相应的责任。

具体而言，企业的数据战略实施纲要的主要内容包括：实施数据战略纲要的现状和基础；确立数据战略的指导思想和基本原则；明确数据战略总体目标、具体目标与主要任务；建立配套机制及保障措施。数据战略实施计划的主要内容包括：一是按部门细化数据战略计划，并针对具体时间段制订详尽的行动计划；二是结合数据战略目标的实现日期，确定每个行动步骤的起始时间；三是对各部门进行职责分工，并确定各行动步骤的具体负责人；四是明确各阶段的短期目标。

（5）明确数据战略举措

实施数据战略的具体措施主要包括数据管控体系和技术工具体系。其中，数据管控体系包括数据治理组织、数据标准规范体系、数据管理流程、数据管理制度等；而技术工具体系则涵盖了主数据管理、元数据管理、数据存储与操作、数据集成与互操作等内容。

（6）开展数据战略评估

企业应建立数据战略激励奖惩制度，对各相关部门的数据治理情况进行定性和定量分析，根据绩效考评具体细则对员工予以打分并公布考核结果。通过绩效考核机制的建设，让各部门在数据方面彼此协同，使IT部门与业务部门的工作目标保持一致。在促进数据治理工作有效开展的同时，对数据战略目标进行验证，以发现问题并及时改进，实现数据战略目标的迭代升级。

4.3 元数据管理和主数据管理

元数据管理是对企业涉及的业务元数据、技术元数据、管理元数据进行盘点、集成和管理，按照科学、有效的机制对元数据进行管理，并面向开发人员、最终用户提供元数据服务，以满足用户的业务需求，为企业业务系统和数据分析平台的开发、维护过程提供支持。元数据管理是企业数据治理的基础。

主数据管理则强调对企业的主数据值和标识符予以控制，以确保企业共享主数据资产的统一性、准确性、管理性、语义一致性和问责性，在提供数据源权威的、协调一致的高质量主数据的同时，降低成本和复杂度，实现跨部门、跨系统数据的融合应用。

4.3.1 元数据管理

1）元数据的定义

元数据（metadata）是关于数据的组织、数据域及其关系的信息。简言之，元数据就是描述数据的数据。由于元数据的定义比较抽象，我们举例说明。元数据就像“户口本”，户口本中除了有姓名、出生日期、住址、民族等信息外，还有家庭的血缘关系，如父子关系、兄弟关系等。这些信息就构成了对这个人的详细描述，那这些信息就是描述这个人的元数据。元数据好比“字典”，针对每个字都注音、标注含义、组词、举例等，同时也有关于字体结构、相关引用、出处等信息。另外，我们可以通过拼音、偏旁部首查到这个字。所有的这些信息都是对这个字的详细描述，那么这些信息就是描述这个字的元数据。元数据就如同“地图”，通过这张“地图”能够找到你所处的省、市、区、街道、小区、门牌号。元数据是对数据的结构化描述，使得数据更容易理解、查找、管理和使用。

市场上主流的元数据管理产品主要包含：元数据查询、元模型管理、元数据维护、元数据版本管理、元数据对比分析、元数据适配器、元数据同步管理、元数据生命周期管理等。

元数据是企业数据资源的应用字典和操作指南，元数据管理有利于统一数据口径、标明数据方位、分析数据关系、管理数据变更，为企业级的数据战略规划、数据模型设计、数据标准管理、主数据管理、数据质量管理、数据安全管理以及数据的全生命周期管理提供支持，是企业实现数据自服务、推动企业数据化运营的可行路线。企业以元数据为抓手进行数据治理，可以更好地对数据资产进行管理，厘清数据之间的关系，实现精准高效的分析和决策。

2）元数据的分类

根据数据的性质特点，业内一般将元数据划分为三类：业务元数据、技术元数据和管理元数据。

（1）业务元数据

业务元数据用于描述数据的业务含义、业务规则等。明确业务元数据可以让人们更容易理解和使用数据。业务元数据消除了数据二义性，让人们对数据有一致的认识，避免“各说各话”，进而为数据分析和应用提供支持。常见的业务元数据包括业务定义、业务术语、业务规则、业务指标等。

（2）技术元数据

技术元数据是对数据的结构化描述，方便计算机或数据库之间对数据进行识别、存储、传输和交换。技术元数据可以服务于开发人员，让开发人员对数据的存储、结构更加明确，从而为应用的开发和系统的集成奠定基础。技术元数据也可以服务于业务人员，使他们厘清数据关系，从而能够更快速地找到想要的数据，进而对数据的来源去向进行分析。常见的技术元数据包括存储位置、数据模型、数据库表、字段长度、字段类型、ETL脚本、SQL脚本、接口程序、数据关系等。

（3）管理元数据

管理元数据描述了数据的管理属性，包括管理部门、管理责任人等。明确数据的管理属性，有利于数据管理责任落实到部门和个人，是数据安全管理的基础。常见的管理元数据包括：数据所有者、数据质量定责、数据安全等级等。

3）元数据及其管理的作用

元数据的定义中指出，元数据是描述数据的数据。这一定义过于简单，根据这一定义而归类为元数据的信息范围很广，既包括了技术和业务流程、数据规则和约束，也涵盖了逻辑数据结构与物理数据结构等。如果没有可靠的元数据，企业就难以解答自身拥有什么数据、企业数据源自哪里、企业数据如何在系统中流转、谁被授权使用企业数据及如何使用等重要问题。与此同时，元数据也可助力企业理解其自身的数据、系统和流程，帮助用户评估数据质量，还能在企业处理、维护、集成、保护和治理其他数据时发挥重要作用。

元数据无论是对企业的数据管理还是对数据使用来说，都是不可或缺的组成部分，数字经济时代，企业会产生和使用大量数据，不同层级的人拥有不同层面的数据知识，但关于数据的一切却几乎无人能知。考虑到这些数据的重要性，有必要将这些信息全部记录下来。如果没有元数据，企业可能无法管理数据。

与其他数据一样，元数据也需要管理，元数据管理是获取和管理企业数据的主要方法。企业实施元数据管理，可以实时识别集成数据源或目标内的数据问题和不一致性，并通过增加洞察或修复的时间来提高整体数据质量。企业也可通过元数据管理从各种数据源获取元数据，并将任何数据元素从源映射到目标，并协调跨平台的数据集成，从而加速大数据部署、数据仓库、云迁移等，有效提高生产率和降低成本。由此可见，元数据管理是企业数据治理的前提。

4）元数据管理成熟度评估

在实施元数据管理的过程中，可以参照元数据管理的成熟度模型确定企业当前元数据管理所在的层次，并根据业务需要制定路线图实现元数据管理水平的提升。

元数据管理成熟度评估模型将元数据管理成熟度分为六个阶段，具体如下：

（1）初始状态

元数据分散于日常的业务和职能管理中，由某个人或某一组人员在局部产生或获取，并在局部使用。在局部环境工作数月或数年后，人们使这些元数据以及对它的理解内在化，使对这种信息有习惯性的理解。这些元数据会永远保存在某个人那儿，一旦这个人调离，这些元数据将永远消失。

（2）从属于业务系统

在这个阶段，随着各个业务系统自动化构建完成，相应的元数据也随着需求整理、设计、开发、实施和维护等过程被各个业务系统独立地全部或部分管理起来。业务元数据可能分散在各种业务规章、流程规定、需求、需求分析和概要设计等文档以及业务系统中，技术元数据可能分散在详细设计、模型设计和部署方案等各种文档、各种中间件以及业务系统中。由于各个业务系统处于一个个竖井之中，元数据之间互通互联困难，如果需要获取其他系统的元数据，除了调阅各种文档外，对于分散在各种中间件和业务系统中的技术元数据，需要采用一定的集成方式实现互通互联。

（3）元数据统一存储

元数据依然在局部产生和获取，但会集中到中央存储库进行存储，业务元数据会被手工录入中央存储库，技术元数据分散在文档中的部分也会被手工录入中央存储库，而散落在各个中间件和业务系统中的技术元数据则通过数据集成的方式被读取到中央存储库中。业务元数据和技术元数据之间全部或部分通过手工方式做了关联。中央存储库的构建，使得元数据在整个企业层面可被感知和搜索，极大地方便了企业获取和查找元数据。其缺点是，元数据仍然在各业务系统上维护，然后更新到中央存储库，各业务竖井之间仍然使用不同的命名法，这经常会造成相同的名字代表不同意义的事情，而同一件事情则使用了多个不同的名字，有些没有纳入业务系统管理的元数据则容易缺失。元数据没有有效的权限管理，局部元数据更改后也不会自动通知其他人。

（4）元数据集中管理

元数据的集中管理是在元数据统一存储的基础上做了改进，增强了元数据的集中控制，局部业务单元或开发小组如不事先通知其他人，将无法对元数据进行修改。对局部元数据的修改完成后，应通知其他人。与其他中间件和业务系统的交互通过桥集成的方式进行，中央存储库中的业务元数据和技术元数据之间仍通过手工方式进行映射。

（5）元模型驱动管理

在元数据统一存储的基础上，通过构建元模型，优化各业务单元之间的各种冲突和副本，创建、管理、共享业务词汇表和分类系统。业务词汇表（业务元数据）包含与企业相关的词汇、词汇业务含义以及词汇与信息资产（技术元数据）的关系，可以有效帮助企业用户了解其业务元数据和技术元数据对应的业务含义。分类是基于主题领域的层次结构，用以对业务术语进行归类。与其他中间件和业务系统的交换，通过基于CWM的适配器进行连接。

（6）元数据管理自动化

元数据管理是高度自动化的，当逻辑层次元数据变更时，会被传播到物理层次，同样物理层次变更时逻辑层次将被更新。元数据中的任何变化都将触发业务工作流，以便其他业务系统进行相应的修改。由于各个业务系统遵照相同的业务词汇表和分类系统（元模型），它们之间的关系可以通过知识本体进行推断，因此各个应用系统之间的数据格式的映射自动产生。

4.3.2 主数据管理

1）主数据的概念

事实上，可以从字面意思对主数据进行简单解读，将其理解为企业的主要数据。通常，主数据是能够在整个企业业务流程中起到关键作用，且比较常用的数据。从这一点来看，在核心业务流程上产生的数据基本都是主数据。当然，这样的解释是有偏差的。更为严谨的定义是：主数据是在整个企业中使用的核心、非交易性数据。注意，这里强调的是非交易性数据。例如，企业ERP系统中的诸如订单的日期和编号、地点、金额、商品、用户、供货商、店铺等多种数据信息，其中，产品、供货商、用户、地点等都是主数据，因为这些均为参与核心流程的主体数据，为业务交易和分析提供了上下文信息。

业界关于主数据的定义目前尚未形成统一的表述。《主数据管理实践白皮书（1.0版）》认为主数据（master data，MD）是指满足跨部门业务协同需要的、反映核心业务实体状态属性的组织机构的基础信息，并指出相对交易数据而言，主数据的属性相对稳定，准确度要求更高，识别唯一。《数据管理知识体系 DMBOK1.0》中提出，主数据是关于业务实体的数据，这些实体为业务交易提供关联环境。主数据是关于关键业务实体的权威的、最准确的数据，可用于建立交易数据的关联环境。业务规则通常规定了主数据格式和允许的取值范围。

奇泽姆（Chisholm，2008）的观点与之类似，他认为主数据是以与业务活动相关的通用和抽象概念形式提供业务活动语境的数据，包括业务交易中涉及的内部和外部对象的详细信息（定义和标识符），如客户、产品、雇员、供应商和受控域（代码值）。他的定义既区分了主数据与用来记录交易细节的交易活动数据，也区分了主数据与用来描述交易状态的交易审计数据，还区分了主数据与用来描述其他数据的元数据。大卫·洛辛（David Loshin，2008）则认为，主数据包括交易结构数据和企业结构数据，他将主数据对象描述为组织中不同的应用程序均会使用的核心业务对象，以及与它们相关的元数据、属性、定义、角色、连接和分类等。

2）主数据的特点

结合主数据的定义可以看出，主数据具有如下特点：

（1）共享性。主数据能够实现企业跨部门、跨系统数据共享，也可以在业务协调时提供所需数据。

（2）高价值。由于企业几乎所有部门在发生业务时均需用到一些共性的数据，所以相较一般数据而言，主数据的价值更高。

（3）变化慢。主数据是一种跨部门、跨系统的共享数据，反映企业核心业务实体的基本信息，属性相对稳定。

（4）高质量。主数据的重要性要求其必须保障数据质量、准确性和一致性。

（5）可集成。主数据将各个系统共享的核心实体数据进行集中管理，并制定统一标准规范。

3）主数据管理的重要性

主数据管理（master data management，MDM）是一系列规则、应用和技术，用以协调和管理与企业的核心业务实体相关的系统记录数据。Gartner将主数据管理定义为："一个技术支持的知识领域，在这个过程中业务和技术协同工作，以确保企业官方共享主数据资产的统一性、准确性、管理性、语义一致性和问责性。主数据是由标识符和扩展属性组成的一个一致且统一的集合，它描述了企业的核心实体，包括客户、潜在客户、企业公民、供应商、位置、层次结构和会计科目等。"如本章前文所述，主数据管理只有做到对主数据值和标识符的控制，才能保证在系统间实现对核心业务实体最准确、最及时的数据的一致使用。主数据管理的目标包括确保准确的、最新的值的可用性，同时降低不明确标识符的风险。

主数据管理的关键活动是理解主数据的整合需求，即将企业最核心且继续共享的主数据从各业务系统中整合出来，在此基础上，识别企业主数据的来源，定义和维护数据整合架构及数据匹配规则，根据业务规则和数据质量标准对收集到的主数据进行加工清洗。与各业务部门达成一致后，将标准统一的、准确无误的主数据予以分发。此外，企业应建立主数据创建、变更的流程审批机制，实现各个关联系统与主数据存储库数据同步，以便修改、监控、更新关联系统的主数据变化，满足企业内部对数据的使用需求。

企业通过主数据管理，形成了数据的集中管理，确保了主数据的一致性，以此建立了统一视图，完成数据共享，进而助力数据战略目标的实现。

4.3.3 元数据管理和主数据管理的异同

元数据管理与主数据管理之间既有相似之处，也有较大差异性。对于二者的异同之处，那些寻求更好地利用和管理其广泛数据资产的企业往往难以区分。糟糕的元数据管理会导致企业发生费用并产生损失。如1999年9月23日，美国国家航空航天局（NASA）在前往火星286天后，损失了价值1.25亿美元的火星气候探测器，原因就在于元数据不一致。主数据管理则对于客户获得成功的体验至关重要。《福布斯》记者布莱克·摩根曾说过："端到端的主数据管理帮助客户将营销活动的效率提高30%，提高60%的增销和交叉销售率，并增加20%的忠诚会员支出。"可见，元数据管理和主数据管理可以有效降低成本，提高业务效率。

元数据管理和主数据管理均可以识别企业的主要问题，并依托数据元素跟踪这些问题，以达到预期的结果。然而，尽管二者可能使用相同的数据元素或业务驱动因素来解决问题，但使用的方法却不尽相同。

1）元数据管理和主数据管理的相同点

无论是元数据管理还是主数据管理，均能通过企业的管理活动和业务流程产生相似的结果，如二者均可以提升企业数据质量，完善数据治理，实现法规的遵从性。

（1）提升数据质量

元数据管理有助于企业理解业务术语和用途，提高企业对数据的信心，防止数据过时或不正确的使用。如利用元数据存储库这一元数据管理工具，不仅能提供在集中位置管理元数据的功能，还可提供与其他系统交换元数据的功能，从而显著提升企业的数据质量。主数据管理也能为提高企业数据质量提供平台支持。

（2）完善数据治理

企业需要通过数据治理、实践和流程的集合来控制数据资产。元数据和主数据都包含在公司的数据资产中。对每个数据的良好管理都需要将元数据管理集成到更大的数据治理结构中，并将数据治理落实到主数据管理解决方案中。每一种数据管理策略都保证了公司掌握和操纵数据的能力。

（3）实现法规的遵从性

元数据管理需要创建数据沿袭，以获得组织对数据的准确理解，这样做的好处包括：元数据管理为遵从性生成审计跟踪；主数据管理解决方案提供了关键数据的洞察力和可视性，从而更好地进行根本原因分析，并确保符合规定。

2）元数据管理和主数据管理的差异

元数据管理和主数据管理在多个方面体现出差异性，具体见表4-2。

表4-2　　元数据管理和主数据管理的差异

不同点	元数据管理	三数据管理
定义	对企业涉及的业务元数据、技术元数据、管理元数据进行盘点、集成和管理，按照科学、有效的机制对元数据进行管理，并面向开发人员、最终用户提供元数据服务，以满足用户的业务需求，为企业业务系统和数据分析平台的开发、维护提供支持	对企业的主数据值和标识符予以控制，以确保企业共享主数据资产的统一性、准确性、管理性、语义一致性和问责性，在提供数据源权威的、协调一致的高质量主数据的同时，降低成本和复杂度，实现跨部门、跨系统数据的融合应用
关键事项	元数据捕获和存储、元数据集成和发布、元数据管理和治理	业务部门和IT部门如何协同工作，以确保一致性、准确性、及时性，确认管理职责，以使组织共享主数据资产
工具	元数据存储库	数据整合工具、数据修复工具、操作型数据存储、数据共享中心等
方法与步骤	数据血缘和影响分析、应用于大数据采集的元数据	数据模型管理、数据采集、数据验证、标准化和数据丰富、实体解析、管理和共享
影响后果	1.改善沟通，减少培训成本 2.跟踪数据在不同平台上的变化情况以及变化方式 3.简化数据共享架构，助力IT部门更好地理解业务需求	1.降低交易成本 2.改进系统间的互操作性 3.简化了围绕客户事务的体系结构，改善分析和业务交易体验

4.4　数据库、数据仓库与数据湖

4.4.1　数据库

数据库是“按照数据结构来组织、存储和管理数据的仓库”，是一个长期存储在计算机内的、有组织的、共享的、统一管理的数据集合。

数据库是以一定方式储存在一起、能与多个用户共享、具有尽可能小的冗余度、与应用程序彼此独立的数据集合，可视为电子化的文件柜——存储电子文件的处所，用户可以对文件中的数据进行新增、查询、更新、删除等操作。

4.4.2　数据仓库

1）数据仓库的定义

数据仓库（data warehouse），也称为企业数据仓库，它是一个面向主题的、集成的、相对稳定的、反映历史变化的数据集合存储系统，它将来自不同来源的结构化数据聚合起来，用于业务智能领域的比较和分析。数据仓库是包含多种数据的存储库，并且是高度建模的。

主题是指用户使用数据仓库进行决策时所关心的重点方面，如收入、客户、销售渠道等；面向主题，是指数据仓库内的信息是按主题进行组织的，而不是像业务支撑系统那样是按照业务功能进行组织的。

集成是指数据仓库中的信息不是从各个业务系统中简单抽取出来的，而是经过一系列加工、整理和汇总的过程，因此数据仓库中的信息是关于整个企业的一致的全局信息。

随时间变化是指数据仓库内的信息并不是只反映企业当前的状态，而是记录了从过去某一时点到当前各个阶段的信息。通过这些信息，可以对企业的发展历程和未来趋势作出定量分析和预测。

2）数据仓库的功能

数据仓库系统能实现跨业务条线、跨系统的数据整合，为管理分析和业务决策提供统一的数据支持。数据仓库能够从根本上有助于将公司的运营数据转化成为高价值的可以获取的信息（或知识），并且在恰当的时候通过恰当的方式把恰当的信息传递给恰当的人。

数据仓库的作用主要体现在企业决策、分析、计划和响应几个方面：

（1）决策。从企业数以万计的数据中找出有价值的信息；用于管理和分析人员及时精确地报告。

（2）分析。分析企业盈利的价值链所在；分析企业内部运营的状况和风险；分析企业外部市场变化。

（3）计划。获取和分析计划与实际情况的对比信息；进行预测和趋势分析；预估策略中的潜在变化并感知风险。

（4）响应。监视事件和计量标准；事件溯源与关联分析；制定及时的应对策略。

数据仓库针对实时数据处理和非结构化数据处理的能力较弱，且在业务预警预测等方面的应用有一定限制。

4.4.3 数据湖

1）数据湖的定义

数据湖（data lake）是Pentaho公司CTO James Dixon提出来的一种数据存储理念，即在系统或存储库中以自然格式存储数据的方法。数据湖作为一个集中的存储库，可以在其中存储任意规模的结构化和非结构化数据。在数据湖中，可以存储不需要对其进行结构化的数据，这样就可以运行不同类型的分析。

维基百科中所给出的数据湖的定义是：数据湖是一个存储企业的各种各样原始数据的大型仓库，其中的数据可供存取、处理、分析及传输。数据湖是以其自然格式存储的数据的系统或存储库，通常是对象Blob或文件。数据湖通常是企业所有数据的单一存储，包括源系统数据的原始副本，以及用于报告、可视化、分析和机器学习等任务的转换数据。数据湖包括来自关系数据库（行和列）的结构化数据、半结构化数据（CSV、日志、XML、JSON）、非结构化数据（电子邮件、文档、PDF）和二进制数据（图像、音频、视频）。

2）数据湖的功能

数据湖能够帮助企业实现数据的集中式管理等多种能力；数据湖融合了先进的数据科学、机器学习和人工智能技术，帮助企业构建更加优化的数据运营模型，为企业提供预测分析、推荐模型等能力，这些模型能够刺激企业能力的持续增长，不断赋能于企业增长。数据湖可以从以下方面帮助企业：

（1）实现数据治理；

（2）通过应用机器学习与人工智能技术实现商业智能；

（3）预测分析和模型推荐，例如领域特定的推荐引擎；

（4）信息追踪与一致性保障；

（5）基于历史数据分析生成新的数据维度，挖掘数据深度价值；

（6）提供集中式存储的企业数据中心，并提供基于数据传输优化的数据服务；

（7）协助企业实现灵活的增长决策。

4.4.4 数据库、数据仓库、数据湖之间的关系

1）数据库和数据仓库

一般来说，传统数据库是为存储而生，而数据仓库是为分析而生。

传统数据库包括增删改查，但数据仓库注重查询。传统数据库的主要任务是执行联机事务处理（OLTP），主要负责日常操作；而数据仓库系统在数据分析和决策方面为用户或“知识工人”提供服务，可以以不同的格式组织和提供数据，以便应对不同的需求，这被称作联机分析处理（OLAP）。

数据库和数据仓库的比较见表4-3。

表4-3 数据库和数据仓库的比较

名称	数据库	数据仓库
面向对象	面向顾客的，用户操作员、客户和信息技术人员的事务和查询处理	面向市场的，用于知识工人的数据分析
数据内容	管理当前数据，一般这种数据比较琐碎，很难用于决策	管理大量历史数据，提供汇总和聚集机制，而且在不同的粒度层上存储和管理信息
数据设计	采用实体联系数据模型和面向应用的数据库设计	系统采用星形或雪花模型和面向主题的数据库设计
数据视图	关注一个企业或部门内部的当前数据，不涉及历史数据或不同单位的数据	经常需要跨越数据库模式的不同版本
访问模式	主要由短的原子事务组成，一般需要并发控制箱恢复机制	大部分是只读操作

2）数据仓库和数据湖

相较而言，数据湖是较新的技术，拥有不断演变的架构。数据湖可以存储任何形式（包括结构化和非结构化）和任何格式（包括文本、音频、视频和图像）的原始数据。根据定义，数据湖不会接受数据治理，但专家们都认为良好的数据管理对预防数据湖转

变为数据沼泽不可或缺。

数据湖在数据读取期间创建模式。与数据仓库相比，数据湖缺乏结构性，但更灵活；它们还提供了更高的敏捷性。值得一提的是，数据湖非常适合使用机器学习和深度学习来执行各种任务，比如数据挖掘和数据分析，以及提取非结构化数据等。

数据仓库和数据湖的比较见表4-4，二者的差别很明显，然而在企业中两者的作用是互补的，不应认为数据湖的出现是为了取代数据仓库。

表4-4 数据仓库和数据湖的比较

名称	数据仓库	数据湖
类型	结构化数据，且这些数据必须与数据仓库事先定义的模型吻合	所有类型数据，如结构化数据、半结构化数据、非结构化数据等，数据的类型依赖于数据源系统的原始数据格式
目的	处理结构化数据，将它们或者转换为多维数据，或者转换为报表，以满足后续的高级报表及数据分析需求	非常适合深度分析，包括高级数据分析、机器学习、深度学习等
特点	高性能、可重复性、持续使用	便于探索、创新，灵活性高

4.5 数据中台

数字时代的到来加速了全行业数字化的进程，阿里、腾讯、百度、京东等互联网公司纷纷调整架构，在组织架构中增设“数据中台”，借助大数据能力提升公司的效率。数字经济是当前所有企业在数字化时代都需要考虑的问题，不久的将来它会成为社会经济的新引擎，也会逐步推动产业互联和企业商业生态的数字化转型。

企业数字化可分为数字营销、数字管理、工业大数据三个领域，其中数字营销是最接近消费者、市场受众最广、最容易体现效率和价值的一个领域，是企业数字化转型的重要突破口。而中台是企业数字化转型的基础和保障，它恰好实现了“将数字技术赋能企业商业领域运营，支撑前端业务快速多变和创新，符合数字经济时代的商业运营方式和价值创造路径”这个目标。

4.5.1 数据中台的定义

1）中台

中台就是企业级共享服务平台。企业在传统的信息化建设过程中，不同业务部门基于本部门的业务需求提出相对独立的方案。IT部门为满足这些不同需求，搭建了纷繁复杂且部分功能重复的烟囱式系统，这些系统还需要重复维护，导致企业的重复投资。

中台是一种企业级能力复用平台，具有一种共性能力，支持了多个业务。其核心是“功能复用”，构建“大中台，小前台”来满足业务快速扩展的需求；其主要职责是汇总所有业务数据，协同各个业务单元，提炼业务的共性需求，支撑前、后台业务的快速发展；中台沉淀了大量的用户行为数据（包含内外部用户），为大数据智能算法的新商业模式奠定了基础；作为业务服务的提供方，不需要依赖业务的稳定性，而是需要不断为新业务提供能力支持。

中台为企业带来的最大价值是共享服务，避免重复“造轮子”。无论是什么资源，人、财、物以及IT系统都一样，能够抽象为共享服务的，都将共性的服务抽象到中台，为前台提供服务，赋能前端业务单元。

中台既可以避免重复建设，又可以通过统一的系统来互联互通、相互促进，还可以减少运营成本和人员。有了中台，再去发展相关的前台应用就会变得更加容易。

例如，2008年阿里巴巴旗下的淘宝和淘宝商城（即现今的天猫）是作为两套独立的系统分别建设的，即两套独立的烟囱式系统。但二者的基础业务都是电商交易，因此基本功能是类似的，包括商品、交易、支付、评价、物流、积分、论坛等功能。

2）数据中台

2016年左右，随着互联网的高速发展，业务场景不断增加，数据应用的需求越来越多，为快速响应业务需求，很多企业都不同程度地采用了烟囱式的开发模式，这种烟囱式的开发导致企业不同业务线的数据是割裂的，这就造成了数据的重复加工，导致研发效率低下，数据存储和计算资源浪费，大数据的应用成本越来越高，也带来指标口径不一致的问题。产生这些问题的根源在于数据无法共享，为解决这一问题，2016年，阿里率先提出“数据中台”的口号。

数据中台是DT时代的大背景下，为实现数据快（快速）、准（准确）、省（低成本）赋能业务发展的目标，将企业的数据统一整合起来，基于Onedata方法论借助大数据平台完成数据的统一加工处理，对外提供数据服务的一套机制。例如，如果把数据比喻成新时代的水、电、煤，那么数据中台就是水厂、电厂、煤业公司，煤如果深埋地下，不被挖掘加工，就没法发挥应有价值。所以，建设好基础，数据价值才能最大程度被挖掘。

4.5.2 数据中台的功能

数据中台具备异构数据统一计算、存储的能力，同时让分散杂乱的数据通过规范化的方式管理起来。数据中台借鉴了传统数仓面向主题域的数据组织方式，基于维度建模理论，构建统一的数据公共层和应用层。数据中台依赖于大数据平台完成数据研发全流程，同时增加了数据治理、数据服务化以及数据资产内容。

数据中台的核心是：避免数据的重复加工，通过数据服务化，提高数据的共享能力，赋能数据应用。数据中台的功能体现于：数据中台是企业数字化建设的基础设施；能够提升数据质量；节约企业数据应用成本；健全各部门协作机制。

1）数据中台是企业数字化建设的基础设施

数据中台解决了企业全域数据汇聚的问题，打通以往的数据孤岛，沉淀数据资产，实现数据之间的价值共通，可基于数据中台满足复杂的数据应用场景。

2）数据中台能够提升数据质量

数据中台基于Onedata方法论构建统一的公共层，保证了源头数据的一致性，且实现数据按照统一口径只加工一次，实现全局指标、标签的统一，大大提高了数据质量。

3）数据中台有利于节约企业数据应用成本

基于数据中台的元数据管理的数据血缘，可以实现数据投入产出比（ROI）的评估，及时发现并下线低ROI的数据，也避免了数据重复加工。由此降低数据的研发、存储和计算成本，降低企业数据应用成本。比如，对于一些超过3个月未使用的报表可以做下线处理，也可以评估报表的ROI，对于低ROI的报表做及时下线处理。

4）数据中台有助于健全各部门协作机制

利用系统化的解决方案配合一定的管理机制，可以实现业务人员、数据研发人员、产品经理、数据分析师等角色的高效协同，提升各角色之间的协作效率。

4.5.3 数据中台的建设路径

数据中台体系涵盖整个数据中台解决方案框架，既包含数据技术平台，也包含数据开发、数据模型、数据资产和数据产品应用。通过建设数据中台建立数据资产体系，规模化服务业务，保证数据质量，更大限度地发挥数据价值。

建设方法论是整体规划、分步实施。数据中台是一个经过不断循环、反馈而使系统不断完善的过程，这是区别于系统生命周期法的主要特点。

数据中台的建设需要平台工具的支撑。如大数据分布式计算平台、数据开发套件、数据质量管理工具、数据地图管理工具、数据模型管理工具、API管理工具等。

一整套体系化的数据中台建设路径，包括调研、分析、设计、部署、开发、集成、管理。

（1）调研，包含机会评估和企业评估两项服务。

（2）分析，明确业务需求、业务建模，与现有系统匹配。

（3）设计，设计数据仓库和数据应用技术体系架构，完成详细设计。

（4）部署，基础设施安装或升级。

（5）开发，数据仓库ETL的设计、模型开发和单元测试，数据产品开发。

（6）集成，整体环境测试联调上线。

（7）管理，元数据、数据质量、容量规划、优化性能。

4.5.4 数据中台与业务中台、技术中台的关联

1）业务中台

企业所有能力建设都是服务于前台一线业务的，从这个角度来讲，所有中台应该都可以称为业务中台。但我们所说的业务中台一般是指支持企业线上核心业务的中台。

业务中台承载了企业核心关键业务，是企业的核心业务能力，也是企业数字化转型的重点。业务中台的建设目标是：将可复用的业务能力沉淀到业务中台，实现企业级业务能力复用和各业务板块之间的联通和协同，确保关键业务链路的稳定高效，提升业务创新效能。

业务中台的主要目标是实现企业级业务能力的复用，所以业务中台建设需优先解决业务能力重复建设和复用的问题。通过重构业务模型，将分散在不同渠道和业务场景（例如互联网应用和传统核心应用）重复建设的业务能力，沉淀到企业级中台业务模型，面向企业所有业务场景和领域，实现能力复用和流程融合。

设计业务中台时，我们可以将用户管理、订单管理、商品管理和支付等通用的能力，通过业务领域边界划分和领域建模，沉淀到用户中心、订单中心、商品中心和支付中心等业务中台，然后基于分布式微服务技术体系完成微服务建设，形成企业级解决方案，面向前台应用提供可复用的业务能力。

在技术实现上，中台的系统落地可以采用微服务架构。微服务是目前公认的业务中台技术最佳实现，可以有效提升业务扩展能力，实现业务能力复用。

在业务建模上，中台领域建模可以采用领域驱动设计（DDD）方法，通过划分业务限界上下文边界，构建中台领域模型，根据领域模型完成微服务拆分和设计。

业务中台可以面向前台应用提供基于API接口级的业务服务能力，也可以将领域模型所在的微服务和微前端组合为业务单元，以组件的形式面向前台应用，提供基于微前端的页面级服务能力。

业务中台建设完成后，前台应用就可以联通和组装各个不同中台业务板块，既提供企业级一体化业务能力支撑，又可以提供灵活的场景化销售能力支撑。

2）技术中台

技术中台由不同技术领域的技术组件组成。一般来说，技术中台会有以下几类关键技术领域的组件，如API网关、前端开发框架、微服务开发框架、微服务治理组件、分布式数据库以及分布式架构下诸如复制、同步等数据处理相关的关键技术组件。

（1）API网关

微服务架构一般采用前后端分离设计，前端页面逻辑和后端微服务业务逻辑独立开发、独立部署，通过网关实现前后端集成。

前台应用接入中台微服务的技术组件一般是API网关。

API网关主要包括：鉴权、降级限流、流量分析、负载均衡、服务路由和访问日志等功能。API网关可以帮助用户方便地管理微服务API接口，实现安全的前后端分离，并实现高效的系统集成和精细的服务监控。

（2）开发框架

开发框架主要包括前端开发框架和后端微服务开发框架。基于前、后端开发框架，分别完成前端页面逻辑和后端业务逻辑的开发。

前端开发框架主要面向PC端或者移动端应用，用于构建系统表示层，规范前后端交互，降低前端开发成本。

微服务开发框架用于构建企业级微服务应用，一般具备自动化配置、快速开发、方便调试及部署等特性，提供微服务注册、发现、通信、容错和监控等服务治理基础类库，帮助开发人员快速构建产品级的微服务应用。

开发框架一般都支持代码自动生成、本地调试和依赖管理等功能。

（3）微服务治理组件

微服务治理是在微服务的运行过程中，针对微服务的运行状况采取的动态治理策略，如服务注册、发现、限流、熔断和降级等，以保障微服务能够持续稳定运行。

微服务治理主要应用于微服务运行中的状态监控、微服务运行异常时的治理策略配置等场景，保障微服务在常见异常场景下的自恢复能力。

微服务治理技术组件一般包括服务注册、服务发现、服务通信、配置中心、服务熔断、容错和微服务监控等组件。

常见的微服务治理有Dubbo、Spring Cloud和Service Mesh等技术体系。

（4）分布式数据库

分布式数据库一般都具有较强的数据线性扩展能力，它们大多采用数据多副本机制实现数据库的高可用性，具有可扩展和低成本等技术优势。

分布式数据库一般包括三类：交易型分布式数据库、分析型分布式数据库和交易分析混合型分布式数据库。

交易型分布式数据库用于解决交易型业务的数据库计算能力，它支持数据分库、数据分片、数据多副本，具有高可用的特性，提供统一的运维界面，具备高性能的交易型业务数据处理能力。它主要应用于跨区域部署和高可用需求，支持高并发和高频访问的核心交易类业务场景。

分析型分布式数据库通过横向扩展能力和并行计算能力，提升数据整体计算能力和吞吐量，支持海量数据的分析。它主要应用于大规模结构化数据的统计分析、高性能交互式分析等场景，如数据仓库、数据集市等。

交易分析混合型分布式数据库通过资源隔离、分时和数据多副本等技术手段，基于不同的数据存储、访问性能和容量等需求，使用不同的存储介质和分布式计算引擎，同时满足业务交易和分析需求。它主要应用于数据规模大和访问并发量大，需要解决交易型数据同步到分析型数据库时成本高的问题，需要解决数据库入口统一的问题，需要支持高可用和高扩展性等数据处理业务场景。

（5）数据处理组件

为了提高应用性能和业务承载能力，降低微服务的耦合度，实现分布式架构下的分布式事务等要求，技术中台还有很多数据处理相关的基础技术组件，如分布式缓存、搜索引擎、数据复制、消息中间件和分布式事务等技术组件。

分布式缓存是将高频热点数据集分布于多个内存集群节点，以复制、分发、分区和失效相结合的方式进行维护，解决高并发热点数据访问性能问题，降低后台数据库访问压力，提升系统吞吐能力。典型的开源分布式缓存技术组件有Redis。

搜索引擎主要解决大数据量的快速搜索和分析等问题，将业务、日志类等不同类型的数据加载到搜索引擎，提供可扩展和近实时的搜索能力。

数据复制主要解决数据同步的问题，实现同构、异构数据库间以及跨数据中心的数据复制，满足数据多级存储、交换和整合的需求。它主要应用于基于表或库的业务数据迁移、业务数据向数据仓库复制等数据迁移场景。数据复制技术组件大多采用数据库日志捕获和解析技术，在技术选型时需考虑数据复制技术组件与源端数据库的适配能力。

消息中间件主要适用于数据最终一致性的业务场景，它采用异步化的设计，实现数据同步转异步操作，支持海量异步数据调用，并通过削峰填谷设计提高业务吞吐量和承载能力。它被广泛用于微服务之间的数据异步传输、大数据日志采集和流计算等场景。另外，在领域驱动设计的领域事件驱动模型中，消息中间件是实现领域事件数据最终一致性的非常关键的技术组件，可以实现微服务之间的解耦，满足“高内聚，松耦合”设计原则。典型的开源消息中间件有Kafka等。

分布式事务主要解决分布式架构下事务一致性的问题。单体应用被拆分成微服务后，原来单体应用大量的内部调用会变成跨微服务访问，业务调用链路中任意一个节点出现问题，都可能造成数据不一致。分布式事务是基于分布式事务模型，保证跨数据库或跨微服务调用场景下的数据的一致性。

分布式事务虽然可以实时保证数据的一致性，但过多的分布式事务设计会导致系统性能下降，因此微服务在设计时应优先采用基于消息中间件的最终数据一致性机制，尽量避免使用分布式事务。

3）三者的关联

数据中台与业务中台相辅相成，共同支持前台一线业务。数据中台除了拥有传统数据平台的统计分析和决策支持功能外，会更多聚焦于为前台一线交易类业务提供智能化的数据服务，支持企业流程智能化、运营智能化和商业模式创新，实现“业务数据化”和“数据业务化”。

业务中台落地时需要有很多的技术组件支撑，这些不同技术领域的技术组件就组成了技术中台。业务中台大多采用微服务架构，以保障系统高可用性，有效应对高频海量业务访问场景，所以技术中台会有比较多的微服务相关的技术组件。

技术中台是业务中台建设的关键技术基础。在中台建设过程中，可以根据业务需要不断更新和吸纳新的技术组件，也可以考虑将一些不具有明显业务含义的通用组件（如认证等），经过抽象和标准化设计后纳入技术中台统一管理。为了保证业务中台的高性能和稳定性，在技术组件选型时一定要遵循尽可能选用成熟的技术组件的原则。

4.6 大数据分析

4.6.1 大数据的概念与特征

1）大数据概念界定

自20世纪90年代大数据的概念被提出以来，关于它的定义一直众说纷纭，目前学术界尚未达成一致。最初，大数据被称为海量数据，使其成为一个热门学术研究方向的，是*Nature*和*Sciences*分别在2008年和2011年推出的有关大数据的系列文章。2012年，Viktor Mayer-chönberger撰写的*The Era of Big Data*一文进一步推动了社会各领域对大数据的热门讨论。此后，大数据及其相关研究被广泛关注。

最早展开大数据研究的麦肯锡公司将其定义为一个极大的数据集合，指出它具有数据规模海量、数据流转快速、数据类型多样、价值密度低四大主要特征。大数据研究机构Gartner（2012）认为大数据是海量的、高增长率和高多样性的信息资产，需要通过一系列全新的处理模式才能挖掘出这种信息资产蕴藏着的更强大的决策力、洞察力以及流程优化能力。Wiki则认为，大数据是在一定时间限制内，无法利用现有的主流工具获取、整合并管理的，规模巨大的，同时对企业决策管理具有积极意义的资讯。因此，从狭义的数据规模角度出发，大数据包含的数据规模远超传统体量计量范围，难以采用传统方式进行采集、存储、管理与分析。美国国家科学基金会进一步从技术角度对大数据加以界定，认为大数据是通过科学传感仪器、电子邮件、互联网交易、音频视频软件、网络点击量等众多数据源产生的多元化的、大规模的、复杂的、持续的分布式数据集合。IDC认为大数据并不是一个新生事物，它是跨越众多IT边界的动态活动的总和。工信部认为，大数据是一种新资源、新技术和新应用的大融合。从资源层面看，是体量巨大、结构多样并且时效性极强的数据；从技术层面看，必须有全新的智能化算法和计算架构才能满足大数据处理的要求；从应用层面看，辅助决策、发现新知识以及业务流程优化是关于大数据使用的最新理念。可见，从更为广泛的角度看，大数据及其研究代表着一个信息时代，是一种思维方式的转变和新技术潮流。

2）大数据的特征

尽管学术界并未对大数据的定义形成统一观点，但是由Gartner公司提出的大数据“3V”特征却得到广泛认可，指出大数据具备数据量大（volume）、数据更新快（velocity）和数据类型多样（variety）等表现特征。其中，数据量大指的是数据的采集、存储及计算的量大，大数据通常拥有上千个实体或数十亿个记录中的元素，其数量级远超现存记载在纸质材料中的信息量，往往采用PB作为计量单位。数据更新快是指数据被捕获、生成或共享的速度快，因而对数据的处理也要够快，才能满足一定的时效性。目前很多准实时的大数据框架就专门用于处理这些流式数据。数据类型多样体现在不仅数据种类繁多，且数据的来源也多样，因而大数据需要多种格式的存储。如最常见的各类文本信息，包括图片、音视频、地理位置信息等多种类型的数据，这就对大数据技术提出了要求，要求应具备较强的适应性，能够识别各个数据类型。

考虑到大数据的本质特征是洞察数据所具有的价值，虽然每天产生的数据量级难以计数，然而真正有价值的数据却并不多，大数据技术要解决的问题之一就是结合业务逻辑通过各类机器算法去挖掘有价值的信息，因此，Gartner后续又补充了价值密度低（value）作为大数据的第四个特征，从而形成大数据的“4V”特征。IBM则认为大数据为决策建立了信任机制，它在“3V”特征之外还体现出了准确性低（veracity）的特征，即数据本身的可信赖程度不高，在海量数据中，隐藏着一些并非实际存在的、虚假的数据，需要运用大数据技术去识别和筛选。此外，随着越来越多的组织开始深挖大数据的潜力，对其特征的认识也更加丰富，他们在“3V”特征基础上进行扩展，提出大数据还具备数据黏度大（viscosity）、数据波动性强（volatility）等特征。

总体而言，大数据带来了一种新的思维方式，已经形成了相对独立的知识系统，其核心就在于“大”、“新”、“杂”和“快”，大数据不仅数据量巨大，数据类型丰富，而且涉及的领域广泛；无论是研究大数据的工具和方法还是大数据发挥功能的领域都有别于传统，有极强的创新性；同时，不同领域的信息、不同类型的数据相互交融，导致大数据具有复杂性；无论是大数据的信息本身还是大数据的处理技术都有很强的时变性，变化速度极快。大数据是数据技术发展到一定阶段的新产物，并推动着传统数据分析技术向大数据分析技术发展演变。

4.6.2 大数据分析的方法

关于大数据分析的定义，不同的组织从各自视角作出界定。IBM认为，大数据分析是使用先进的分析技术针对大量不同的数据集进行的分析，这些数据集不仅来源不同，而且种类也不同，其体量从TB到ZB不等。SAS则将大数据分析定义为：“检查巨大的、分散的数据集，以识别其模式、趋势、相关性及其他信息，从而使具有洞察力的组织进行更好的决策。”

究其本质，大数据分析就是当数据的性质、大小与形态等发生变化，导致传统的数据分析工具可能无法实现时的一种新型解决方案，是一种新的思维方式。与传统数据分析相比，大数据分析发生了三个主要变化：一是数据分析的对象是所有相关数据，不再是仅针对基于采样样本得到的数据加以分析；二是不再一味追求统一标准的数据集，转而接受数据的多样性和不确定性；三是大数据分析充分关注数据之间的相关关系，而不再仅仅局限于追求数据之间的因果关系。由此可见，大数据分析反映了思维方式的转变，体现出整体优于局部，多样性高过单一性，以及数据关系从因果到相关的变化。

企业进行大数据分析要首先明确自身的大数据战略及业务需求，然后基于问题驱动来选择、获取和接收数据源。在此基础上，找出数据元素和数据集内部以及二者之间的相关性和趋势，并构建相应的分析模型，借助如操纵和分析平台、工具及算法等辅助工具来验证分析模型，最终形成分析结果。企业大数据分析的目标通常源自实际对数据的应用需求，需要结合适用的算法，利用高效处理平台的有效支持来挖掘能够量化、合理的、有价值的信息。没有任何一种算法或模式能够适用于所有的应用场景，也没有任何一种技术可以涵盖大数据分析的全部内容。因此，大数据分析依赖于多种技术的共同支持，从而实现数据价值的最大化。一般而言，大数据分析的方法主要包括如下五个方面：

（1）数据和数据管理质量。数据和数据管理质量的高低直接决定了大数据分析结果的有效与否。大数据分析结果的基础必须建立在科学研究和实践中高质量且有效管理的数据的基础之上。

（2）数据挖掘。数据挖掘是大数据分析的核心，它作为一种特殊的分析方法，使用各种算法揭示数据中的规律。大数据分析常借助于数据挖掘的方法论，并结合数据挖掘和机器学习算法深入探究数据内部，从而更快速地解决大数据处理问题，充分挖掘对企业有利的信息。

（3）预测分析。预测分析是对数据元素构建模型，并通过概率估算来预测未来结果，也就是从大量原始数据中挖掘隐含的信息以及关联关系，并在此基础上建立预测模型。

（4）分布式执行引擎。分布式执行引擎可以不同格式存储大量数据。随着数据量和数据种类的不断增加，分布式执行引擎已成为企业开展业务的重要技术。基于分布式平台来托管数据，并通过商用硬件集群来部署、运行数据计算应用软件，可以快速处理大数据并实现价值获取。

（5）数据可视化。数据可视化主要通过图表或图形来帮助理解基础数据，一直是数据分析的关键。可视化分析兼顾了大数据分析专业人员和普通用户的最基本需求，并能助力用户探索数据背后存在的复杂联系。

4.6.3 大数据分析的一般流程

大数据分析流程通常可以分为数据采集、数据处理和集成、数据分析、数据显示四个运行阶段，且每个运行阶段均有不同的要求，具体如图4-10所示。

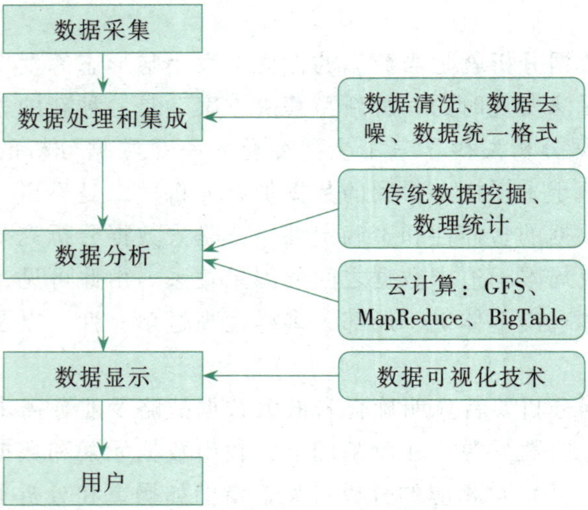

图4-10 大数据分析流程图

1）数据采集阶段

在这一阶段，需要对数据各个端口的信息进行全面采集，并实现数据的预处理，从而为后续的数据计算与数据分析提供可靠统一的数据格式。随后，按照既定算法对数据进行计算分析，最后利用可视化手段将数据分析结果传送至用户端。

随着互联网技术的迅猛发展和广泛应用，数据的来源日益庞杂且种类更为多样，这使得数据的生产环节不断增加，也导致产出的数据量大幅提升，并且数据之间的关联性不仅日趋紧密，也更加复杂，因此，对数据采集精度和采集速度提出了更高要求。显然，传统的数据处理技术已难以应对海量数据带来的挑战，企业应全面整合数据处理流程，探索更加有效的优化处理技术，如采用系统日志采集、网络数据采集、数据库采集等方法，以便在最短的时间内对纷繁复杂的海量数据进行快速的简化处理，从而提高数据整合、处理和利用的水平，更好地为用户提供数据服务，实现数据资源利用价值和服务效能的提升。

2）数据处理和集成阶段

在数据处理和集成阶段，应采用统一的数据结构，对前一阶段采集到的各类原始数据通过数据清洗、数据去噪以及数据格式转化等方式进行预处理。由于进入该阶段的数据类型多样，并且夹杂很多无效数据，因而，企业需要结合自身需求，通过设计过滤器等方式去除无效数据，并对保留下来的有效数据进行统一的格式转化，以便进行后续的数据分析。

3）数据分析阶段

数据分析阶段需要对完成采集和预处理后的数据信息进行深度挖掘和分析。在该阶段，企业应根据其数据应用需求以及价值功能方向，采用数据挖掘工具或数据仓库工具等，展开数据的集中处理和分析。实际应用中，很多大数据分析服务商可以提供专业的服务软件和支撑产品，借助这些分析软件可以对数据展开全面、深入分析，以提高分析效率和精度。

4）数据显示阶段

数据显示主要是对可视化技术的应用。随着数据量的大幅提升，传统的数据显示或展现模式已无法满足数据分析结果输出的要求，在此情形下，企业可采用数据可视化技术，为数据解释和直观展现提供技术支持，向终端用户直观形象地展示数据分析的结果，以此提高数据的深度利用价值。

本章小结

会计实现智能化的四大基础之一就是数据基础。所以，本章重点介绍会计智能化的数据基础，通过介绍数据治理的概念、架构、内容和发展趋势，数据战略的定义、规划、实施，数据库、数据仓库与数据湖的定义、功能以及三者之间的关系，元数据的定义、分类、核心能力、价值以及管理成熟度评估，数据中台的定义、功能、建设路径以及与业务中台、技术中台的关联，以及大数据分析的一般流程等内容，促进会计智能化转型。

复习思考

1.数据治理的架构包含哪些要素？

2.企业数据战略目标大致可以分为哪几层？具体是什么？

3.数据库、数据仓库和数据湖三者间的关系是什么？

4.如何运用元数据管理成熟度评估模型评估元数据管理成熟度？

5.数据中台与业务中台、技术中台之间有什么关联？

6.大数据分析的基本方法和流程是什么？

课后作业

名词解释

1.数据治理；2.数据战略；3.数据库；4.数据仓库；5.数据湖；6.元数据；7.数据中台；8.业务中台；9.技术中台；10.大数据分析。

简答题

1.数据管理协会指出数据治理具有哪些职能？

2.数据治理的内容是什么？

3.数据治理的发展趋势是什么？

4.数据战略规划的基本原则有哪些？

5.数据战略实施的步骤有哪些？

6.数据战略实施的难点有哪些？

7.数据仓库和数据湖的功能分别是什么？

8.元数据分为哪几类？其核心能力和价值分别是什么？

9.数据中台的定义及功能是什么？

10.数据中台的建设路径包括哪些？

11.大数据的特征是什么？

12.大数据分析的流程有哪些？

✓论述题

如何理解数据治理在企业数字化转型中的重要作用？如何通过数据治理促进业财融合？

参考文献与推荐阅读

[1] 陈虎，郭奕．财务数字基建 赋能企业转型［J］．财会月刊，2020（13）：15-21.

[2] 波梅兰茨．元数据：用数据的数据管理你的世界［M］．李梁，译．北京：中信出版社，2017.

[3] 梅宏．数据治理之论［M］．北京：中国人民大学出版社，2020.

[4] DAMA国际．DAMA数据管理知识体系指南［M］．DAMA中国分会翻译组，译．北京：机械工业出版社，2020.

[5] 王雨娃，司莉．“一带一路”沿线多语种、共享型经济管理数据库元数据标准体系建设研究［J］．图书馆学研究，2021（3）：44-53.

[6] 杨进．基于数据中台和GIS的可视化固定资产管理模式探析［J］．财务与会计，2021（3）：70-72.

[7] 张敏．企业财务智能化：要素·路径·阶段［J］．财会月刊，2020（17）：7-11.

[8] 张庆龙．以数字中台驱动财务共享服务数字化转型［J］．财会月刊，2020（19）：32-38.

[9] 张旭，戴丽，闫赛华，等．数据中台架构：企业数据化最佳实践［M］．北京：电子工业出版社，2020.

[10] 郑天娇，王刚，周振，等．中台战略思想下的财务信息化体系探析［J］．会计之友，2021（2）：123-127.

[11] 祝守宇，蔡春久，等．数据治理：工业企业数字化转型之道［M］．北京：电子工业出版社，2020.

[12] 陆雄文．管理学大辞典［M］．上海：上海辞书出版社，2013.

[13] 管理科学技术名词审定委员会．管理科学技术名词［M］．北京：科学出版社，2016.

[14] 中国信息通信研究院云计算与大数据研究所，CCSA TC601 大数据技术标准推进委员会．数据资产管理实践白皮书（4.0版）［R］．北京：中国信息通信研究院云计算与大数据研究所，CCSA TC601 大数据技术标准推进委员会，2019.

[15] 清风和月明．【数据治理】数据元、元数据、主数据、参考数据概述［EB/OL］．［2022-05-18］．https：//blog.csdn.net/qq_41116027/article/details/124392461.

[16] 晓晓．一文看透元数据和主数据本质|谈谈元数据管理和主数据管理的区别［EB/OL］．［2021-04-05］．https：//mp.weixin.qq.com/s/WL2FDvBBpyKRLSNOSfDSjw.

［17］BEYER M A，LANEY D.The importance of ‘big data’：A definition［J］. Stamford，CT：Gartner，2012：2014-2018.

［18］陈恩红，于剑. 大数据分析专刊前言［J］. 软件学报，2014，25（9）：1887-1888.

［19］舍恩伯格，库克耶. 大数据时代——生活、工作与思维的大变革［M］. 盛杨燕，周涛，译. 杭州：浙江人民出版社，2022.

［20］大数据战略重点实验室. 大数据概念与发展［J］. 中国科技术语，2017，19（4）：43-50.

［21］黄欣荣. 从复杂性科学到大数据技术［J］. 长沙理工大学学报（社会科学版），2014，29（2）：5-9.

［22］董春雨，薛永红. 数据密集型、大数据与“第四范式”［J］. 自然辩证法研究，2017，33（5）：74-80；86.

［23］徐计，王国胤，于洪. 基于粒计算的大数据处理［J］. 计算机学报，2015（8）：1497-1517.

［24］HEY T，TANSLEY S，TOLLE K .The fourth paradigm：Data-intensive scientific discovery［J］. Proceedings Of The IEEE，2009，99（8）：1334-1337.

［25］李渊. 大数据时代强化税源管理的思考［J］. 经济论坛，2016（3）：123-128.

［26］陶然. 基于Hadoop的网络大规模流量分析系统的性能分析与评估［D］. 北京：北京邮电大学，2016.

［27］IBM.What is big data?［EB/OL］［2012-10-02］. http：//www-01.ibm.com/software/data/bigdata/what-is-big-data.html.

［28］安小米，郭明军，魏玮，等. 大数据治理体系：核心概念、动议及其实现路径分析［J］. 情报资料工作，2018（1）：6-11.

［29］WU XINDONG，ZHU XINGQUAN，WU GONGQING，et al.Data mining with big data［J］. IEEE Transactions on Knowledge & Data Engineering，2014，26（1）：97-107.

［30］熊俊. 基于云计算的大数据分析流程优化路径研究［J］. 电脑知识与技术，2019，15（8）：181-182；185.

［31］朱培佩. 基于云计算的大数据分析优化技术研究［J］. 现代信息科技，2019，3（14）：69-70；73.

第5章 会计智能化的管理基础

文化自信，是更基础、更广泛、更深厚的自信，是更基本、更深沉、更持久的力量。

——习近平

《坚定文化自信，建设社会主义文化强国》(《求是》，2019年第12期)

坚定中国特色社会主义道路自信、理论自信、制度自信，说到底是要坚定文化自信。

——习近平

《坚定文化自信，建设社会主义文化强国》(《求是》，2019年第12期)

学习目标

1.了解会计智能化管理伦理的概念及建设；
2.理解会计智能化的战略规划；
3.理解会计智能化的制度体系构建；
4.理解会计智能化的组织结构设计；
5.熟悉会计智能化的管理流程及其设计。

重点难点

1.会计智能化战略环境分析、战略目标设定和战略实施；
2.会计智能化初始期和运营期的制度安排及后续的制度改进；
3.会计智能化的组织结构设计的原则及一般程序；
4.会计智能化的管理流程设计整体要求、思路及实施。

思维导图

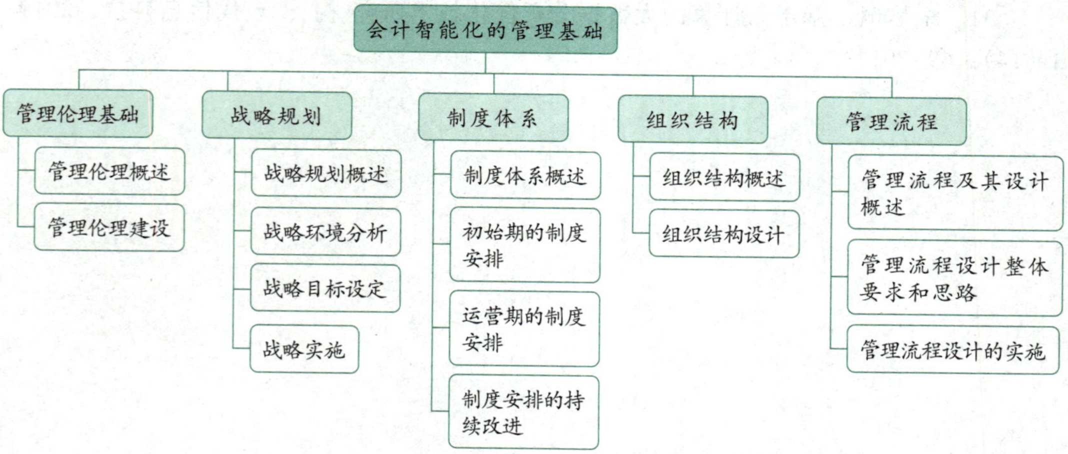

课程思政要点

序号	教学单元	课程思政要点
1	5.1　会计智能化的管理伦理基础	诚实守信和职业道德；价值塑造（社会主义核心价值观）；实事求是的精神；科学思维和系统思维
2	5.2　会计智能化的战略规划	历史唯物观；科学技术是第一生产力；习近平总书记关于“数字化”的论述；党的十九大关于“推动互联网、大数据、人工智能和实体经济深度融合”的论述；十九届五中全会和“十四五”规划关于“加快数字化发展”的论述；新阶段、新理念、新格局
3	5.3　会计智能化的制度体系	四个自信（道路自信、理论自信、制度自信、文化自信）；科学思维和系统思维；实事求是的精神
4	5.4　会计智能化的组织结构	科学思维和系统思维；团结合作，精益求精；奉献精神
5	5.5　会计智能化的管理流程	马克思主义思想方法和工作方法；实事求是的精神；科学思维和系统思维

注：本表关于课程思政要点为建议内容，授课教师可根据实际情况进行必要的调整。

导入案例

2020年9月，国务院国有资产监督管理委员会印发《关于加快推进国有企业数字化转型工作的通知》，为下一步国有企业数字化转型提出了具体的工作要求和具体路径。会计与财务组织的管理实践如何实现智能化转型，不仅是在会计智能化转型过程中极为重要的一环，更是决定企业数字化转型成败的重要工作。

面对转型的诸多挑战，作为典型的国有企业，中国烟草总公司云南省公司对会计智能化转型中的相关管理问题作出了许多富有成效的实践探索。例如，会计智能化转型过程，定会涉及会计与财务岗位编制和人员变动等问题。中国烟草总公司云南省公司整体采用“属地管理、中心兼职”的组织管理方式调集下属单位的优秀会计人才，借助智能财务共享平台采用“远程办公、虚拟共享”的业务运行方式，开展智能财务中心和智能财务分中心的日常运营管理工作。这样一来，不仅解决了岗位编制和人员调整受限问题，而且优化了整个公司内部的会计与财务人力资源配置，从而实现了横向到边、纵向到底的矩阵式会计与财务管理方式，对智能会计与财务人才培养和会计与财务人员管理转型都起到显著推动作用。

5.1 会计智能化的管理伦理基础

5.1.1 会计智能化管理伦理概述

1）伦理与管理伦理的概念

根据英国剑桥大学哲学词典，“伦理”（Ethics）狭义上常被用来表示某一特定传统、群体或个人的道德原则。根据许慎《说文解字》的解释，“伦，从人、辈也，明道也理，从立，治立也”。“伦”即是区分人的辈分、长幼，以及由此形成的相互之间的规范和秩序；“理”，原意是玉石的纹理，意指事物内在的“纹理”，也就是事物的基本规律。因此，伦理包括两层含义：一是事物之间相互作用的秩序和规范，即为“伦”；二是事物本身内在的规律、规则，即为“理”。二者合一，即为“伦理”，就是事物在交互过程中根据各自特征而形成的一种规范和准则，也就是指人类社会中人与人之间以及人与社会、国家、自然生态等的关系和行为的秩序规范。而当伦理与管理相互碰撞时，也就有了管理伦理。管理伦理，简单说就是企业在全部组织活动中应遵守的伦理规范。

2）人工智能的伦理问题

人工智能的伦理哲学问题正成为当前人们关注的焦点。人工智能伦理问题与人类等利益相关者有关，也与机器的伦理地位有关。目前，人工智能的主体地位、伦理责任以及人机关系是人工智能伦理问题的主要三大问题。

首先，人工智能是否具有伦理主体地位，是人工智能伦理问题的核心问题。如果人工智能拥有了人类情感、自由意志，那么人工智能是否更像人而非是机器？人工智能是否也会产生不良情绪和不受控状态？是否在这些状态下对相关群体、组织、社会，甚至整个人类造成伤害？这些都是人工智能产品成为伦理主体所面临的重要道德问题。

其次，有关伦理责任，目前绝大多数人不认可人工智能产品拥有和人类同样的权利，其主要用途应当是服务人类，帮助人类完成一些危险的、重复的工作。然而，有些问题仍然不可回避，例如人工智能是否应当承担相应的责任与义务？人工智能产品的设计者是否应当承担连带责任？滥用人工智能产品应当受到什么样的惩罚？这些都是亟待解决的伦理问题。

最后，有关人机关系，则是人工智能日益渗透人类社会各方面的现实问题。人类社会的多元文化价值是否也应映射到人工智能，即人工智能产品或技术是否也应当遵从人类道德规范？同时，人工智能是否也会反过来影响人类社会的伦理原则？

3）会计智能化管理伦理的概念

企业是有着自身的组织结构、职能关系等的独立主体，而伦理道德是维系各种关系和组织结构的必要因素，因此企业活动的所有层面都与伦理道德相关。而会计智能化所要求的会计职能的智能化转型，也势必受到伦理道德的影响和制约。一方面，企业作出会计智能化项目的每一步行动时，都要自觉地考虑是否符合伦理道德；另一方面，伦理也可看作一种特殊的管理方式，它决定了会计智能化转型的主体受制约的道德。因此，会计智能化的管理伦理就是企业在进行会计智能化转型时用伦理来反映和调节各种关系的价值观念和行为规范。它既是开展会计智能化项目的规则，又是协调项目进展过程中的各种关系之间的义与利、利己与利他、权利与义务的行为规范。

4）会计智能化管理伦理的困惑

（1）会计智能化的技术伦理困境

众所周知，大数据、区块链、云计算等智能技术的发展深刻地影响着当今社会，而会计智能化的转型也是在这些技术发展的基础上开展的。但人工智能技术的应用除了带给人们极大的便利，也会隐藏一些风险。例如，企业在使用这些智能技术对会计系统进行智能化改造的同时，这些技术反过来也可能被他人利用，窃取或者修改企业的重要财务信息与情报等。因此，在人工智能技术与企业会计职能深度融合的过程中，必须考虑更深层的伦理问题，从而使会计智能化技术的发展与设计初衷相符。

（2）会计智能化的设计伦理困惑

会计智能化的转型应当更好地服务于会计与财务领域，而不是让会计人员受制于智能化的进步。会计智能化下的企业会计信息系统、会计智能化产品（如财务机器人）等在提供服务的过程中不应存在价值偏见。然而，会计智能化的系统和产品并不能像人类一样自觉抑制这种偏见或歧视，反而可能放大这些偏见，这就要求设计人员设计出符合人类社会道德规范的系统和产品；否则，企业开发的会计智能化系统或者产品只能加剧商业伦理困境，并对会计智能化转型产生严重的负面影响。

（3）会计智能化的社会伦理困惑

随着会计领域的智能化程度越来越高，新的问题也摆在了人们面前：智能会计是否还会产生传统会计贪污、贿赂、做假账等伦理道德缺失的破坏行为？是否利用会计智能化来辅助企业的经营管理决策？如果失误了应该由谁来承担责任？会计智能化转型过程是否会导致大量基层财会人员失业？如何合理地处置这些失业人员？这些问题表明企业在利用智能技术对会计职能进行智能化改造的同时，应加强在会计智能化转型过程中各方面的社会伦理研究。

5.1.2　会计智能化管理伦理建设

会计智能化的管理伦理是传统会计伦理和智能化技术发展的伦理相结合的产物，是企业在进行会计智能化转型时应当遵守的隐形规范。对会计智能化进行伦理建设有助于减少在转型过程中的不道德行为发生，同时为企业其他职能领域的伦理管理建设提供参考借鉴。会计智能化伦理建设主要分为两个层面，即组织层面和个人层面。

1）组织层面的会计智能化管理伦理建设

会计智能化组织层面的伦理建设主要是建立相应的伦理监督体系，即运用伦理原则来观察、描述和记录会计智能化转型主体的行为，为判断开展会计智能化项目中的具体行动是否符合伦理提供客观依据。具体包括：设立会计智能化伦理委员会、建立会计智能化管理伦理评价与报告体系、企业的会计与财务管理活动融入伦理原则三个部分。

（1）设立会计智能化伦理委员会

企业可以在会计智能化项目的组织结构中单独设立伦理委员会，促进伦理道德这种“软”约束向“硬”约束转变。会计智能化伦理委员会主要负责制定企业会计智能化转型的伦理规则、监督规则的执行等工作，引导项目参与成员关注“会计智能化的目标是什么”“开展会计智能化工作的伦理准则是什么”“在这个过程中我们应该承担怎样的社会责任”等伦理问题。

（2）建立会计智能化管理伦理评价与报告体系

对会计智能化伦理的培养仅限于自律、指导是远远不够的，还必须通过可行的量化标准来加以衡量。因此，可以利用一些伦理指标在一定程度上评价企业在会计智能化项目中的伦理建设程度，促进会计智能化伦理的培育与完善。另外，还可以通过伦理报告的形式，加强企业自我监督和自我约束。

（3）企业的会计与财务管理活动融入伦理原则

对会计智能化伦理的培育有助于企业解决相应的伦理道德问题，提高企业经营管理水平。可以在企业的会计与财务管理活动过程中融入伦理要求，实现智能会计工作的伦理化。通过管理流程与伦理要求的整合，实现流程控制与伦理监督相结合，共同构建会计智能化的重要伦理基础。

2）个人层面的会计智能化伦理建设

个人层面的会计智能化伦理建设主要是对会计智能化项目的直接参与者——企业的会计人员进行相应的伦理建设，主要包括对会计人员关于会计智能化伦理的思辨能力提升、规范会计智能化下的会计人员专业道德行为。前者是对会计人员“软实力”进行提高，后者是对会计人员的具体行为作出规范和要求，是“硬性”指标。这两种方法能有效提高会计人员在会计智能化进程中的伦理道德，从而推动整个会计智能化伦理的培育与完善。

一是提升会计智能化下的会计人员伦理思辨能力。

培育和完善会计智能化伦理首先要提高财会计人员的思辨能力，以使其能够更合理地把握自己的行为。之所以在会计智能化的伦理建设中强调会计人员的思辨能力，是因为会计智能化是对传统会计的一次范围巨大、影响深远的变革，在转型过程中对会计从业人员提出了诸多的新要求、挑战。会计人员在这些变化中可能会感到茫然、无所适从。因此，必须提高会计人员的思辨能力，建立完整的会计智能化的价值判断系统，从而更好地应对会计智能化转型的各种变化。

二是规范会计智能化下的会计人员专业道德行为。

（1）会计人员专业胜任能力规范

会计人员具备并保持这种专业胜任能力是建设个人层面的会计智能化伦理的重要条件。这种专业胜任能力不仅要求会计人员具备传统会计模式下的相关专业知识、专业技能和工作经验，而且要求其具备在会计智能化转型过程中应当掌握的知识技能，如人工智能技术的使用和维护、智能化会计信息系统的管理和操作、人工智能技术和会计智能化发展的现状以及相应的法规政策等。在智能化时代，企业对不具备专业胜任能力的会计人员应进行专门培训或再教育，以使其获取专业胜任能力，并通过继续教育等形式使其保持专业胜任能力、熟悉会计信息系统管理与操作、人工智能管理以及相关领域的最新发展，使其将专业胜任能力保持在一定的高水平，以确保其为企业提供高水平的会计专业服务。

（2）智能会计信息系统操作行为规范

企业进行会计智能化的战略目标之一就是构建智能会计信息系统。会计信息系统是企业的财务信息乃至其他重要数据收集、传递、储存的主要载体，是会计人员开展会计工作的重要基础，也是企业进行内部控制的重要依据。因此，有必要明确会计人员在使用智能会计信息系统时的操作规范，具体包括：要保持一定的专业独立性，客观尽职地完成工作，使用系统时不受其他关联方干扰；会计人员要及时汇报操作系统的进展情况，对不熟悉或者不懂的地方也不要隐瞒；会计人员要充分考虑到使用系统可能引发的风险，对系统提供的数据和内容不应该盲信，要有自己的观点看法。

（3）智能技术应用规范

会计智能化的实质就是利用人工智能、大数据、云计算等智能技术对传统会计领域进行智能化改造，使得会计工作能够满足相关使用者的利益需求。其中，对智能技术的应用是实现会计智能化转型的关键，因此有必要对会计人员如何使用这些技术制定相应的规范，具体包括：①人工智能不应赋予其会计主体和审计主体资格，即不能脱离会计和审计人员独立开展会计和审计工作，智能技术不能完全取代人类工作，人工智能技术在会计领域的应用都不能危及会计师的生存发展和企业经营管理的安全。②人工智能等智能化技术的应用不能成为会计人员免责的替代品，即会计人员不得滥用智能技术从事不道德行为甚至危害企业的经营管理安全，人工智能作出的非理性行为应由发出指令的会计人员承担，会计人员使用智能技术要在相应的法律法规、社会伦理允许的范围之内。

5.2 会计智能化的战略规划

5.2.1 会计智能化的战略规划概述

1）会计智能化战略规划的概念

会计智能化是传统会计在互联网、大数据、物联网和人工智能等技术的支持下，能够满足组织的利益相关者需求升级改造。而战略规划是战略管理整体框架的一部分，是指对基本的、全局性的、重大的发展战略的制定。企业的战略规划是指现代企业根据外部环境及其自身条件的现状及其变化，为实现企业的长远发展，而对企业发展宗旨，发展目标以及实现目标手段等进行总体规划。而会计智能化的战略规划就是对企业进行会计智能化转型的战略进行规划和设计。会计智能化战略代表着会计与财务未来发展的方向，是建设会计与财务治理体系的首要任务，也是企业改进会计与财务工作、提高会计与财务治理水平首先要考虑的事情。因此，会计智能化的战略规划是企业战略规划中的不可或缺的组成部分。

2）会计智能化战略规划的步骤和内容

会计智能化的战略规划的基本流程包括：战略环境分析、战略目标设定、战略实施等主要内容，也就是要先对企业实施会计智能化战略面临的各种内外部环境进行战略分析，从中找出关键的环境影响因素；然后按照一定的原则，设定会计智能化转型应当达到的战略目标，建立完整的战略目标体系；然后制订相应的具体行动计划，进行战略实施。

3）会计智能化战略规划的作用

（1）会计智能化战略规划有利于奠定企业智能化转型的基础。由于战略规划是对会计智能化转型的整体流程进行战略构想，绘制出整体蓝图，因此，可以明确会计智能化项目的运行思路、实施路径等关键性步骤，从而为整个转型过程奠定坚实的基础。

（2）会计智能化战略规划有利于找寻影响会计智能化的关键性因素。由于会计智能化的战略规划包含着对战略环境的分析，因此可以有效地识别出影响会计智能化转型顺利实现的关键性因素，并通过对这些关键性因素施加作用，从而推动会计智能化战略的顺利实现。

（3）会计智能化战略规划有利于构建会计智能化的目标体系。会计智能化的战略规划先设定智能化转型的总体目标，再逐层分解、细化，建立完整的目标体系，为会计智能化的转型提供依据和引导。

（4）会计智能化战略规划有利于推动会计智能化的实践落地。而会计的智能化改造是一个永续的过程，既包括从传统会计向智能会计的转型过程，又包括从会计智能化发展的初级阶段向更高层次智能会计的转型阶段。而会计智能化的战略规划也对战略的实施作出了具体的流程安排和行动计划，有助于确保企业在会计智能化转型的各个阶段都能做到有相应的保障措施，从而为会计智能化的实施落地提供战略支撑。

5.2.2　会计智能化战略环境分析

1）会计智能化战略环境分析的概念

会计智能化的战略环境是对会计智能化战略的制定和效果有影响的各种因素和条件的集合。会计智能化的战略环境分析是对企业在开展会计智能化的过程中，采用一定的分析方法，对可能影响到战略实施效果的各种内外环境进行全面分析。会计智能化战略环境分析的作用是找出影响会计智能化战略制定的关键环境因素，并分析这些因素是如何影响的，从而更好地指导会计智能化战略的顺利实施。

2）会计智能化战略环境分析的流程

（1）会计智能化战略环境的识别与分类

会计智能化战略环境的识别与分类是企业进行会计智能化战略环境分析的首要步骤。由于企业进行会计智能化战略时面临的是复杂的、动态的战略环境，因此必须对其进行初步的识别和归纳分类，才能为进一步的战略环境分析奠定基础。一般可以采用如下方法开展识别与分类：

第一，以情景规划法为基础的环境分析方法。情景规划法是有效应对不确定性和较大风险性的战略规划方法，即对未来可能出现的各种状况进行分析，从中选出一种或者几种危害性较大的情景。一方面，根据正常情况下的决策方案编制计划；另一方面，针对可能出现的意外状况给出应对风险的措施。同时，也需要结合传统的战略环境分析方法，例如PEST、SOWT、五力模型等方法，系统展开分析。

第二，环境分析方法的应用。通过上述各种分析方法，我们可以从外部环境和内部环境两个维度来对企业会计智能化转型的战略环境进行分类。

外部环境可以采用PEST分析法，即从会计智能化面临的政治法律、经济、社会文化以及技术环境等进行分析，对于这些领域，企业根本无法掌控，然而这些对于企业能否顺利实现会计智能化转型又至关重要，是企业重要的背景环境。内部环境可以采用情景规划法，即对在会计智能化转型过程中可能遇到的几种不确定情景进行假设，然后根据这些假设情况，制订出相应的应对方案，并对方案涉及的企业内部的资源、管理模式、组织结构方面的变化进行分析。

（2）战略环境分析

在对会计智能化战略环境进行初步识别和分类后，会计智能化实施者需要进行深入分析，可以采用头脑风暴法，以专题研讨会（市场、产品、技术、制图）的形式迅速启动技术路线图，具体如下：

研讨会1主要汇集研究会计智能化的专家和学者，主要内容是介绍会计智能化转型的最新理论成果、技术进步、成功案例等。

研讨会2主要汇集企业的高层领导者，主要介绍会计智能化战略的总体构思，以及本战略在企业整体战略中的地位和作用，同时指出战略面临的总体环境等方面内容。

研讨会3主要汇集会计智能化项目的主要负责人和参与人员，主要介绍会计智能化战略的具体环境以及项目在未来运行时可能面临的问题等。

研讨会4主要汇集的是企业的其他相关方（即与会计智能化转型不直接相关的部门及人员），主要介绍他们对企业开展会计智能化转型的看法，并提出相应的建议。

（3）战略环境关键影响因素识别

对企业开展会计智能化战略环境的分析，其目的就是要找出影响企业会计智能化转型的关键因素。通过前两步的分析，我们可以关注如下（但不限于）关键环境影响因素：

第一，政策环境因素。由于会计智能化对于企业来说还是新型事物，而如何实现会计智能化转型也没有很好的衡量标准和非常成功的案例。因此，政策准则的引导对于各个企业来说是非常重要的参考。国家颁布的《会计改革与发展“十四五”规划纲要》《新一代人工智能发展规划》《关于加快推进国有企业数字化转型工作的通知》等政策已经关注到智能技术在会计中的应用，并且已经明确提出要抓住人工智能发展战略机遇。这对于各个企业明确会计智能化发展方向是非常重要的依据。但对于如何发展，怎样发展，以什么为转型成功的标准，目前还存在较大的不确定性。

第二，技术环境因素。大数据、人工智能、云计算、物联网、区块链等新技术的蓬勃发展，倒逼企业财务进行转型。随着智能技术的突飞猛进，萌发了新的应用场景和发展方向，企业战略财务、业务财务、共享财务等职能也在智能技术影响下增加了更多机遇。因此，会计智能化的成功实现离不开技术的支持，特别是人工智能、区块链、大数据等技术的发展。但这也给企业提出了较大的挑战，如何对企业现有技术进行升级改造，以适应会计智能化的发展，是每个企业在制定会计智能化战略时应当考虑的问题。

第三，资源环境因素。由于会计智能化转型是投资大、周期长、复杂程度高的系统性工程，会涉及战略目标、现状调查、体系架构、详细设计、实施落地、持续优化等相互关联的多个阶段，需要对企业的整个会计与财务层面进行深入改造，并且会影响企业的其他领域，因此，企业对包括人力资源、财务资源等资源的投入是巨大的，而这些投入又难以在短期内为企业带来收益。

5.2.3 会计智能化战略目标设定

1）会计智能化战略目标设定的原则

战略目标是一个系统化的体系，涉及许多指标。会计智能化转型作为智能化发展的一个重要方面，其战略目标有着鲜明的特征。为了设定出科学、全面、准确的会计智能化战略目标，并通过筛选和整合构建出最终的目标体系，企业必须遵循一定的原则：

（1）层次性原则。战略目标的设定要有一定的层次性，按总体目标、细分目标进行设定，这样才能协调企业的治理层、管理层、执行层共同为会计智能化战略目标的实现而努力。

（2）关联性原则。在会计智能化转型过程中设定的各个战略目标之间要有一定的关联性，不能是割裂开来的，只有这样才能成为一个完整的目标体系，成为整个转型过程中的重要引导。

（3）规范化原则。虽然会计智能化是以大数据、人工智能等新兴技术为支撑的，但其本质还是对传统会计的一次重大升级改造，还没有脱离会计的范畴。因此，企业在确定目标体系的过程中仍然应该遵循已有的会计准则和规范，从而更好地实现会计智能化的转型。

（4）重要性原则。由于条件的制约，企业不太可能实现会计智能化过程中的所有目标。同时，不同目标领域之间可能存在较强的关联性，因而企业所选取的指标应该具有针对性和代表性，避免重复选取，在设计的过程中应该根据重要性原则选取更为关键的指标来构成目标体系。

（5）时间协调性原则。会计智能化本身是一个不断改善不断提高的过程，因此在转型过程中，既要制定长期目标，以便为整个转型过程提供长远指导，又要制定短期目标，充分考虑实现目标的可能性，要保证长期目标与短期目标的协调。

2）建立整体的会计智能化战略目标体系

战略目标是多层次的，有市场的和非市场的，定性的和定量的。不同项目和不同企业的侧重点也有所不同。企业需要在根据之前设定的层次性、关联性、重要性、规范性及时间协调性等基本原则下，对会计智能化转型进行整体战略目标设定，可以从短期、中期、长期三个时间段确定战略目标：

（1）短期目标：会计智能化的短期目标是提高财会工作的效率，降低财务工作的成本。智能财务对传统财务工作的模拟，包括证账表等会计核算的自动化，以及财务分析报告的协同工作和半自动生成。智能财务将大幅提升财务会计工作的效率，提高财务会计信息的质量，同时大幅降低财务会计工作的成本。

（2）中期目标：构建智能财务会计共享平台，实现业务与财务的深度融合，即会计智能化不仅影响着企业的财务部门，而且通过智能会计推动和引导企业其他业务的智能化转型，并依据智能化拓展新业务、探索新模式、构建新业态。

（3）长期目标：明确企业在智能化时代的角色和地位，通过会计智能化转型促进企业整体智能化转型，即企业在未来的生存发展以及行业竞争中，智能化将会成为不可或缺的核心要素。因此，必须将企业的会计智能化战略融入企业整体发展战略和价值观中，并通过会计智能化的转型为企业整体的智能化转型奠定基础。

通过确定会计智能化短、中、长期战略目标，企业可以构建出初步的战略目标体系，但是会计智能化的战略目标是全方位的、多层次的，而且会计智能化的转型也是一个长期的过程，在战略目标的实现过程中可能还要进一步进行调整。因此，单纯按照目标实现的时间进行划分可能不利于后期评价过程的有效达成，企业还需要按照一定的框架体系，对初步的战略目标体系进一步进行分类和整合。

3）建立细分的会计智能化战略目标体系

在对整体的战略目标进行整合之后，企业可以借鉴平衡计分卡模型来构建细分的会计智能化战略目标体系：

（1）财务目标

财务层面的目标主要有两个：一是提升财务工作能力，提高财务工作质量。随着企业的不断发展壮大，涉及的业务范围越来越广，财务工作也变得越来越复杂，这对企业财务部门的财务能力提出了更高的要求。二是加强对财务的控制，降低财务风险，在企业开展会计智能化之前，许多企业的财务工作比较分散，特别是许多大集团，在母公司和子公司、总部和分部之间都设有财务部门，既不利于企业对财务工作的统一管理，又容易引发财务风险。

（2）利益相关方目标

由于会计智能化主要是对企业的财务部门进行智能化的升级改造，因此这里的关联方指企业内部与财务部门有直接关系往来的其他业务部门。利益相关方的目标主要是加快业务和财务融合，促进核心业务的发展，即通过会计智能化，将企业基本的财务核算工作交由智能系统处理，使传统财务人员向业务会计转型，从事管理会计方面的工作；同时财务工作延伸至其他业务，为企业的其他业务部门及时提供决策和经营分析，加快企业核心业务的发展。

（3）内部运营目标

内部运营目标主要是促进财务转型、强化企业内部管控，即通过会计智能化使企业基础财务工作标准化和流程化，既可以使大量财务人员从烦琐的核算工作中解放出来，将主要精力转移到财务信息的收集、财务规则的统一、业务预算的分析和控制等管理会计的领域，从而加强对企业的业务范围选择、工作职责确定、日常运营管理等方面的内部控制，又以服务观作为会计工作的出发点和落脚点，为企业的运营、管理和决策提供更多的支持，从而有利于企业价值的创造。

（4）学习与成长目标

学习与成长方面的目标主要是提升企业信息化水平，加强财务对决策的支持力度，即借助数据挖掘、人工智能等智能技术建立智能管理会计共享平台，实现成本管理、预算管理、营运管理、资金管理、绩效管理、风险管理、投资管理等智能模型构建，为业务单位提供决策分析、经营分析与过程管控。

5.2.4 会计智能化的战略实施

战略实施是整个会计智能化战略规划的关键步骤。它通过一系列具体的行动步骤和实施计划，将会计智能化的转型由构想转变为现实。广义的会计智能化战略实施包括战略环境的分析与预测、战略目标的确定、战略实施保障措施、战略实施计划的编制、战略评估与反馈。由于前文已经对战略环境与战略目标进行过分析，而战略实施的保障措施主要是指为会计智能化项目的顺利实现而建立的相关制度保障，因此，这部分内容将在下一节关于会计智能化的制度体系里详细介绍，这里不再赘述。本节的战略实施是指狭义的战略实施过程，即制订会计智能化的战略实施计划、会计智能化的战略评估与反馈、会计智能化战略能力的提升三部分内容。

1）制订会计智能化的战略实施计划

会计智能化的战略目标是宏观的目标，要想顺利实施会计智能化的战略，企业还需要制订具体的实施计划，流程如下：

（1）工作岗位的设计。由于会计智能化项目对企业来说是不同于以往的项目，因此对于项目执行人员的能力也提出了新的要求。如何找到合适的人员来开展转型工作？这就需要设置新的岗位，并明确岗位的职责和要求，以岗位来选择合适的人员，从而推动会计智能化的顺利转型。

（2）工作内容的设计。由于会计智能化的工作与传统会计的工作存在很大差别，且无依据可循，因此必须明确各部门、各人员的具体工作内容。这需要将之前制定的战略目标进行分解和细化，制定出阶段性的目标，需要注意这里的目标必须是明确的、量化的、可衡量的。之后必须明确各个部门、岗位的主要任务，并制定完成这些任务的流程，编制具体的、可实施的方案。

（3）工作期限的确定。虽然会计智能化对企业来说是一个长期的、不断发展的过程，但是我们在制订方案和计划时必须要明确项目的时间期限。首先要估计战略目标大致实现的时间，并在此基础上确定各个具体步骤开始和结束的时间。

2）会计智能化的战略评估与反馈

在战略实施过程的各个阶段性工作完成之后，需要对战略实施进行评估与考核，即通过绩效评价对会计智能化战略实施的阶段性结果按一定标准进行衡量，并将评估结果进行反馈。一方面能促进战略实施工作的有效开展，另一方面也能验证战略实施的成果是否与先前制定的战略目标相匹配，如果出现偏差，找出产生偏差的原因并及时采取改进措施，从而使会计智能化战略目标不断被完善和优化。企业在进行战略实施的过程中可能遇到以下问题：（1）战略目标过大、过高，不切实际，难以操作；（2）缺少配套的资源和措施；（3）缺少可以实施的具体计划；（4）项目各个阶段的业务工作难以衔接，关联性不强。

由于会计智能化的战略实施是将会计智能化的战略由构想转变为现实的关键一步，因此它在整个会计智能化战略规划中十分重要。而企业在进行会计智能化战略实施的过程中又往往会遇到各种各样的困难，因此，有必要明确企业进行会计智能化战略实施需要的各种能力，并努力提高这些战略实施能力，从而更好地促进会计智能化战略的实现。

3）会计智能化战略能力的提升

会计智能化战略能力是指企业为了确保战略规划内容能够顺利实现，从而对自身所应当具备的各项能力进行明确界定，并通过这些能力的提升，更好地促进战略实现。

（1）治理能力的提升

企业的治理能力是指协调企业内部以及其他关联方各种利益关系的能力，包括企业的战略愿景和使命、发展、领导力等。企业的治理能力看似与会计智能化战略的实施没有直接关系，但其实企业的治理能力是影响企业实施会计智能化战略最宏观、最基本的能力之一，如企业的愿景和使命指出了企业的发展方向和工作重点，可以看出会计智能化战略在企业整体战略中的地位和重要程度，以及企业愿意为实现会计智能化投入多大的精力。因此，企业治理能力的提升有助于企业更好地实现会计智能化的战略目标。

（2）管理能力的提升

企业的管理能力包括企业对具体部门和具体项目履行管理职能的能力，具体包括制定指导方针，为项目配备人员、工具，提供项目执行方法，以及对项目进行整体的监督和控制。由于会计智能化可以视为企业长期进行的一个项目，因此管理能力的提升与否直接影响会计智能化战略实施的效果。企业可以通过管理能力的提升，为会计智能化战略制定具体明确的指导方针，并对会计智能化项目从筹备到运作再到后期持续改进的各个方面进行管理。

（3）资源能力的提升

资源能力是企业为了实现项目而对项目所需要的各种资源进行获取和开发的能力，它能为会计智能化项目的进行提供源源不断的动力。资源能力主要包括资源需求、资源状态、资源获取和资源开发。

资源需求是明确企业在进行会计智能化项目时需要哪些资源，以及这些资源的数量和质量。资源状态是将所需要的资源与目前企业所拥有的资源进行比较，找出两者之间的差距，并想办法弥补这些差距，以确保项目运行时有足够的资源。资源获取就是采取适当的措施使用这些资源，有些资源虽然企业已经拥有，但还不能直接运用到会计智能化项目之中，可能需要进行一些改造，因此需要制订相应的资源获取计划。资源开发是当会计智能化的项目已经开始时，现有资源已不能支持项目的顺利运行，因此需要开发新的需求资源，如技术资源、信息资源等。

（4）整合能力的提升

由于企业在进行会计智能化转型项目的同时，可能也在开展其他项目，并且每个项目的运行也是一个动态的过程，因此，可能会遇到各个项目之间，以及项目与组织结构之间不匹配、不协调的问题。这就需要提高企业的整合能力，对企业正在进行的各个项目、业务流程以及组织结构进行协调和整合。

整合能力具体包括流程整合、结构整合和文化整合。流程整合是企业统一内外部的业务流程，确保参与会计智能化项目的人员和项目之外的人员拥有共同的目标、统一的处理事务流程。结构整合是企业在进行会计智能化战略实施时及时地调整组织结构，如将原来的职能型组织结构转变成矩阵型组织结构，或者调整部分工作岗位的职能要求，以满足会计智能化项目的顺利进行。

（5）人员能力的提升

会计智能化转型首先影响到的就是企业的财务系统，特别是财务会计人员。这要求财务会计人员对信息化、智能化的发展要有清醒认识，认识到会计职能的转型升级是必然的。在思想观念更新的同时也要做到能力的相对提升。首先，传统的会计更多注重事后的会计核算，即在业务发生后凭证的审核、做账、编制财务报表等程序化工作。而在会计智能化时代，这些重复性的核算工作已经被机器所取代，绝大多数财务会计人员需要转型为分析型或决策型的财务人员。

在传统会计中，财会人员通常只是会计数据的提供者，而作为智能化的会计，会计人员需要成为财务会计数据的分析者和应用者。因此，分析能力和判断能力将是一个合格会计需要具备的主要能力。分析能力是运用先进的科技手段和方法，对非结构化的财务数据进行深度挖掘和分析，建立相应的数据分析模型，提升财务的预测、规划职能。判断能力是类似于审核、决策等主观行为，人工智能会计系统是无法判断的，还需要依靠财务人员的主观判断。特别是企业遇到宏观经济环境等重大事项变化时，更需要依据会计人员的经验判断加以调整和纠正。

（6）技术能力的提升

一方面，由于会计智能化是建立在人工智能、大数据、区块链等新兴技术的基础上的，因此企业技术能力的进步对实现会计的智能化转型尤为重要。另一方面，随着人工智能在会计领域的广泛运用，会计的信息安全同时会受到一定的威胁，这就要求会计提高信息安全意识与危机处理能力，一旦会计信息系统防护措施不到位，黑客将很容易入侵，导致网络安全性较低，且人工智能带来的会计行业新风险造成的损失会很大，并且蔓延速度也十分迅速。因此，必须对企业的信息数据安全能力进行评估，对智能化转型中设计到的信息采集、储存、传递，技术的使用、更新、维护建立一套完整的安全防护系统，全面提升企业在技术安全领域的能力。

5.3 会计智能化的制度体系

5.3.1 会计智能化的制度体系概述

1）会计智能化制度体系的概念

会计智能化的制度体系是企业员工在进行会计智能化项目时共同遵守的规定和准则的总称，是对参与会计智能化项目的人员行为规范，也是会计智能化转型顺利运行的体制基础和保障。需要强调的是，这里的制度体系是指正式制度体系，即有着明确规定、统一标准的具有约束力的各种制度安排。

建设会计智能化制度体系的目的是明确企业各单位在进行会计智能化转型过程中的管理原则和权责划分，同时确保项目的各参与人员依法、合规、有序地开展工作，从而确保会计智能化战略规划的内容能够顺利实现，最终实现企业会计智能化的顺利转型并不断改进。

2）会计智能化制度体系总体框架

由于会计智能化可以视作企业的一个转型项目，因此，可以从项目初始期、运营期和后续改进期三个阶段制定相应的制度体系。初始期制度安排是项目还在准备和组建阶段时期建立的制度体系，主要包括预期价值评估制度、筹资制度和融资制度，即先对会计智能化项目进行价值评估，估计项目的运行可能给企业带来的效益，然后建立项目的融资和投资制度。运营期的制度安排是整个会计智能化制度体系的关键，这部分主要是对会计智能化项目已经正式运行时，对项目涉及的风险、人员、成本、绩效评价等方面进行管理而建设的制度规范，具体包括风险管理制度、人力资源制度、内部控制制度、成本管理制度、绩效评价制度等。后续改进期的制度安排是指由于会计智能化转型是一个长期的过程，因此还需要对其进行后续的改进，从而建立相应的制度安排。

5.3.2　会计智能化初始期的制度安排

1）预期价值评估制度

预期价值评估即在会计智能化项目还未开展之前，对项目可能产生的价值或者带来的收益进行一定的评估，判断企业以及相关主体在当前阶段是否适合进行会计智能化的转型。它不仅是企业后续选择与项目有关的融资和投资方式的依据，也是制定项目组建期的各种制度安排的依据。

（1）基本价值评估方法

预计价值评估制度主要内容是选择合适的评估方法。目前常用的评估方法有资产价值评估法、现金流量折现法、市场比较法以及期权价值评估法。由于会计智能化转型并不直接产生现金流量，而是通过对企业以及相关主体的智能改造而间接产生经济效益，而且也很难在市场上找到类似的项目进行比较。因此，单单采用某一两种评估方法可能很难对项目的预期价值作出合理的估计，最好是多种方法结合起来使用。

（2）成熟度评估模型

成熟度评估模型（CMM）是开展价值评估时一个重要的评估方法，最初作为评估软件开发的项目能力的工具而使用的，后来推广到对一般项目的价值评估中。它将项目按“成熟度”分为五个等级，具体到会计智能化项目中如下：

初始级：企业没有制定正式的会计智能化策略，所以工作都是按照过往经验来做，工作的进度完全取决于项目执行者的能力，项目的完成有较大不确定性和较高风险性。企业不具备完整的会计智能化战略实施能力。

基本级：企业管理者已经认识到实现会计智能化战略的重要性，但对于会计智能化的相关知识知之甚少，企业已经明确会计智能化的战略目标，但对于如何实现这些目标还没有明确的规划，会计智能化的战略实施能力十分有限。

定义级：企业已经定义了会计智能化的角色和职责，制定了实现会计智能化的初步战略规划，并且将战略形成相应的文件，企业具备实施会计智能化的全部战略要素，基本具备了会计智能化的战略实施能力。

管理级：企业已经明确了实现会计智能化的任务和要求，制定了完整的战略规划。同时形成了实现会计智能化的一系列标准流程，并将其文件化，使项目的所有参与人员都能明确地了解到自己的职责。企业完全具备了会计智能化的战略实施能力。

优化级：企业完全明确了会计智能化的任务和要求，并且为项目的运行进行了一系列的准备。企业在形成了会计智能化的战略规划的同时还制定了相应的改进优化措施。并且加强各部门之间的协调配合，共同为会计智能化战略目标的实现而努力。企业会计智能化战略实施能力得到进一步的提升。

企业根据自身的实际情况判断目前处于会计智能化“成熟度”的哪个等级，并根据现状进行调整与改进。

2）融资与投资制度

（1）融资制度

资金是企业从事生产经营、项目得以顺利运行的基本条件。资金筹集是资金运动的起点。会计智能化只有得到足够的资金支持，才能为顺利开展投资、项目运行等活动奠定基础。而融资制度主要是规范企业在开展项目时选择融资时机、数量、来源、方式等财务活动的重要手段和融资任务完成的重要保证。基于此，会计智能化的融资制度是企业为实现会计智能化而对所需要的资金筹集的行为准则和策略规定，主要包括融资目标的确定、融资方式的选择等方面。

第一，融资目标的确定。会计智能化融资目标主要有两点：首先，满足项目完成的需要。融资制度是投资制度、运营制度的前提，因此融资规模、时机、组合必须依据并适应项目的整体需要。其次，融资低成本、低风险、高效率的目标。会计智能化作为企业智能化改造的一个项目，企业需要考虑把项目的融资成本控制在可接受水平。同时，企业要注意各种资金来源的均衡配比关系，从融资环节就把转型过程中的风险降到最低。

第二，融资方式的选择。总体来说，会计智能化改造的融资方式主要有内部融资和外部融资两种方式。内部融资来源于企业内部资金的调拨、个人投资等。外部融资来源于社会集资，主要采取发行企业债券、股东资本注入、接收捐赠、企业为其提供担保获得的银行贷款等方式。会计智能化作为企业基于财务职能的智能化改造，可以直接采用企业已有的资金进行升级改造，也可以将其作为企业正在开展的一个项目从企业外部进行融资，如为了升级现有财务系统，企业构建了财务共享平台而从银行获得专门借款等。

（2）投资制度

会计智能化作为企业以及相关主体开展的一个重要项目，必然会遇到相关的投资问题，因此需要建立一套投资制度。企业为保证项目的财务计划顺利执行，应对会计智能化项目的投资，应按一定流程来进行管理：

一是投资风险评估与规避。由于会计智能化的转型是一项时间长、耗资大的项目，而且属于新兴领域，没有相关的案例和标准进行参考，因此，从投资的角度来说属于高风险、高收益的项目。为了尽可能避免并减少投资风险的损失，企业应该认真研究投资风险形成的原因、可能后果，并采取风险回避、风险损失控制等各种办法实施风险控制，尽可能地达到最优投资组合。

二是制订投资预算方案。对于会计智能化项目的开展所涉及的相关成本费用，企业要有进行相应的估计，并制订完整的项目投资预算方案，明确规定每一笔资金的用途。由于会计智能化项目还涉及对财务人员的培训，以及企业智能技术的改造等内容，因此，对于这部分开支也应纳入企业的预算管理。

5.3.3 会计智能化运营期的制度安排

1）风险管理制度

风险与收益总是相伴而行，企业的会计智能化发展虽然是趋势，对企业来说也是提高自身核心竞争力的重要方式，但是在转型过程中势必也会遇到众多的风险。风险可能存在于项目的各个周期，在组建期、运营期乃至后续的维护期都会面对不同的风险，如融资时可能给企业带来的财务风险，但在运行期时，项目风险表现得最突出、最全面。因此，此处主要强调在会计智能化运行期所面对的风险。一般来说，我们将风险管理分为风险识别、风险评估、风险控制三个阶段，并且在运行中三者是一个不断循环的过程：

（1）风险识别制度。

风险识别是将企业进行会计智能化转型所面临的风险因素进行判断、归类的过程。风险识别的主要方法包括感性认识、经验判断和依靠统计、风险记录等手段进行分析、归纳和整理。风险识别制度要求说明会计智能化面对的各种风险因素，并判断风险发生的可能性以及分析可能造成的损失等。会计智能化可能遇到的风险如下：

技术风险。会计智能化主要建立在人工智能、大数据等技术的基础上，因此对企业技术能力提出了较高要求。如果企业的技术储备不够，或者技术发展滞后，则可能导致数据信息泄露、信息系统被非法入侵，从而导致硬件设备损坏等风险。

收益风险。由于企业会计智能化转型是一项耗资大、时间长的项目，因此部分企业，尤其是中小型企业可能面临对会计智能化转型的投入大于转型后的收益的情况。

道德风险。会计智能化仍然存在信息不对称问题，出现虚报财务数据、欺骗等各种败坏道德行为，从而难以避免道德风险。

（2）风险评估制度。

风险评估是在风险识别的基础上，通过分析收集的信息，运用概率统计的方法来评估风险因素发生的概率和程度。风险评估方法可分为定性方法和定量方法。虚拟企业可以根据自身情况，有选择地确定评估方法，可以两种方法兼用，也可以选用一种。

定性评估。风险的定性评估是指对已识别出的风险影响和可能性进行评估的过程，常采用的方法有德尔菲法、专家评判法等。选择的专家要求具备了解会计智能化的发展现状、能够一定程度地预测未来发展的方向，一般可从资深的高级会计与财务管理从业人员中选派，或从外部的相关学者中聘请。

定量评估。定量评估是运用数学、统计学等知识，构建模型并推导出风险发生的概率。会计智能化是一个由许多功能部分组成的复杂系统，需要从系统角度出发，在全面分析系统的目标和各部分功能以及它们相互关系的基础上，考察各风险的运作规律，最终确定整体风险水平。

（3）风险控制制度。

在进行风险评估后，如果预测的风险超过了可接受水平，则可以选择取消项目或者采取一定的应对措施挽救项目。控制风险的方法很多，企业可从事前控制、事中控制、事后控制三个角度着手，对会计智能化实现全程风险控制。

事前控制。事前风险控制是在会计智能化转型可能带来的风险发生之前进行预测和监控。事前风险控制可以规避大部分风险，同时带有一定预防作用。制度要求企业在智能化项目正式运行之前，就对整个项目的运行过程进行分析，在风险发生之前就采取纠偏和预防措施，这是应对风险最有效的方式。

事中控制。事中风险控制是企业在项目运行的过程中对风险加以控制，它是风险控制的核心。第一，要建立实时反馈机制，就是要能够及时反映项目的进展情况，找出在项目运行过程中存在的问题，并对出现的风险进行控制。第二，要对关键资源进行管理和控制，就是要对关键资源进行识别和分类控制。

事后控制。事后风险控制是项目已经发现风险之后，所采取的补救措施。一般采取缓解战略来减少风险造成的损失，通常的流程：对项目执行状况进行分析和评估；与控制的目标进行比较；判断出现的风险大小、类型和性质；成立风险管理小组处理风险事件，找出风险的根源，并作出相应的决策。

2）内部控制制度

会计智能化的内部控制制度是指为实现企业的会计智能化转型而对其业务活动进行约束、规范和控制，并据此建立的一系列方法、规程和控制系统。它既是企业内部控制制度的重要组成部分，又是会计智能化运营期制度安排的一个重要方面，在会计智能化内部控制过程中起着规范关系和统领行为的作用。著名的COSO报告提出的内部控制框架共有五个要素：控制环境、风险评估、控制活动、信息与沟通、内部监督。由于前文已经对会计智能化的控制环境、风险评估、控制活动做过介绍，因此，这里我们主要针对信息与沟通，以及内部监督这两个要素建立相应的内部控制制度。

（1）建立良好的信息和沟通制度

要想对整个会计智能化项目进行更好的内部控制，首要的一步就是建立相应的信息系统，以便按某种形式识别、取得、传递信息，同时这些明确的信息也为开展接下来的内部控制活动提供依据。当然良好的信息传递离不开通畅的内部沟通渠道，通过及时有效的沟通，会计智能化项目的参与人员可以进一步明确自身的职责；项目的主管人员也能获取下属的工作进展情况，以便及时提供帮助，开展领导工作；项目以外的成员也能及时了解会计智能化项目的进展情况，从而为企业更好地进行会计智能化项目的内部控制奠定基础。

（2）建立严密的保管和检查制度

对会计智能化转型所涉及的战略规划、财务计划、技术改造等重要信息，要形成相应的档案文件，并建立严格的保密规范，设置相应的管理权限，避免重要信息的泄漏。同时建立严格的审批检查流程，定期进行检查，主要对会计智能化项目的筹资、投资行为、项目流程进行检查，看是否存在违规、舞弊行为。

（3）建立完善的内部审计制度

企业在进行会计智能化项目时，也会产生相应的经济活动，如之前提到的投资、融资活动，同时会制订相应的财务计划。因此有必要对会计智能化项目进行内部审计，建立相应的内部控制制度，监督项目的运行情况。由于会计智能化项目不仅影响到企业的财务部门，而且会对其他业务部门乃至企业的整个管理层产生一定影响，因此，可以建立内部审计与纪检监察、人力资源、财务及相关业务部门的工作协调机制，形成信息资源共享，同时强化内部审计结果运用，及时将审计情况反馈给项目参与者，建立健全问题整改责任追究制度，对审计发现的问题和相关审计建议，及时进行整改并落实，以确保内部审计在会计智能化项目中发挥应有的作用。

3）人力资源制度

人工智能虽然目前尚处于起步阶段，但其发展将对整个经济领域特别是会计行业产生巨大的冲击，也将直接导致财会人员需求数量和类型发生根本性的改变，继而影响到行业企业对会计人才要求的变化。因此，企业在进行会计智能化转型时，建立一套完整的人力资源制度是十分必要的。

（1）人力资源获取

人力资源的获取主要是指企业为实现会计智能化转型而进行的人员配备。从来源来说有内部选拔和外部招聘两种方式。由于本项目是对企业内部的财务会计职能进行智能化的改造，因此要求执行项目的人员不仅有一定的技术背景，能够掌握最新的智能技术，而且要对本企业的业务流程特别是财务工作十分熟悉，通过对比分析可以得出采用内部选拔的方式成本最低，效率也最高。

（2）人力资源的培养

在选定转型期的人员之后，企业需要对其进行一定程度的培训。由于会计智能转型是一个相对较新的概念，因此，对于会计从业人员也提出了新的要求。企业应当建立专业知识培训、岗位技能培训、业务制度培训、通用技能培训等培训制度。其中对于相关人员的培养来说，最重要的是转变以往的人才培养方式，除了对其加强专业能力水平的提升之外，还需要提升其社会能力、团队合作能力以及战略思维能力，并使其懂得利用科学技术掌握科学技能；要提升相关人员的法律法规意识，同时要明确企业进行人员培训的目的是提高参与会计智能化项目的人员的工作能力、改进相关人员的工作态度。

（3）人力资源的使用

由于会计智能化转型是一个持续改进、不断完善的过程，在转型过程中可能会遇到各种各样的问题，因此对人才的需求是多层次、多方面的。转型的不同阶段对工作人员的要求也不同。因此，必须保证选拔出来执行该项目的人员符合项目的要求。具体可以建立一定的绩效考核机制来对相关人员的工作业绩进行评估，然后在此基础上进行反馈，如员工职位的晋升、平级调动，提高或者扣发工资和奖金、增加休假等。

4）成本管理制度

（1）明确成本的范围和类型

要想对会计智能化项目的运营进行成本管理，首先要对企业可能投入的各种成本进行估计和分类，企业的投入要素包括资金、技术、人力资源等，各种成本要素的投入随着项目的进行而发生，按性质可以分为显性成本和隐性成本。

显性成本主要是指一些固定成本，如企业为实现会计智能化而从外部购买或者自身研发的会计软件、财务机器人，以及企业从外界雇佣的人工智能方面的专家作为顾问等。

隐性成本是指一些难以用数字衡量的成本，如对财务会计人员进行重新培训的成本，企业为进行会计智能化而占用其他项目的资金和人力的机会成本。还有一些难以单独区分的成本，如企业在网络信息技术的支持下建设了完整的管理信息系统，既可以为会计智能化的转型提供信息技术支持，又可以为其他领域和职能的改进奠定基础。这部分的成本很难单独归集到会计智能化项目中。

（2）选择成本控制的方法

成本控制方法即企业在开展相应的项目时，为了完成成本控制的任务并达到成本控制目的的手段。企业在选择成本控制的方法时可以从以下三个方面进行考虑：一是成本发生的变动性和固定性；二是成本对产品或者项目的直接性和间接性；三是成本的可控性和不可控性。常用的成本控制的方法有目标成本法、标准成本法、作业成本法。由于会计智能化对于企业来说是会计职能的智能化转变，既不是对具体产品的设计和生产，又缺乏系统化的标准流程，因此，企业采用目标成本法可能更为适合。

5）绩效评价制度

绩效评价是采用特定的指标体系，采取统一的标准，按照相应的程序，通过定量定性对比分析，对某个经营主体或者某个项目在一定经营期间的经营效益和成果作出客观、公正和准确的综合评判。具体可以分为确定绩效评价的主体、明确绩效评价的目的、建立绩效评价指标体系。

（1）确定绩效评价的主体

由于本项目是对企业的财务会计职能进行智能化转型，因此可以由财务部门的主管人员进行绩效评价。当然也可以由主持该项目的负责人（不一定就是财务部门的主管）进行绩效评价，可以建立绩效评价小组，专门承担整个虚拟企业绩效评价过程，包括确定绩效评价的目的、绩效评价的指标体系、绩效评价的考核时间等内容。

（2）明确绩效评价的目的

确定绩效评价的目的是会计智能化整个评价过程中的重要一步。绩效评价的目的是通过绩效管理对参与项目的员工进行激励和约束，从而促进会计智能化转型顺利实现。通过绩效考核和评价，企业能够明确各级人员的工作职责，客观公正地评价员工的工作绩效。帮助员工认识到自身工作的不足、提高自身工作的水平，从而促进会计智能化项目的整体绩效的提高和流程的优化。

（3）建立绩效评价指标体系

企业根据会计智能化绩效评价的目的确定绩效评价指标体系。由于对企业财务智能化转型的绩效评价的目的是多方面的，因此，对应的绩效评价指标体系也应该反映转型过程的各个方面。常见的绩效评估方法有混合标准量表法、平衡计分卡、目标管理法、关键绩效指标法等。企业在建立绩效评价体系之后，要将绩效评价的结果和员工的晋升奖惩机制相结合。

5.3.4 会计智能化制度安排的持续改进

1）会计智能化制度持续改进的方法

在会计智能化项目正式运营后，企业一般需要对已有的制度安排进行检验，并持续改进。这里我们常用的是PDCA循环法，即戴明环。PDCA 循环法由美国质量管理专家休哈特博士首先提出，后来被戴明采纳完善并加以推广，是有效控制管理过程和工作质量的工具，主要用于持续改善产品和质量的过程。其工作流程是：P（Plan）—计划；D（Do）—执行；C（Check）—检查；A（Action）—处理，对总结检查的结果进行处理，成功的经验加以肯定并适当推广、标准化；失败的教训加以总结，未解决的问题放到下一个 PDCA 循环里。

2）会计智能化制度持续改进的步骤

企业进行会计智能化项目时，可以借鉴PDCA循环法，以战略规划为依据，以组建期的制度体系为基础，对项目进行持续的改进。具体流程图如图5-1所示。

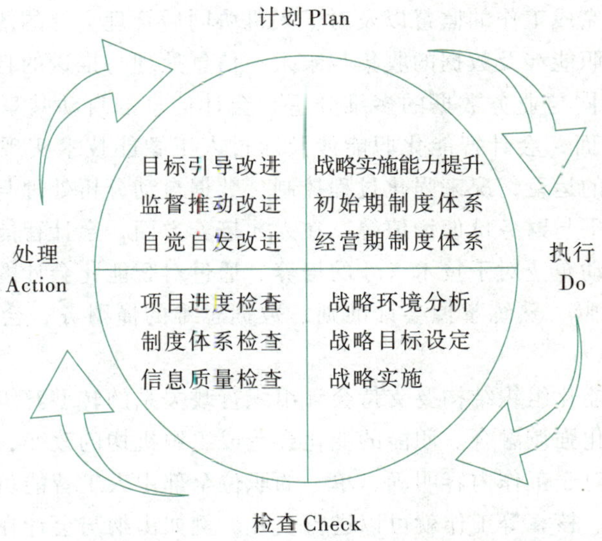

图5-1 基于PDCA循环法的会计智能化制度持续改进流程图

(1) 计划阶段。将战略规划中制定的战略目标分解到项目的各个环节，制定系统的执行标准，构建会计智能化相关的各种制度安排。

(2) 执行阶段。会计智能化项目正式开始运行，明确项目各方的责任，加强对相关人员的激励和约束，从而保证项目的进度。

(3) 检查阶段。在项目执行的过程中进行实时监测，并及时进行反馈。在项目取得阶段性结果时进行评估，检查项目产生的各种问题，并进行汇总。

(4) 处理阶段。分析项目出现偏差的原因以及影响因素，总结项目执行过程中的一些成功经验，并及时对项目进行调整，完成下一个循环。

5.4 会计智能化的组织结构

5.4.1 会计智能化组织结构概述

1) 会计智能化组织结构的作用

组织结构是企业制定的关于工作调配、职位划分和协调机制的框架结构，主要涉及职能定位、行政关系、岗位设置和人员配备四个方面。在大数据、人工智能背景下，结合会计智能化数据处理自动化、会计信息共享等特点，会计智能化管理层应考虑其组织结构与智能化的关系。会计智能化组织结构应当能够适应新兴信息技术发展的要求，促进职能定位、行政关系、岗位设置和人员配备四个方面的转型升级。

第一，会计智能化组织结构要支持会计职能定位的转型升级。传统会计职能往往过多关注于数据和信息加工过程，而较少关注于信息利用的价值。正相反，在会计智能化条件下，会计已经从对信息的记录和监督发展到对信息的分析和处理，会计对信息的感知、获取、加工更加快捷和准确，既减少了成本，又提升了信息使用价值。因此，会计智能化职能具体体现在财务管控、数据处理、价值创造和人才培养上。在财务管控方面，会计智能化职能涉及对人工智能的政策研究、智能会计行业的规则研究、会计档案的保存、人工智能完成工作的监督以及对于人机协同后管理会计的落实等；在数据处理方面，会计智能化职能涉及数据的收集与录入，信息处理与推送的自动化、财务预测与决策支持、人机协同与业务数据的多维分析、会计信息的自动共享、表格的自动生成等；在价值创造方面，会计智能化职能涉及通过人工智能技术实现业务流程的实时反馈、随时了解企业的运营情况来强化过程控制、数据自动分析处理与平台信息共享的综合处理提升管理水平与财务价值增值等；在人才培养方面，会计智能化职能涉及通过人工智能技术要求带动企业对于技术人才的培养、通过对智能化会计的日常运营管理，加强培养具有全局视野、熟练掌握会计准则、数据思维的懂财务、会管理的技术型复合人才。

第二，会计智能化组织结构要支持会计组织行政关系的转型升级。传统会计强调独立性，而会计智能化强调融合。职能的变化会造成组织机构的改变，与之配套的隶属关系也会随之改变。对于工作内容明确、单一的职位全部由人工智能负责，这样原本的会计信息收集、录入、核算等工作就可以进行合并。例如出纳与会计在智能会计的组织结构下是兼容的，对会计核算与财务管理进行合并，取消企业对这两种职能设立的部门。对于数据处理方面的职能部门，大部分工作由人工智能完成，到最后的审核与决策由会计人员完成。综上，在底层工作中人工智能负责全部，基础职能部门全部整合，单独设立核算质控组，每个环节都会有专门会计人员进行审核监督；设立管理会计组，对人工智能的正常运作进行监督与管理；设立综合管理组，所有的人员审核、管理、数据都由小会计主管进行审阅，从而得出结论并作出预测，最后交给大会计主管进行数据分析与价值判断。专家团队对每个会计人员的人工智能技术等知识负责，不受会计人员的约束。

第三，会计智能化组织结构要支持会计岗位设置的转型升级。在传统会计时代，管理者需要设置独立的岗位来公允、可靠地完成核算、簿记、统计和报告工作，在过程中可以对各个岗位的人员进行监督。并不是所有的工作都能交给智能会计处理，对于不稳定、复杂、不确定、模糊的信息和工作环境，还需要人工的配合。由于智能化会计的应用，一些岗位将被代替，同时也会有新的岗位设立。有研究提出，会计智能化的岗位设置有四大类：核算质控组，综合管理组，管理会计组和财务专家团队。在财务工作上体现财务会计工作和管理会计工作的融合，因此对于企业的管理工作来说，由于人工智能的自主性，会计工作变得井然有序，这就需要懂技术、熟会计、识大局的综合管理人才进行管理。各二级单位财务部门根据业务经验情况，可设置业务岗、预算管理岗、综合管理岗、财务初审岗、成本管理岗、资产管理岗、财务分析岗、资金管理岗、税务管理岗，共计九类岗位。除了财务初审岗和综合管理岗外，每个岗位均同时负责相应业务的财务会计工作和管理会计工作，在提高财务会计工作效率和工作质量的前提下，将相应的管理会计工作做深做实。

第四，会计智能化组织结构要支持会计人员配备的转型升级。智能化的目的是在尽可能的范围内减少人工同时保证工作的完成。那么人员配备的多少就会关系到企业智能化的效果。根据智能会计组织结构，会计智能化的岗位由核算质控组、综合管理组、管理会计组和财务专家团队组成。其中，财务专家团队设置为流动兼职，不涉及岗位编制；其他三个小组涉及岗位编制。核算质控组的工作内容包括核算政策研究和核算质量控制，综合管理组的工作内容包括目标管理、绩效管理、人员管理、创新管理等，管理会计组的工作包括税务管理、资金管理、资产管理、预算管理、财务分析等；财务专家团队是智囊团，设立专家团队进行人工智能的问题解决与人员培训，不直接参与企业的经营活动，只负责技术援助，根据企业当下的技术情况作出调整。

2）会计智能化组织结构的特征

基于会计智能化的目标和功能需求，其对应的结构也呈现出与传统会计组织结构不同的特征：

（1）开放性

会计智能化组织结构是一个开放的框架体系，基于一定的技术标准、协议和业务规则，参与会计活动的各个要素都可以加入到组织结构中来，与此同时，依靠强大的数据处理能力与区块链技术，可以将会计信息上传到共享平台。这样不仅仅是对外的开放，反过来也能获得海量的信息，从而最大限度利用数据与信息。改变传统会计组织结构下的闭塞性，以更加开放的姿态迎接智能化的到来。

（2）动态性

参与会计智能化下的会计活动的各类资源在经济业务活动开始时加入，在活动结束时完成资源的释放，系统呈现出不确定性和动态性。与传统会计结构单向传递不同，智能化组织结构强调数据处理，信息传递的自动化，会计活动与数据分析、结果反馈、应对措施同步进行。这就需要对传统组织结构进行再造，从而实现组织之间的互动，把单向传递方式转变成循环传递。

（3）自适应性

参与会计活动的各个主体在一定的规则组织下，连接成一个整体，各自按照人工智能的规则实现组织结构的自学习和自优化。在会计活动结束后，会计智能化组织结构就要求人工智能对每个环节进行分析与评价，并结合人机协同的效率给出优化方案，再经过管理层的决策，实施最优方案。

5.4.2　会计智能化组织结构设计

1）会计智能化组织结构设计的概念与原则

组织结构设计是企业根据环境及其自身情况的变化，为实现战略目的而作出的对组织结构的设计。会计智能化组织结构设计是企业为了实现智能化转型而作出的对组织结构的规划与设计。传统的会计组织结构已经无法适应先进技术如大数据、区块链等对会计工作的支持，新技术的使用旨在提升工作效率以及对信息利用的价值，旧的组织结构是满足以前的技术特点制定的，为了使效率达到更高，企业就需要对组织结构重新进行设计，否则就无法达到理想的效果。这就好比是把跑车的发动机装到了自行车上，即使发动机再好也无法达到最快的速度。

会计智能化组织结构设计的原则是要把智能技术、数字资源作为新的要素加入到会计活动中，主要表现为智能化对会计生产力和生产关系的影响，新的组织结构必须符合智能化开放，动态以及自适应的特点。具体有如下四点：

（1）会计智能化组织结构设计是为了智能会计的正常运行和可持续发展，组织发展是组织设计的根本原则。

（2）会计智能化组织结构设计强调基于企业自身情况的原则选择合适的设计，而不提供“最佳的设计模型”。

（3）会计智能化组织结构设计强调组织结构自适应的原则：对环境的自主识别、人员行为的自主反应等。

（4）会计智能化组织结构设计应运用组织均衡化原则化解矛盾，以保证组织结构能够持续优化。

2）会计智能化组织结构设计的一般程序

（1）调查分析

根据会计智能化的特点，结合企业战略与规划、规模与生命阶段、人员素质与业务等情况，进行分析与组织结构规划并设计出符合当前企业经营的智能化组织结构。

（2）技术支持

应该组建智能会计的专家团队，完善企业的科研能力。保证会计人员对人工智能技术的熟练掌握，增强企业人员的专业知识，当出现问题时能即时解决。了解会计智能化的需求是数据处理的自动化，信息传递的自动化，平台的共享化，人机协同工作的特点，确定会计智能化组织结构的构成因子并按照组织结构构成因子设计各组织结构构成要素的子变量属性，比如原本负责会计监督、核算的团队由于智能技术被合并了，部门职能也会发生变化。

（3）具体实施

建立会计智能化的现场团队（核算质控组、管理会计组），根据调研的结果进行测试与反馈，对组织结构的构成因子进行调整。专家团队根据现场团队的反馈和调整意见，结合大数据、区块链等技术与公司的实际情况进行合适的技术建议，最终由综合管理人员进行组织结构设计和人员配置。

（4）管理决策

根据最终管理层得出的方案，并结合人员的调动与智能化的进程情况进行设备的购置，需要专家团队以及企业管理人员、财务人员之间进行讨论，选择最适合企业的技术设备。同时，管理层还需要对组织结构的问题进行诊断，通过大数据和区块链对会计企业的各个环节进行分析并且结合大环境作出比较进而发现问题。

（5）优化环节

根据实施团队（综合管理组）的经验与设备的情况设立最终的会计智能化组织结构并进行测试。因为会计智能化组织结构有自主调节的机制，所以实施团队应根据自身的情况对大环境进行分析，并参考人工智能的解决办法得出优化方案。

5.5 会计智能化的管理流程

5.5.1 会计智能化的管理流程及其设计概述

1）会计智能化的管理流程设计的概念

管理流程是由管理活动、管理活动间的逻辑关系、管理活动的实现方式以及管理活动的承担者这四个基本要素构成的基本过程。会计智能化无疑对会计管理流程的四大基本要素产生了重大影响。传统的会计管理流程是一个基于稳定需求、目标单一、单向封闭的人机交互系统，而在智能化环境下传统的以管理人与人或者相对单一的人机交互的模式已经无法满足不稳定、复杂、不确定、模糊的管理环境和社会经济运行方式。新的管理流程应该能够快速处理海量的数据，并对数据进行核算、簿记、统计、报告、监管、审计等，对于数据整理审核的流程不必花费太多精力，应该把流程的重点放在信息的合理利用上面。因此，对于如何根据人工智能等技术的特点，对会计管理流程进行设计与改造，就成为会计智能转型必须解决的问题。

管理流程设计是管理系统设计的重要组成部分，在设计中应充分考虑企业环境与制约条件，遵循“人工系统”构建的基本逻辑顺序。管理流程形成是管理流程设计分析的基本面与设计过程的出发点。会计智能化的管理流程设计是根据会计智能化的要求以及会计活动自动化、信息共享等特点，并根据会计智能化战略，旨在提高会计管理综合效能的系统工程。

会计智能化的管理流程设计目标是使得新的管理流程能够把人工智能技术对会计活动运行效率的提升发挥到更高的水平。同时关注智能会计战略规划及各层级绩效指标来更好促进企业资源规范化、集成化运营，从而提升组织整体的工作效率，降低工作成本。企业受到智能技术影响较大的工作内容包括业务运行、平台运转、组织运营和管理提升。智能化转型需要企业对业务处理方式的管理、资源分享与利用的管理、组织结构的管理和决策流程的管理作出巨大的变化以满足技术进步带来的工作效率的提升，会计智能化流程设计就是让这四项工作符合智能化的需求。

2）会计智能化的管理流程设计的原则

（1）适应性原则

人们要根据原来的会计管理习惯，以保留原企业特色作为出发点遵循主体经验、管理对象客观性和管理科学方法来推动会计智能化的管理流程设计。适应性原则是指由于不同企业的规模、对技术的掌握、战略导向、人力资源现状、组织结构、文化氛围等各不相同，不可能拥有统一的管理流程模式，因此我们须结合企业各自的综合状况，有所区别设计适应特定企业发展的会计智能化管理流程。

（2）满意性原则

满意性原则给优化管理流程设立了一个边界，即努力找到满意的方案，而非完美的方案。会计智能化管理流程涉及的人力资源、技术能力、企业智能化进度、管理业务范围与组织结构等具有很深的关联性。随着企业会计智能化成熟度的不断提高，需要不断对管理流程进行优化。对会计管理资源调控的细枝末节有时不能面面俱到，即便最优方案可觅却须付出相当代价。

（3）集体协作原则

管理流程是企业内部日常管理活动的主轴，涉及不同管理对象。因此，会计智能化的管理流程设计不仅需要对管理主体心理及组织行为的准确把握，而且要从集体的层面推动整体协作。随着会计智能化的不断推进，人机协同的工作在不断增加，管理主体就从原来的人与人，慢慢转变为人工智能与人。因此，保证集体协作人员的技术知识学习是管理流程设计与改造始终应该重视的。

5.5.2 会计智能化的管理流程设计整体要求和思路

1）会计智能化的管理流程设计整体要求

（1）会计智能化的战略规划对管理流程的设计要求

会计智能化战略规划有利于奠定企业智能化转型的基础。由于战略规划是对会计智能化转型的整体流程进行战略构想，绘制出整体的蓝图。因此，可以明确进行会计智能化项目的运行思路、实施路径等关键性步骤，从而为整个转型过程奠定坚实的基础。会计智能化管理流程设计是全部门的重组工程，必定会伴随责、权、利的重新分配，战略的制定实际上是企业高层的意志转移。

企业流程运行状况在很大程度上反映了企业战略的实施情况，管理流程的设计应及时回应战略的改变。在会计智能化背景下，管理流程设计须将各部门策略有机融合与贯穿，使得任何时期各职能部门能相互协调一致、默契配合，使得战略思想可以在各部门之间形成有效传达与沟通。这样，部门及其主要负责人才能在具体工作中提供具有全局意义的指导准则和行动纲领，以确保管理目标实现与战略实施。

（2）会计智能化的业务属性对管理流程的设计要求

会计智能化职能具体体现在财务管控、数据处理、价值创造和人才培养上。我们不仅要从职能定位的角度出发，而且要对智能会计业务归并、协作高效、人员均衡、跨度合理等要求进行管理流程的融合，将各环节工作事项按其依赖人工智能的程度有机串联起来形成管理流程，这对于把握相应业务细节并于动态运行中实现管理功能是至关重要的。会计智能化管理业务中的相应环节具体工作的履行，以及完成相应工作任务对这些管理者提出的时间要求是相辅相成的，由于技术的革新，完成业务的时间会被大大缩短，因此，管理流程的设定需要考虑到时间减少的因素。

（3）会计智能化的组织结构对管理流程的设计要求

智能会计由原来的记录、核算等职能，转化为财务管控、数据处理、价值创造和人才培养的职能。管理流程的标准也根据职能定位的改变作出了变化，从原来的强调稳定，到现在强调互动与开放。由于人工智能替代了大量的人员，原本的隶属关系迅速萎缩，但只是在数量上的缩减，而基本的关系都还健全，因此，企业需要关注的是人员与人工智能之间的行政关系管理，他们互相监督，互相帮助，在日常的工作中双方具有平等的权利，但在决策时，人工智能仅负责出具数据、运行结果和试用方案，不参与决策的讨论。在智能化组织结构中并不是直线职能式架构，而是相互联系的循环式架构，这是管理流程设计须予以关注的。管理流程作为实现企业管理功能的重要运行机制最终是由“人”设计并得以有效运行的，因此，管理流程需要注重人力资源，特别是懂技术的管理人才。

2）会计智能化的管理流程设计的思路

会计智能化的管理流程设计依循“目的—功能—因素—方法—结构（载体形式）”的逻辑关系进行。这一逻辑关系并非单纯直线顺序关系，其中蕴含着不同环节的调整反馈过程。

（1）目的

会计智能化管理流程设计的目的是使管理流程能够充分配合人工智能技术，从而达到控制风险、降低成本、提高工作效率和市场反应速度等目的。

（2）功能

会计智能化管理流程设计的功能是利用人工智能技术发现企业各个环节的最佳标准点从而简化管理流程，还可以实时反映工作情况，便于企业的管理，集合共享平台的数据信息，分析企业自身管理流程的利弊。

（3）因素

会计智能化管理流程的因素包括企业规模、战略规划、人员素质、业务种类、企业文化等。如果企业的人员对于智能技术的基础掌握不足，那么相应的智能化进程就会减缓，对管理者的要求就不同，管理流程也不能完全按照智能化的理想状态去设计。

（4）方法

管理科学是支持会计智能化管理流程的主要理论方法。通过管理科学理论与方法，企业可以探寻会计智能化对管理流程要素中的活动、活动的方式、活动间关系与活动承担者具有影响。智能管理流程就需要对于这些总结、经验、企业活动的特性与环境进行对比，并不断优化，从而形成自适应性。

（5）结构

会计智能化管理流程的结构与传统的直线职能式结构不同，它是以人工智能技术为核心的流程结构，在会计智能化的组织结构中，组织要素之间相互联系、相互影响。在管理流程中，企业也需要信息的实时共享。

5.5.3　会计智能化管理流程设计的实施

1）会计智能化的管理流程设计的准备

（1）会计智能化需要的资金

鉴于企业管理系统环境具有较强内部性特征，会计智能化管理流程设计资源准备主要偏重相对可控的企业内部资源。资金投入支持必不可少，人工智能专家团队的聘请是表面的费用，管理流程设计的立项、调研、初步方案、磋商、试运行、改进设计、评估等很多环节涉及企业各级人员参与，人员参与的费用以及准备所需要的时间都是设计的沉没成本。

（2）会计智能化需要的人才

会计智能化管理流程设计改进或重建往往塑造新的企业内部管理运作模式并影响人们既有行为习惯，需要企业各职能部门通力合作促进各种资源有效整合。在企业中，最有价值的是人力资源，“人”具有主观能动性并能洞察各种管理对象的客观规律，并在工作中不断积累形成宝贵经验。“人”不仅是管理流程的设计者，而且是管理流程的使用者，虽然人工智能取代了一部分会计人的工作，但是企业的主体还应该是人，人是一切活动的主导者。与以往不同的是会计人对人工智能技术的掌握程度需要加深，人力资源在管理流程中依然是很重要的。

2）会计智能化的管理流程设计的要素安排

（1）会计智能化管理活动

会计智能化企业职能层战略是通过人工智能技术形成管理效率的提升、管理成本的降低、信息资源的共享等；智能会计管理业务领域要求员工熟练掌握会计知识和人工智能知识，并能够对关键性指标度进行持续跟踪，利用智能技术不断优化，明确效率和质量的标准维度对业务的影响，从而找到最适合企业的价值点；并且在人工智能系统异常时能及时反馈给管理层。

（2）会计智能化管理活动间的关系

企业根据相应管理业务的技术要求及客观时间序列明确管理活动的上下游任务关系；根据各部门专业倾向性及其在组织架构中的地位确定管理活动间的组织管控关系；对于监督基础工作的会计人员除了上报给上一级的管理人员，也可以在系统里直接反馈，高层管理人员可以直接受理，这样大大提高了管理效率。

（3）会计智能化管理活动承担者

智能会计管理功能的职能大致划分为人工智能、监督部门、财务管理部门、综合管理部门、专家团队。人工智能的工作由监督部门负责；财务管理部门对监督部门和人工智能负责；综合管理部门主要接收财务管理部门的信息，同时对其他部门都负责；专家团队负责管理技术。

（4）会计智能化管理活动方式

会计智能化管理活动方式须体现具体管理业务的技术要求；管理者必须熟练掌握人工智能技术，利用人工智能技术不断计算会计活动最佳方式、实施监管企业的全部活动、分析企业的战略地位和未来发展方向。

本章小结

会计智能化的管理基础主要包含管理伦理基础、战略规划、制度体系、组织结构、管理流程五方面。会计智能化的管理伦理是管理基础中的基础，会计智能化需注重管理伦理的建设；会计智能化的战略规划强调战略环境的分析、战略目标设定原则、战略目标体系构建以及战略目标的实施；会计智能化的管理基础离不开制度体系的保障，具体可分为初始期的制度安排、运营期的制度安排和后期的制度安排的持续改进；会计智能化的组织结构将发生重大变化，需对组织结构进行再规划与设计；会计智能化对会计管理流程产生了重大影响，需注重会计智能化管理流程设计的整体思路和要求，及其落地实施。

复习思考

1. 会计智能化管理伦理的困惑有哪些？
2. 是否有必要进行会计智能化战略规划，具有哪些作用？
3. 如何分别构建整体的和细分的会计智能化战略目标体系？
4. 如何构建会计智能化制度体系的总体框架？
5. 会计智能化的管理流程设计的思路是什么？

课后作业

名词解释

1.伦理；2.管理伦理；3.会计智能化管理伦理；4.会计智能化战略规划；5.会计智能化战略环境分析；6.会计智能化制度体系；7.会计智能化组织结构设计；8.会计智能化管理流程设计。

简答题

1.会计智能化管理伦理建设主要包含哪些方面？

2.会计智能化战略规划的基本流程主要包括哪些？

3.会计智能化战略规划具有哪些作用？

4.会计智能化战略环境分析的流程有哪些？

5.会计智能化战略目标设定的原则有哪些？

6.会计智能化战略能力的提升包含哪些方面？

7.会计智能化初始期和运营期的制度安排分别包含哪些？

8.会计智能化制度持续改进的步骤是什么？

9.会计智能化组织结构设计和会计智能化的管理流程设计的原则分别有哪些？

10.会计智能化的管理流程设计整体要求有哪些？

11.会计智能化的管理流程设计需要哪些方面的准备，要素安排有哪些？

参考文献与推荐阅读

[1] 陈汉文，韩洪灵，等．商业伦理与会计职业道德［M］．北京：中国人民大学出版社，2020.

[2] 凌峰，等．企业管理流程设计研究［M］．北京：经济管理出版社，2020.

[3] 刘梅玲，黄虎，佟成生，等．智能财务的基本框架与建设思路研究［J］．会计研究，2020（3）：179-192.

[4] 刘梅玲，黄虎，杨寅，等．智能财务建设之财务组织规划［J］．会计之友，2020（17）：141-146.

[5] 罗莉，刘永春．ABC时代人机结合的会计智能化路径研究［J］．会计之友，2021（12）：142-147.

[6] 孟海华，杨起全，王革．制定T-Plan技术路线图与中小企业技术创新［J］．中国科技论坛，2007（12）：31-34.

[7] 肖序，熊菲．环境管理会计的PDCA循环研究［J］．会计研究，2015（4）：62-69；96.

[8] 续慧泓，杨周南，周卫华，等．基于管理活动论的智能会计系统研究——从会计信息化到会计智能化［J］．会计研究，2021（3）：11-27.

[9] 杨寅，刘勤，黄虎．企业财务智能化转型研究：体系架构与路径过程［J］．会计之友，2020（20）：145-150.

[10] 弋亚群，刘益，李垣. 动态环境下的企业战略环境分析 [J]. 西安交通大学学报（社会科学版），2003（1）：23-28.

[11] 张旭蕾，等. 虚拟企业财务制度安排研究 [M]. 成都：西南财经大学出版社，2018.

[12] 邹庆利. 集团型公司管理会计智能化构架设计研究与探索——以集团型黄金矿业公司实践为案例 [J]. 中国注册会计师，2020（6）：111-119.

第6章 会计智能化的应用场景

人的思维是否具有客观的真理性，这并不是一个理论的问题，而是一个实践的问题。人应该在实践中证明自己思维的真理性，即自己思维的现实性和力量，亦即自己思维的此岸性。

——《马克思恩格斯全集》(第3卷)

真理只有一个，而究竟谁发现了真理，不依靠主观的夸张，而依靠客观的实践。只有千百万人民的革命实践，才是检验真理的尺度。

——《毛泽东选集》第二卷

要学习掌握认识和实践辩证关系的原理，坚持实践第一的观点，不断推进实践基础上的理论创新。

——习近平在口共中央政治局第一次集体学习时的讲话（2015年1月23日）

学习目标

1. 掌握智能会计共享平台框架的设计思路；
2. 熟悉人工智能、移动互联网、云计算等新技术在智能会计建设中的具体运用；
3. 了解智能会计建设中的智能报销等具体应用场景的案例。

重点难点

1. 智能会计共享平台框架的设计思路；
2. 大数据等新技术在智能会计建设中的具体运用。

思维导图

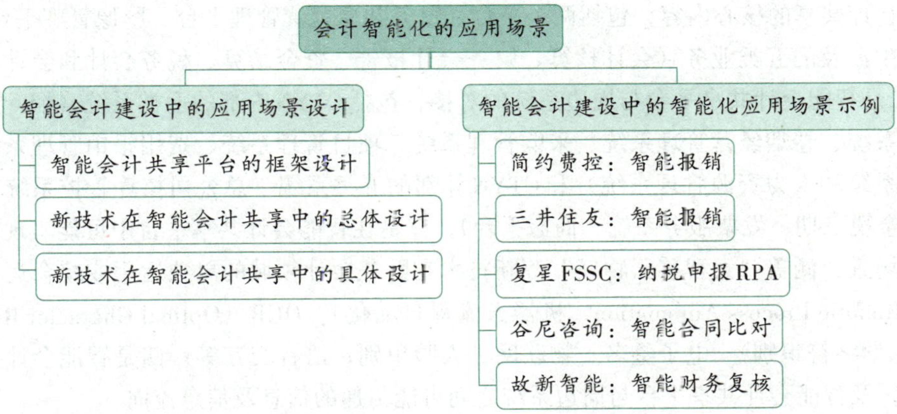

课程思政要点

序号	教学单元	课程思政要点
1	6.1 智能会计建设中的应用场景设计	实践是检验真理的唯一标准
2	6.2 智能会计建设中的智能化应用场景示例	实践是检验真理的唯一标准

注：本表关于课程思政要点为建议内容，授课教师可根据实际情况进行必要的调整。

导入案例

信息技术是全球研发投入最为集中、创新最为活跃、应用最为广泛、辐射带动最为显著的技术创新领域，所创造的价值和发挥的作用前所未有。近年来，信息技术已经渗透到会计从业人员工作的方方面面，信息技术的爆裂式发展为会计行业带来了日新月异的变化和前所未有的挑战，会计人员的业务转型已经成为共识，但如何利用快速发展的信息技术促进会计工作的转型则还有诸多值得探讨之处。2002年，上海国家会计学院曾经发起“影响会计从业人员的十大信息技术”评选，在当时的业内引起很大关注。

2017年，上海国家会计学院在中国会计学会会计信息化专业委员会的学术支持下，携手多家合作机构，发起并恢复举办了“影响中国会计从业人员的十大信息技术”（以下简称“十大信息技术”）评选活动，并在2018年、2019年、2020年、2021年、2022年、2023年连续举行。本章将以中国烟草总公司云南省公司（包括省公司机关及所属单位，以下简称“云南烟草商业”或“CTYN”）为例，着重探讨十大信息技术在财务领域的智能化应用场景。

6.1 智能会计建设中的应用场景设计

6.1.1 智能会计共享平台的框架设计

CTYN智能会计共享平台的框架设计如图6-1所示。框架中展现了如下四项内容：一是智能会计共享的核心内容，包括两个平台（财务共享运营管理平台、影像管理平台），以及平台中涉及的五类业务（会计核算、财务会计报告、资金结算、税务会计和会计档案管理）；二是智能会计共享平台与周边系统的对接，包括CTYN内部的七类系统（烟叶生产经营管理系统、卷烟经营管理系统、采购管理系统、项目管理系统、费用报销管理系统、资产管理系统和人力资源管理系统）和CTYN外部的五类系统（总公司核算管控系统、银行系统、金税三期、发票服务系统、商旅平台）；三是在智能会计共享平台中可能实现的智能化应用场景，涵盖“大智移云物区”等新技术在财务会计领域的单独运用或综合运用，如RPA（Robotic Process Automation，机器人流程自动化）、OCR（Optical Character Recognition，光学字符识别）、电子签名、物联网、人脸识别、语音交互等；四是智能会计共享平台内部，及智能会计共享平台与周边系统之间可能传递的信息及信息流向。

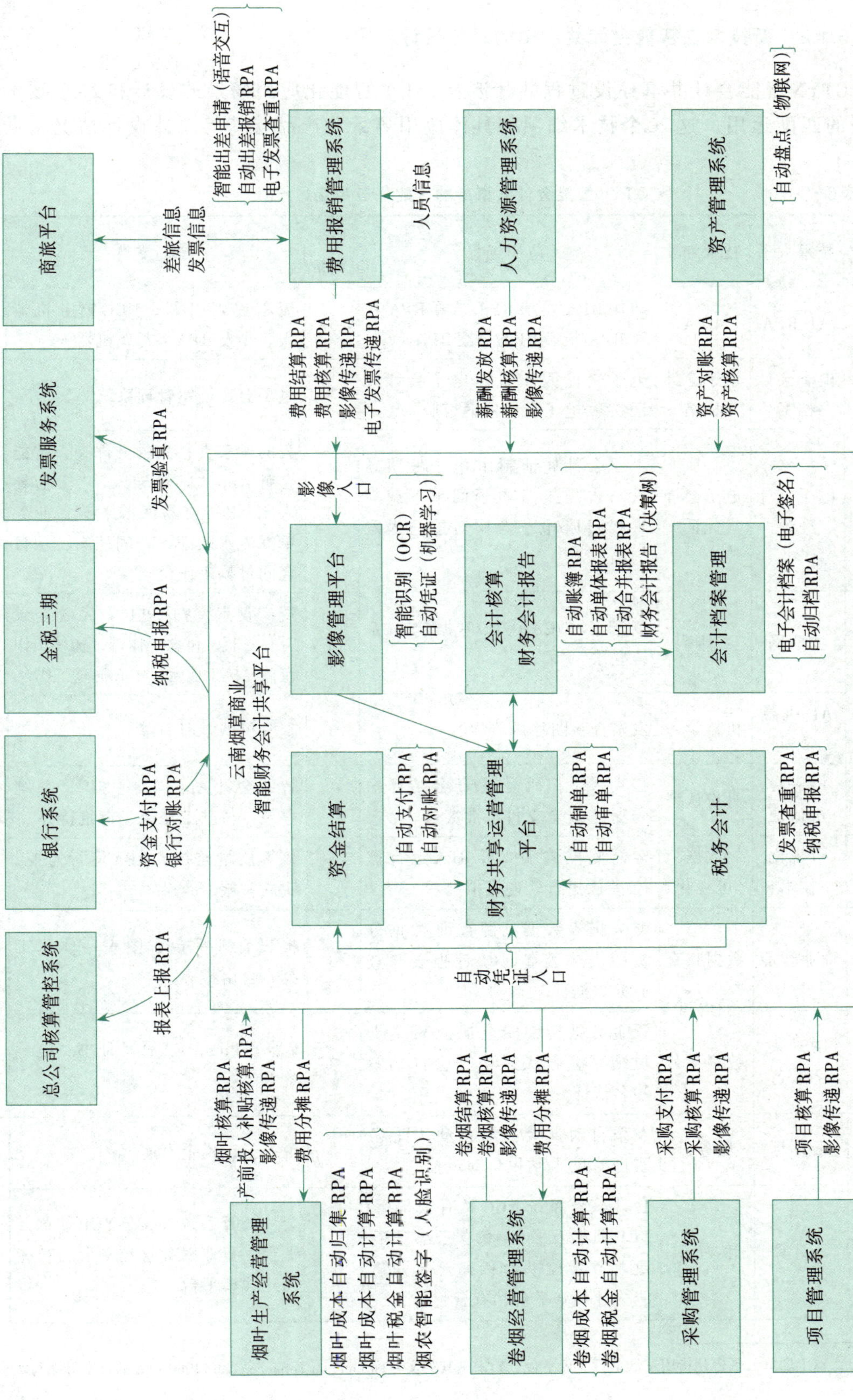

图6-1　CTYN智能会计共享平台的框架

6.1.2 新技术在智能会计共享中的总体设计

CTYN智能会计共享建设过程共计涉及151个智能化应用场景的设计和22个技术细项的匹配运用。这22个技术细项的具体应用场景和产品支持等总体设计情况，见表6-1。

表6-1 CTYN智能会计共享中的智能化应用场景设计

序号	技术大项	技术细项	应用场景	场景数量	产品支持
1	AI-RPA	RPA	通用RPA/发票RPA/结算RPA/核算RPA/报表RPA/档案RPA	69	流程规则引擎，NCC财务机器人，小友RPA，开票机器人
2	电子会计档案	电子会计档案	电子会计凭证归集/电子会计凭证签章/电子会计档案组册	3	电子会计档案管理系统
3	电子会计凭证	电子会计凭证	电子会计凭证制作/电子发票导入与入账归档/电子回单下载与入账归档/电子合同对接与入账归档	4	我的发票夹，我的文件夹，智能会计App“邮箱导入”“微信导入”，银行交易回单下载，业务单据流水匹配，合同档案，项目合同付款工作台
4	物联网	二维码	资产盘点/CA认证/单据定位/系统登录	4	资产盘点“扫一扫”，系统登录“扫一扫”，付款工作台，初核工作台，复核工作台，中心抽查工作台
5	AI-机器学习	机器学习	发票查验图片机器学习	1	查验机器学习引擎
6	INS-身份认证	身份认证	移动App扫码登录/资金结算扫码支付/资金支付审批签名	3	智能会计App“扫一扫”，系统登录，付款工作台，审批待办
7	可视化技术	数据可视化	运营监控数字大屏/RPA运行监控/差旅出行轨迹模拟展示	3	核算质量监控，RPA运行监控，我的差旅
8	商业智能	数据联查	财务报表数据溯源查询/数据分析图表穿透查询/统计报表联查业务数据	3	报表管理平台，图表一体化工具，自由报表
9	INS-数字签名	数字签名	资金数据传输安全加密/资金支付结算签名认证/电子会计档案签名认证	3	E路签Plus，CA移动证书，电子签章
10	云计算	税务云	发票自动查验/发票自动认证/发票自动开具/纳税自动申报	4	税务云，税企直连
11	云计算	私有云	会计核算系统NCC私有云部署/YCP烟草云平台①私有云部署/行业财务管控平台私有云部署/智能会计共享平台私有云整合	4	会计核算系统NCC，YCP烟草云平台，行业财务管控平台，智能会计共享平台

① YCP烟草云平台是指用友烟草行业云平台，YCP是其英文名称YonYou Tobacco Cloud Platforms的首字母缩写。

续表

序号	技术大项	技术细项	应用场景	场景数量	产品支持
12	AI-图像识别	图像识别	发票识别	1	发票智能识别引擎
13	移动互联网	移动应用	发票影像采集/文件资料采集/移动智能差旅/移动智能报账/移动资产盘点	5	我的发票，我的文件，我的单据，我的差旅，智能报账，资产盘点
14	云计算	银企联云	单笔支付/批量支付/批量支付账户校验/余额查询/交易明细查询/交易状态查询/电子回单下载/收付款明细版式文件下载	12	银企联云
15	物联网	云打印	电子会计凭证云打印/移动报销云打印	2	云打印助手，我的云打印，智能报账中心，归档打印工作台
16	AI-知识图谱	知识协同平台	知识共享中心/问题反馈答复/稽核反馈协同	3	知识共享中心，问题管理工作台，稽核反馈处理单
17	财务专家系统	智能稽核	票据自动稽核、合同自动稽核、附件自动稽核、预算自动稽核、业务自动稽核、凭证自动稽核、报表自动稽核	20	智能稽核规则库、智能稽核引擎
18	财务专家系统	智能信用评价	员工信用自动评分	1	智能信用评分引擎
19	AI-语音识别	语音识别	出差申请语音助理/报表查看语音助理	2	小友VPA
20	AI-自然语言处理	自然语言处理			
21	AI-指纹识别	指纹识别	移动智能登录/移动智能签名	2	智能手机指纹识别程序
22	AI-人脸识别	人脸识别	移动智能登录/移动智能签名	2	智能手机人脸识别程序

6.1.3 新技术在智能会计共享中的具体设计

CTYN智能会计共享平台在落地过程中，不仅运用到了人工智能、移动互联网、云计算、物联网等“大智移云物区”新技术，而且运用到了电子会计档案、电子会计凭证、INS-身份认证、INS-数字签名、可视化技术和商业智能六个技术大项。这些新技术的运用，助力CTYN实现了会计核算的标准化、自动化和智能化，会计报表生成的自动化，资金结算的集中化和自动化，税务计算和申报的自动化，会计档案管理的电子化、自动化和无纸化，以及预算控制的业务化、前置化和自动化，从而达成了智能会计建设的第一层次目标——提升财务工作，包括改善会计信息质量、提高会计工作效率、降低会计工作成本、提升会计合规能力、解放会计基础工作人员等。伴随智能会计建设的持续推进，特别是智能管理会计共享平台和大数据分析应用平台的落地，CTYN还会将更多新技术用于智能会计建设，以实现智能会计建设的第二层次目标——更好地服务于业务和管理工作。

1）人工智能的运用

人工智能（artificial intelligence，AI），是研究、开发用于模拟、延伸和拓展人的智能的理论、方法、技术及应用系统的一门新的技术科学，其主要发展方向为感知智能、运算智能和认知智能。

（1）感知智能的运用

感知智能模拟、延伸和拓展人类视觉、听觉、触觉等感知器官的感知能力，包括图像识别、人脸识别、指纹识别、语音识别等技术。CTYN在智能会计共享中具体使用了图像识别、人脸识别、指纹识别和语音识别技术，分别用于发票识别、移动智能登录、移动智能签名、出差申请语音助理和报表查看语音助理等场景。其中，发票识别是指根据拍照或扫描的不同类型发票影像进行智能识别，并将影像信息形成结构化数据。能够识别的发票种类包括：增值税发票（专用发票、普通发票、电子发票）、机动车销售统一发票、通用机打发票、定额发票、航空运输电子客票行程单、火车票、汽车票、出租车票、过路费票等。移动智能登录是指登录智能会计APP时，通过调用智能手机自带的生物特征识别程序（包括但不限于人脸识别程序、指纹识别程序等）对用户进行生物特征身份认证，身份认证通过后完成系统登录。移动智能签名是指在进行业务处理过程中需要数字签名时，通过调用智能手机自带的生物特征识别程序（包括但不限于人脸识别程序、指纹识别程序等）对用户进行生物特征身份认证，认证通过后调用用户移动CA（Certificate Authority，证书颁发机构）证书，对业务处理进行数字签名。出差申请语音助理是指通过语音“我要出差”与小友VPA（Virtual Personal Assistant，虚拟个人助手）交互，并按一定语义规则用一句话说明相关出差信息，系统据此自动完成出差申请填报并提交审批。报表查看语音助理是指通过语音“我要看报表”与小友VPA交互，并按一定语义规则用一句话说明需要查看的报表名称，系统据此自动调出对应报表的数据信息。

（2）运算智能的运用

运算智能模拟、延伸和拓展人类大脑的快速计算、记忆和存储能力，包括RPA、自动稽核、自动评价、机器学习算法和深度学习算法等。CTYN在智能会计共享中具体使用了RPA、智能稽核和智能评价。

①RPA的运用。

RPA是指通过使用用户界面层中的技术，执行基于一定规则的可重复任务的软件解决方案，是数字化的支持性智能软件，又称数字化劳动力。RPA可用以执行数据检索与记录、图像识别与处理、平台上传与下载、数据加工与分析、信息监控与产出等任务，适宜处理规则明确、业务量大、重复性强、容易出错，涉及结构化数据、异构系统，要求7×24小时不停歇的业务。CTYN在智能会计共享过程中具体运用了69个RPA，遍布于智能会计共享覆盖的五类业务，具体包括会计核算、财务会计报告、资金结算、税务会计和会计档案管理。

按适用范围，RPA可分为通用RPA和专用RPA。其中，通用RPA可用于多类业务，如自动匹配RPA，可用于卷烟采购入库、卷烟货款入账、烟叶收购入库、烟叶收购付款入账、烟叶移库入库、烟叶挑选入库、物资扣款入账、项目单及附件导入、合同单及附件导入、补贴付款入账等多类业务的不同应用场景；专用RPA可用于某一类业务，如发票RPA仅能用于发票管理，包括发票识别、发票查验、发票认证、发票开具和发票打印等具体应用场景。CTYN的专用RPA可分为发票RPA、结算RPA、核算RPA、报表RPA和档案RPA五类，如图6-2所示。

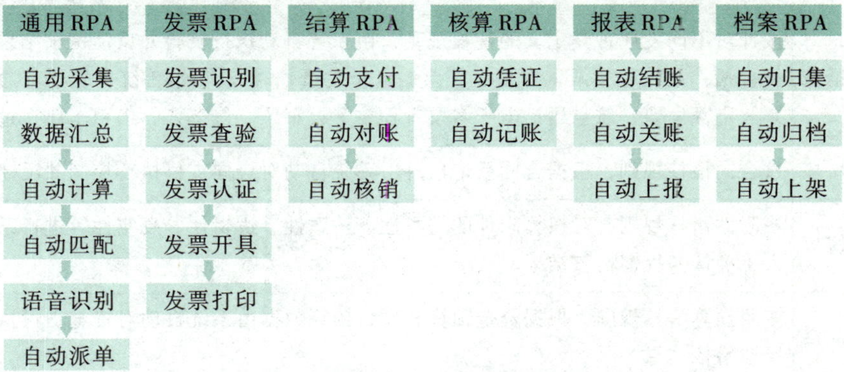

图6-2　CTYN的通用RPA和专用RPA

按涉及业务，RPA可分为各业务类型RPA。CTYN智能会计共享覆盖了会计核算、财务会计报告、资金结算、税务会计和会计档案管理五类业务。除此之外，还需要专门为财务共享运营管理设计相应的RPA，主要用于凭证附件自动归集、三级复核自动派单和工作绩效自动评价等。CTYN在智能会计共享建设过程中，具体使用了面向16类明细共享业务的69个RPA，见表6-2。

表6-2　CTYN各共享业务中的RPA

总体共享业务	明细共享业务	RPA数量
会计核算	卷烟经营管理	6
	烟叶生产经营管理	12
	物资管理	7
	资产管理	2
	费用报销	3
	补贴管理	2
	往来账款管理	3
财务会计报告	期末账务处理	5
	报表管理	2
资金结算	资金管理	3
税务会计	税务管理	15
	发票管理	1
会计档案管理	电子会计档案管理	2
财务共享运营管理	凭证附件自动归集	2
	三级复核自动派单	3
	工作绩效自动评价	1
合计	16	69

②自动稽核的运用。

CTYN自动稽核的范畴，覆盖票据、合同、附件、预算、业务、凭证和报表七大类，其功能描述见表6-3。

表6-3　　CTYN自动稽核运用

自动稽核类别	自动稽核描述
票据自动稽核	按针对不同发票种类定义的稽核规则，由系统自动执行校验并反馈稽核结果，发票种类包括：增值税发票（专票、普票、电子发票）、机动车销售统一发票、通用机打发票、定额发票、航空运输电子客票行程单、火车票、汽车票、出租车票、过路费票等
合同自动稽核	按合同稽核规则，根据合同登记信息由系统自动对合同支付执行控制并反馈稽核结果
附件自动稽核	按附件稽核规则，对核算附件的完整性、一致性、逻辑性、真实性等进行系统控制与人工确认并反馈稽核结果
预算自动稽核	按照预算稽核规则，根据资金预算和项目预算数据由系统自动对资金支付执行控制并反馈稽核结果
业务自动稽核	对资金结算和核算、报账、卷烟经营、烟叶生产经营、物资管理、烟叶产前投入补贴、烟叶基础设施补贴、采购项目、人力成本、资产核算、税务核算、往来核算、复烤加工、罚没烟叶等业务，按照相应业务稽核规则由人机联合完成智能稽核
凭证自动稽核	按凭证管理稽核规则，对会计科目、辅助核算、借贷金额、审核签字、原始凭证完整性等内容进行系统自动控制并反馈稽核结果
报表自动稽核	按报表管理稽核规则，对月报、快报、量本利和物流费用表等报表进行自动审核校验并反馈稽核结果

③智能评价的运用。

CTYN智能评价的运用，目前已实现自动信用评价，即依据员工信用评价规则，针对每一笔业务表单智能稽核结果自动执行员工信用评分，并自动推送消息提醒员工信用评分变化。

（3）认知智能的运用

认知智能模拟、延伸和拓展人类大脑的分析、思考、理解和判断等能力，包括知识图谱、自然语言理解、机器学习等技术。CTYN在智能会计共享中具体使用了知识图谱、自然语言理解和机器学习技术，分别用于知识协同平台、出差申请语音助理、报表查看语音助理和发票查验图片机器学习。其中，知识共享协同平台基于财务知识图谱，一是提供智能会计知识共享（用户在此可查看相关政策制度、使用指南、培训课程，或者搜索相关问题的答复反馈，从而获取到有用的信息开展工作），二是进行问题反馈答复（当用户操作系统遇到问题时，可在当前单据界面发起提问，系统根据反馈机制自动将问题推送给稽核人员处理，提高用户满意度），三是实现稽核反馈协同（三级稽核财务人员在稽核工作过程中发现问题即可在系统内反馈沟通、协同处理并记录过程，提高稽核工作效率）；语音助理的功能如前文所述；发票查验图片机器学习是指通过机器学习发票查验网页（如信天游）的图片信息，模拟人工输入验证码字符，从而获取发票的结构化数据。

2）移动互联网的运用

移动互联网，是移动通信和互联网的结合，同时拥有移动互联网的随时、随地和随身等便利特性，以及互联网的分享、开放和互动等社交特性。CTYN在智能会计共享的智能报账和资产盘点中，用到了移动互联网技术。其中：在智能报销中有4个移动互联网应用场景：一是发票影像采集，即通过智能会计APP能够随时随地完成纸质发票拍照与电子发票采集，并自动进行发票查验与智能稽核处理，将票据稽核前移到业务端；二是文件资料采集，通过智能会计APP个人网盘能够随时随地完成相关文件资料的拍照并合成PDF文件，方便报销时直接调用；三是移动智能差旅，提供从出差申请、审批到报销的全员应用，满足多地点选择出差、多申请合并报销等各种差旅业务情况；四是移动智能报账，提供从申请、审批到报销的全业务报账应用，能够满足企业不同标准业务事项从项目或合同发起的报销处理。

资产盘点有1个移动互联网应用场景，即移动资产盘点，提供从盘点任务下载、二维码扫码盘点到盘点结果上传的全流程管理应用，满足企业多部门、多资产类别移动盘点的需要。

3）云计算的运用

云计算是一种基于互联网的计算方式，可以将共享的软硬件资源和信息按需提供给计算机和其他设备，广义上的云计算包括后台硬件的云集群、软件的云服务、人员的云共享等不同形态。CTYN在部署智能会计共享涉及的税务云、银企联云和智能会计共享平台时，用到了云计算技术。其中：

税务云部署采用公有云方式，实现4项自动化应用：一是发票自动查验，即通过税务云将不同类型发票数据发送到相应验证机构进行查验，验证成功自动获取全票面结构化数据，从而保证发票数据百分之百准确；二是发票自动认证，即月末从税务云自动获取待抵扣进项税发票清单，与企业当月已报销发票进行自动匹配，自动抵扣认证；三是发票自动开具，即根据业务系统和财务系统销售业务数据、开票需求及客户开票信息，连接税务云自动开具相应纸质增值税发票；四是纳税自动申报，即在税款征收期内，根据填制好的各税种纳税申报表直连税务系统进行自动报税。

银企联云部署采用公有云方式，实现12项自动化应用：一是单笔资金支付，二是批量代发工资支付，三是批量代发账户状态校验，四是银行活期账户存款余额查询，五是银行活期账户交易明细查询，六是卷烟货款明细数据查询，七是烟农收、付款明细数据查询，八是单笔资金支付状态查询，九是批量代发工资支付状态查询，十是银行电子回单查询下载，十一是卷烟货款明细版式文件下载，十二是烟农收、付款明细版式文件下载。

4个智能会计共享平台相关系统部署采用私有云方式：一是将会计核算系统NCC私有化部署在CTYN，同时与财务会计共享平台、报表管理系统和管理会计Web NC相关系统无缝对接、一体应用；二是将YCP烟草云平台私有化部署在CTYN，提供财务会计共享系统和管理会计Web NC相关系统的移动互联网应用；三是将行业财务管控平台省级前置端部署在CTYN，提供行业报表平台省内个性化应用的同时，满足与行业财务管控平台中数据的联动一致；四是将YCP烟草云平台、会计核算系统NCC、财务会计共享平台、报表管理系统和管理会计Web NC相关系统全部整合到统一的智能会计共享平台，形成统一用户、统一入口、统一待办、统一样式的全新风格用户界面。

4）物联网的运用

物联网是指，通过二维码识读设备、射频识别装置、红外感应器、全球定位系统和激光扫描器等信息传感设备，按约定的协议，把任何物品与互联网相连接，进行信息交换和通信，以实现智能化识别、定位、跟踪、监控和管理的一种网络，主要解决物品与物品、人与物品、人与人之间的互连。CTYN在智能会计共享中用到了二维码和云打印等物联网技术，其中：

二维码有四个应用场景：一是资产盘点，即资产盘点时，用户通过手机扫描资产标签上的二维码，系统自动匹配资产卡片完成实物盘点处理；二是CA认证，即资金支付结算时，系统自动调取CA二维码，资金管理岗员工通过手机扫码进行身份认证及数字签名后，自动调用银企联云完成资金支付；三是单据定位，即稽核及归档打印员工通过扫码枪扫描凭证或粘单上的二维码，系统自动定位到对应的凭证或单据界面以供后续处理；四是系统登录，即用户访问智能会计共享平台时，系统自动生成二维码，员工通过手机扫描调取用户账号，身份认证通过后完成系统登录。

云打印有两个应用场景：一是电子会计凭证云打印，即通过在连接打印机的PC端安装打印助手，即可在各公司的归档打印工作台共享打印机，为三级稽核人员打印电子会计凭证提供便利；二是移动报销云打印，即企业员工通过智能会计移动APP完成电子文件上传、电子会计凭证导入或生成报销单后，就能够方便地通过云打印完成相关单据的打印工作。

5）其他新技术的运用

除“大智移云物区”新技术之外，CTYN在智能会计共享建设中还用到了六类新技术（即技术大项）。这些新技术运用的业务领域、具体的应用场景和应用场景描述，见表6-4。

表6-4　CTYN其他新技术的运用

序号	技术大项	业务领域	应用场景	应用场景描述
1	电子会计档案	电子会计档案	电子会计凭证归集	自动归集记账凭证关联的全部电子会计凭证附件，通过电子会计档案库提取归档
		电子会计档案	电子会计凭证签章	对自动归集的电子会计档案PDF版式文件进行企业电子签章，以防数据被篡改
		电子会计档案	电子会计档案组册	根据会计档案盒的实际情况，自动完成电子会计档案组册，并据此完成实体会计档案库房的上架工作
2	电子会计凭证	电子会计档案	电子会计凭证制作	将业财数字表单、会计凭证、资产卡片、会计账簿、会计报表等自动生成PDF版式文件
		电子会计凭证	电子发票导入与入账归档	从企业电子邮箱或员工微信卡包导入电子发票，并自动归集至标准业务事项申请报销单，以满足入账及归档需要，包括：电子发票、财政电子票据、电子客票、电子行程单、电子海关专用缴款书等

续表

序号	技术大项	业务领域	应用场景	应用场景描述
2	电子会计凭证	电子会计凭证	电子回单下载与入账归档	将从各金融机构下载的银行电子回单自动匹配到对应的资金收付款单，并自动传递至会计凭证入账归档
		电子会计凭证	电子合同对接与入账归档	将从中烟电子商务交易平台下载的PDF版式电子合同自动匹配卷烟采购合同，并自动传递至会计凭证入账归档
3	INS-身份认证	系统登录	移动APP扫码登录	用户访问智能会计共享平台时，通过手机扫描二维码调取用户账号，身份认证通过后完成系统登录
		资金结算	资金结算扫码支付	资金支付结算时，资金管理岗员二通过扫描界面显示的CA二维码，系统进行身份认证及数字签名后，自动调用银企联云完成资金支付
		资金结算	资金支付审批签名	审批人通过手机审批资金支付单据时，系统自动调用移动CA证书进行身份认证及数字签名后，通过银企联云自动执行资金支付任务
4	INS-数字签名	银企联云	资金数据传输安全加密	在CTYN部署带数字证书的E路签Plus设备，用于银行U-Key自持，同时对从企业端到银企联云之间的数据传输进行安全加密，以防数据被篡改
		资金结算	资金支付结算签名认证	为资金管理岗员工颁发CA移动证书，通过手机扫描支付二维码调用CA移动证书，对资金支付结算数据进行签名，在需要时进行签名认证，以对抗抵赖
		电子会计档案	电子会计档案签名认证	为需要进行实物会计档案属地保管的基层单位颁发数字证书电子签章，对自动归集的电子会计档案PDF版式文件进行企业电子签章，以防数据被篡改
5	可视化技术	共享运营	运营监控数字大屏	通过运营监控数字大屏全面掌握智能会计共享运营实时状态
		RPA机器人	RPA运行监控	通过RPA运行监控及时掌握系统、流程、规则及RPA机器人运行状态
		智能报账	差旅出行轨迹模拟展示	通过智能会计APP，员工可实时掌握个人差旅出行轨迹(基于地图的地点线路)
6	商业智能	报表管理	财务报表数据溯源查询	报表管理平台提供从财务报表、账户余额、明细账到记账凭证、原始凭证的数据追踪溯源查询
		数据分析	数据分析图表穿透查询	利用图表一体化工具定制开发的数据分析图表，可穿透查询数据构成明细
		查询统计	统计报表联查业务数据	通过自由报表灵活配置的统计报表，可方便联查业务数据

6.2 智能会计建设中的智能化应用场景示例

6.2.1 简约费控：智能报销

上海云简软件科技有限公司（简称“简约费控”）智能报销的场景，包括纸质票据的智能报销和电子票据的智能报销。其中，纸质票据的智能报销，包括手机拍照、影像识别、自动验真、自动合规性检测、自动记录报账信用、自动追踪单据状态等关键环节，且不用打印报销单、不用贴发票。电子票据的智能报销，包括多来源收集、自动查重、自动验真、自动合规性检测、PDF原始版式文件实时查看等关键环节，且实现电子票据的无纸化报销、入账和归档。

在报销过程中，用到了OCR（光学字符识别）、深度神经网络、机器学习等智能化技术，不仅提高了财务报销的效率，实现了财务报销的自动化和智能化，而且提高了财务报销的合规性，降低了与财务报销相关的财税风险。其示例视频链接的二维码见右侧。

人工智能在财务报销中的运用

6.2.2 三井住友：智能报销

三井住友海上火灾保险（中国）有限公司（简称“三井住友”）智能报销助手，基于微信小程序，借助OCR（Optical Character Recognition，光学字符识别）、ASR（Automatic Speech Recognition，自动语音识别）、RPA（Robotic Process Automation，机器人流程自动化）等新技术，采用多轮问答（包括中英文的文字问答和语音问答）的方式，完成票据采集、在线审核、费用归口选择，进而借助RPA完成报销单的自动填制，大大提升了财务报销的效率。其示例视频链接的二维码见右侧。

三井住友基于“微信+AI+RPA”的智能报销

6.2.3 复星FSSC：纳税申报RPA

复星财务共享服务中心（简称“复星FSSC”）于2017年正式成立，旨在打造世界一流的财务共享中心，助力OneFosun战略落地，目前业务范围包括数十种业态、全球化的财务审核、资金结算、会计核算、数据信息维护等基础业务，也包括总账税务、财务控制、合并报表及分析等增值管理业务。复星FSSC的亮点如下：一是自动化投资核算，二是智能单据柜，三是财务内控手册，四是财务机器人RPA，这些内容的链接二维码见右侧。

复星之国际财务共享

6.2.4 谷尼咨询：智能合同比对

上海谷尼管理咨询有限公司（简称“DocPark”）出品的“合同智能比对系统”，既支持从Word文档转换生成的PDF合同文件的智能比对，又支持从纸质合同扫描生成的影像合同文件的智能比对。在智能比对过程中，该系统用到了OCR（光学字符识别）、异步处理和大数据等新技术，可快速发现、精准定位并明确标识两个合同文件中的任意不一致的文字及标点符号等，并支持人工对这些不一致之处进行全程留痕式的在线修改确认。这不仅提高了多版本合同比对的工作效率和工作质量，而且降低了多版本合同比对的工作量和工作风险，为企业智能会计建设赢得实效。其示例视频链接的二维码见左侧。

人工智能在合同比对中的运用

6.2.5　故新智能：智能财报复核

广州故新智能科技有限责任公司（简称“故新智能”）出品的“复核宝”，可实现对财务报告和审计报告等文本报告的机器阅读和智能复核，复核内容包括数据一致性、计算正确性、格式正确性和文字准确性等，旨在提升文本报告的质量，降低文本报告出具人和使用人的风险，同时提高文本报告审计人和使用人的效率。其示例视频链接的二维码见左侧。

人工智能在财报复核中的运用

本章小结

本章从“影响会计从业人员的十大信息技术评选”切入，介绍了在智能会计建设过程中，如何进行智能化应用场景的设计和新技术的匹配运用，旨在让学生了解新技术的发展方向和运用趋势，掌握在智能会计建设过程中智能化应用场景的设计方法和新技术的运用思路。其中，“影响我国会计从业人员的十大信息技术”，需要重点和持续关注评选结果、变化趋势和运用要点；智能会计最为本质的特色是智能化应用场景设计和新技术匹配运用，而智能化应用场景设计和新技术匹配运用不仅适用于财务会计共享，而且适用于管理会计共享；智能会计共享主要涉及会计核算、会计报表、资金结算、税务会计、会计档案管理等财务会计工作，该领域的智能化应用场景相对成熟，通过本书中的文字描述和视频展示可见一斑。

复习思考

1.新技术运用和智能化应用场景之间是什么关系？
2.什么是智能会计？智能会计有什么特点？
3.什么样的企业可以建设智能会计？如何建设？
4.智能会计在建设过程中有哪些可以实现的智能化应用场景？

课后作业

名词解释

1.智能会计共享平台；2.人工智能；3.物联网。

简答题

1.智能会计共享平台的设计思路是什么？

2.人工智能在智能会计共享平台建设中有何种应用?

资料题

下载并学习《2023影响中国会计行业的十大信息技术评选报告》(扫码下载)。

《2023影响中国会计行业的十大信息技术评选报告》

参考文献与推荐阅读

[1] 陈虎，孙彦丛，赵旖旎，等. 财务机器人——RPA的财务应用［M］. 北京：中国财政经济出版社，2018.

[2] 刘梅玲，黄虎，刘凯，等. 智能财务建设之智能财务会计共享平台设计［J］. 会计之友，2020（15）：142-146.

[3] 刘梅玲，黄虎，佟成生，等. 智能财务的基本框架与建设思路研究［J］. 会计研究，2020（3）：179-192

[4] 刘梅玲，刘凯，黄虎，等. 智能财务建设之新技术运用设计［J］. 会计之友，2020（16）：141-149.

[5] 刘梅玲，杨寅，佟成生，等. 智能财务师中级教程（一）［M］. 上海：上海财经大学出版社，2021.

[6] 王纪平，刘梅玲，吴忠生，等. 智能财务师初级教程［M］. 上海：上海财经大学出版社，2020.

[7] 吴践志，刘勤，等. 智能财务及其建设研究 ［M］. 上海：立信会计出版社，2020.

第7章 会计智能化的典型应用一：智能会计共享

把坚持马克思主义和发展马克思主义统一起来，结合新的实践不断作出新的理论创造，这是马克思主义永葆生机活力的奥妙所在。

——习近平在哲学社会科学工作座谈会上的讲话

（2016年5月17日）

学习目标

1. 掌握案例公司的智能会计共享平台的设计思路；
2. 熟悉案例公司的智能会计核算自动化设计方案；
3. 了解案例公司的智能稽核设计思路。

重点难点

智能会计共享平台的设计思路。

思维导图

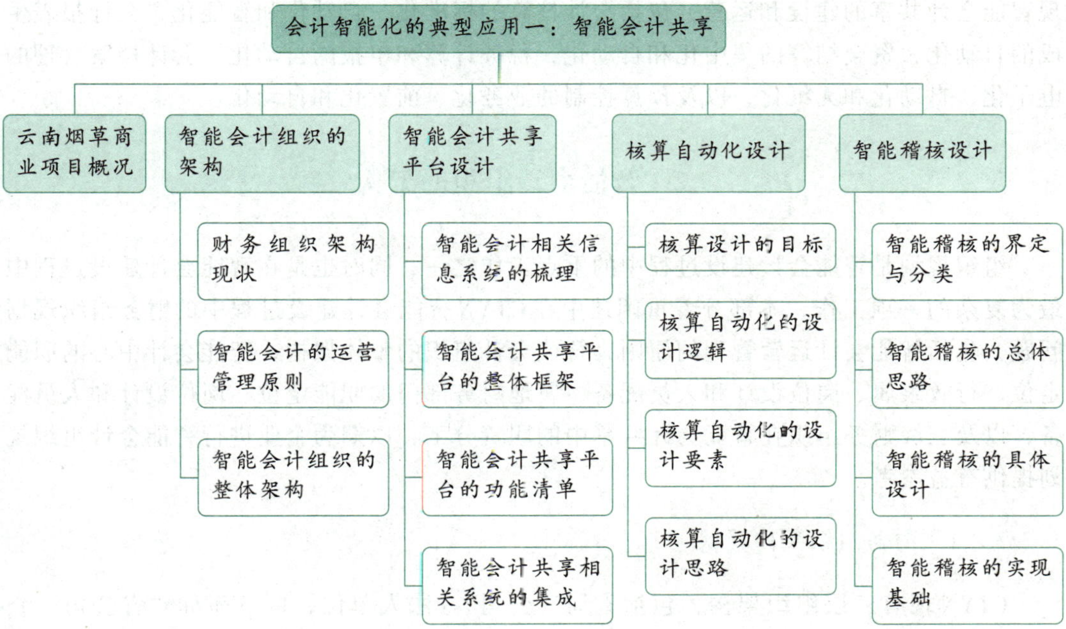

课程思政要点

序号	教学单元	课程思政要点
1	7.2–7.5	马克思主义方法论；创新为第一动力；科学思维和系统思维；实践是检验真理的唯一标准；《会计改革与发展“十四五”规划纲要》；精益求精、工匠精神

注：本表关于课程思政要点为建议内容，授课教师可根据实际情况进行必要的调整。

7.1 云南烟草商业项目概况

在“大智移云物区”等新技术风起云涌的当前，财务数字化问题引发理论界和实务界的广泛关注，其转型实现与企业的财务信息化建设密不可分。而智能会计是财务信息化领域的最新发展阶段，其建设和运营都是一项创新性的探索性工作。智能会计是指将以人工智能为代表的新技术运用于财务工作，对传统财务工作进行模拟、延伸和拓展，以改善会计信息质量、提高会计工作效率、降低会计工作成本、提升会计合规能力和价值创造能力，促进企业财务在管理控制和决策支持方面的作用发挥，通过财务的数字化转型推动企业的数字化转型进程。在企业实务工作中，智能会计建设体现为智能会计共享平台的建设和新型财务组织的构建，主要包括流程设计、平台设计、组织规划和制度设计四项内容。

本章将以中国烟草总公司云南省公司（包括省公司机关及所属单位，以下简称“云南烟草商业”或“CTYN”）为例，阐释智能会计共享的建设和运用[①]。CTYN当前已实现智能会计共享的建设和运营，包括会计核算的标准化、自动化和智能化，会计报表生成的自动化，资金结算的集中化和自动化，税务计算和申报的自动化，会计档案管理的电子化、自动化和无纸化，以及预算控制的业务化、前置化和自动化。

7.2 智能会计组织的架构

组织规划是智能会计建设过程中的重点工作之一，同时也是在智能会计建设过程中最为复杂的一项工作，本部分着重阐述中在CTYN智能会计建设过程中的财务组织规划问题，包括智能会计运营管理的原则，智能会计组织的整体架构，智能会计中心的职能定位、行政隶属、岗位设计和人员配备，属地财务部门的职能定位、岗位设计和人员配备，以及三级财务组织在智能会计共享中的职责分工，以期为企业进行智能会计组织规划提供有益参考。

7.2.1 财务组织架构现状

CTYN现有三层组织架构，包括省局（公司）（法人单位，以下简称“省公司”）、

① 该部分内容总结提炼于“CTYN智能会计建设研究”课题的研究成果。自2019年4月起，课题组正式启动智能会计建设的理论研究和实践探索。从实践和理论层面重点阐述智能会计的基本框架、建设思路、工作方法和具体做法，以期推动国内智能会计事业的良性发展。

各州（市）公司和省公司其他直属单位（皆为法人单位，以下简称“二级单位”），及直属单位下属各县级分公司、物流分公司、复烤厂等三级单位（皆为非法人单位，以下简称“三级单位”）。其财务部门相应分为三级（以下简称“各单位财务部门”），包括省局（公司）财务管理处（以下简称“省公司财务处”），各二级单位财务科，各三级单位财务股（室）。

7.2.2　智能会计的运营管理原则

基于CTYN财务管理和人事管理的实际情况，课题组将CTYN智能会计运营管理的总体原则定为“集中管控、分级负责，上下联动、协同共享”，具体如下：

IFC集中管控整个智能会计的运营管理。统一负责财务相关的政策、制度、规则、流程、标准、模式等，统一提供智能会计共享平台，对各级财务单元的财务工作进行指导、质控和评价，旨在保障平台正常运行，业务正常开展，加强财务监督管理。其中，智能会计共享平台由省局（公司）财务处和下属单位财务人员协同共建、共享和共管。

二级单位财务部门做实管理、人员加强。作为法人主体，二级单位财务部门应用智能会计共享平台，对本单位财务工作负责；加强财务集中管理，会计核算、资金管理、税务管理等财务工作集中到二级单位。二级单位按智能会计共享平台运行管理要求，合理加强财务人员配置。

三级单位财务部门职能缩小、人员调减。作为非法人主体，三级单位财务职能范围缩小，不再涉及会计核算（不含单据初核）、资金管理、税务管理等已经集中到二级单位财务部门的财务工作，并考虑根据智能会计共享平台运转情况和实际财务工作开展情况需要，适时调减财务人员。

7.2.3　智能会计组织的整体架构

CTYN的智能会计建设秉承大共享的理念，既包括会计核算、财务会计报告等财务会计工作的共享，又包括资金管理、资产管理、税务管理、预算管理、成本管理、投资管理、绩效管理和管理会计报告等管理会计工作的共享，是横跨财务会计和管理会计两个财务工作领域的大共享。CTYN基于大共享的智能会计的财务组织整体架构，简称为CTYN智能会计组织架构，如图7-1所示。

从图7-1可见，CTYN智能会计组织架构总体上分为财务会计工作组、管理会计工作组、综合管理工作组和财务专家工作团队。

省公司财务管理处（智能会计中心）主管CTYN智能会计工作，负责集中管理智能会计相关的政策、制度、规则、流程、标准、系统等，指导和监督各单位开展智能会计工作，集中管控与全省烟草商业智能会计相关的风险，通过智能会计共享平台提供标准化、集中化、自动化、智能化的财务共享服务。

州（市）公司财务科负责财务会计工作中的州（市）公司机关的单据初核，整个州（市）公司的凭证复核、支付确认和报表确认工作，负责管理会计工作中的税务管理、资金管理、资产管理、预算管理、成本管理（如有）和财务分析工作，负责综合管理中的纸质会计档案管理和综合事务管理工作。

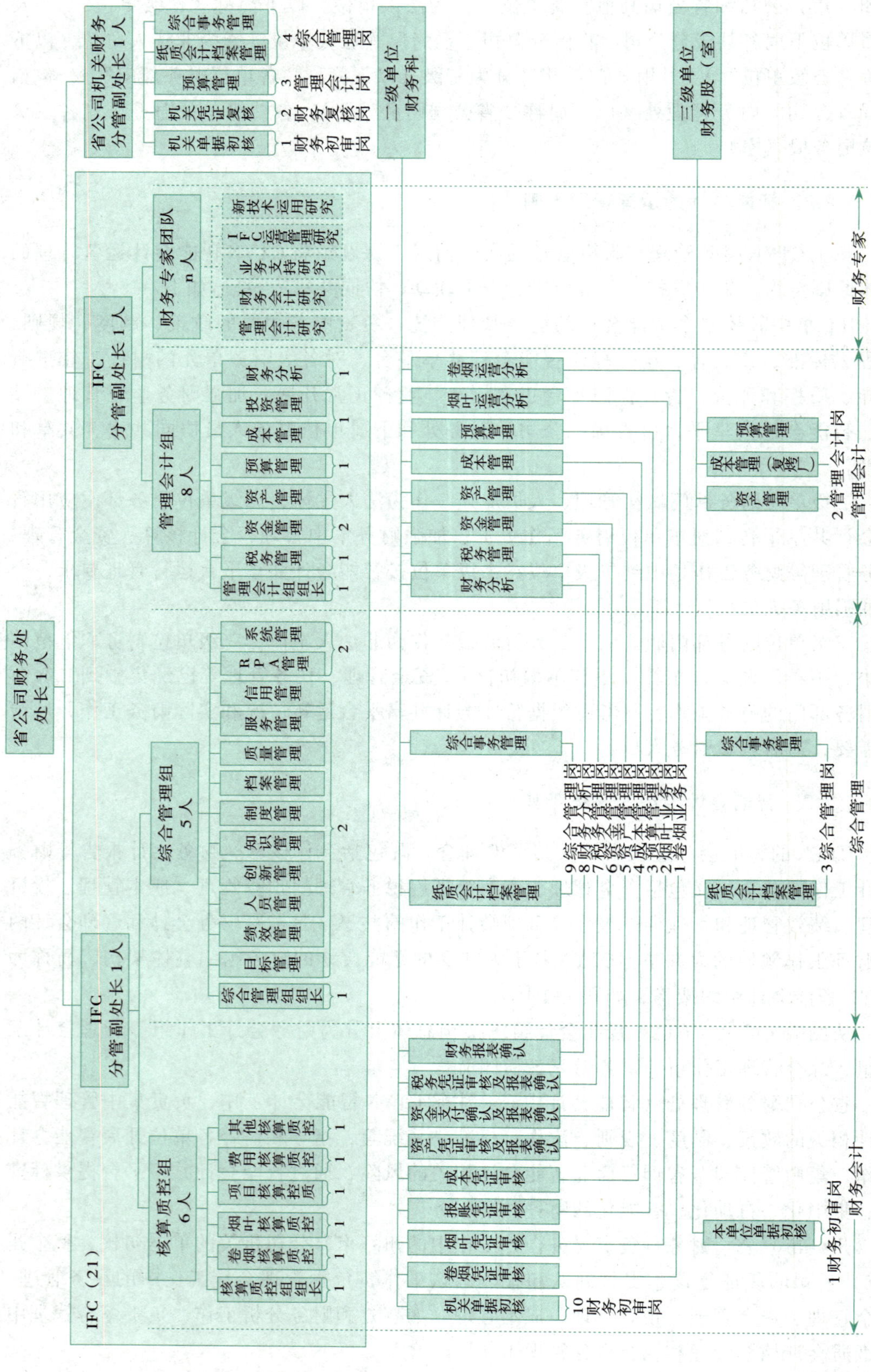

图7-1 CTYN智能会计组织架构

县分公司的财务股（室）负责财务会计工作中的县分公司单据初核工作，负责管理会计工作中的资产管理、预算管理、成本管理（如有）和财务分析工作，负责综合管理中的纸质会计档案管理和综合事务管理工作。

需要说明的是，省公司机关财务的管理，视同州（市）公司机关财务工作，负责财务会计工作中的公司机关的单据初核和凭证复核工作，负责管理会计中的预算管理工作，以及综合管理中的纸质会计档案管理和综合事务管理工作。

7.3　智能会计共享平台设计

平台设计是CTYN智能会计建设过程中的核心工作之一，包括智能会计共享平台设计、智能管理会计共享平台设计和大数据分析应用平台设计。本部分将着重阐述智能会计共享平台的设计问题，包括智能会计相关信息系统的梳理、智能会计共享平台的整体框架设计、智能会计共享平台的功能设计，以及智能会计共享相关系统的集成设计，以期为企业进行智能会计建设提供有益参考。

智能会计建设是信息系统再造的过程，需要秉承系统性、前瞻性、先进性和可行性四项建设原则。一方面，需要引进财务共享运营管理平台、影像管理平台、电子会计档案管理系统等全新的智能会计共享专用信息系统，另一方面，需要改造提升与智能会计共享相关的业务系统、财务系统和管理系统，以解决智能会计建设过程中的系统对接问题和系统整体优化问题，从而实现文件附件的电子化和数字化、财务处理的自动化（含自动化稽核和凭证自动生成），以及电子会计档案归集的自动化。

7.3.1　智能会计相关信息系统的梳理

信息系统梳理，旨在了解信息系统现状和需求，以为智能会计共享平台的整体设计奠定基础。为做好CTYN智能会计平台本身的设计，以及与周边系统的集成设计，课题组从CTYN的业务大类出发，考虑每类业务所需的信息系统功能，梳理了与智能会计建设相关的信息系统，包括烟叶生产经营管理相关系统等8个信息系统类别，以及烟叶基础软件等44个具体信息系统，见表7-1。

表7-1　CTYN智能会计相关信息系统

信息系统类别编号	信息系统类别名称	信息系统编号	所需功能	对应信息系统
1	烟叶生产经营管理相关系统	1	烟叶合同管理	烟叶基础软件
		2	烟叶种植灾害管理	灾害管理系统
		3	烟农投保管理	烟农补贴及保险管理系统
		4	烟叶收购管理	烟叶收购系统
		5	烟叶调拨管理	烟叶调拨系统

续表

信息系统类别编号	信息系统类别名称	信息系统编号	所需功能	对应信息系统
1	烟叶生产经营管理相关系统	6	烟叶库存和销售管理	烟叶供应链管理系统
		7	烟叶复烤加工和仓储管理	复烤生产管理系统
2	卷烟经营管理相关系统	8	卷烟采购	卷烟营销系统
		9	卷烟销售	卷烟营销系统
		10	卷烟仓储/分拣/配送	物流管理平台
3	采购管理相关系统	11	工程采购	采购管理系统
		12	物资采购（固定资产）	采购管理系统
		13	物资采购（消耗品）	采购管理系统
		14	烟用物资采购	采购管理系统
		15	服务采购	采购管理系统
		16	烟叶基础设施项目采购	采购管理系统
		17	科技项目采购	采购管理系统
4	项目管理相关系统	18	投资项目管理	采购管理系统
		19	科技项目管理	采购管理系统
		20	烟叶基础设施管理	基础设施建设管理系统
5	资产管理相关系统	21	固定资产管理	资产管理系统
		22	物资管理（烟用）	烟用物资管理系统
		23	物资管理（非烟用）	非烟用物资管理系统
6	商旅报账管理相关系统	24	商旅管理	商旅管理平台
		25	费用报销	报销管理系统
		26	资金结算	资金管理系统
7	人力资源管理相关系统	27	基础信息管理	人力资源管理系统
		28	薪酬管理	人力资源管理系统

续表

信息系统类别编号	信息系统类别名称	信息系统编号	所需功能	对应信息系统
8	财务管理相关系统	29	总账	总账模块
		30	应收管理	应收管理模块
		31	应付管理	应付管理模块
		32	存货核算	存货核算模块
		33	报表管理	报表系统
		34	财务会计报告	财务会计报告系统
		35	资金管理	资金管理系统
		36	税务管理	税务管理系统
		37	全面预算管理	全面预算管理系统
		38	投资管理	投资管理系统
		39	经营绩效管理	经营绩效管理系统
		40	管理会计报告	管理会计报告系统
		41	成本管理	成本管理系统
		42	影像管理	影像管理平台
		43	会计档案管理	会计档案管理系统
		44	财务共享运营	财务共享运营平台

需要说明的是，为确保设计方案中的信息系统的名称相对稳定，也为提高设计方案的推广借鉴价值，表7-1中的第五列“对应信息系统”，是信息系统的标准名称，而非特定软件商提供的具体软件、平台或系统名称。

7.3.2　智能会计共享平台的整体框架

1）概念设计框架

CTYN智能会计共享平台的概念设计框架，如图7-2“CTYN智能会计共享平台的实现逻辑框架”所示。

2）实现逻辑框架

基于CTYN智能会计共享平台的概念设计框架，依据软件开发商的标准产品和基础平台，考虑PC端和移动端的两种应用方式，可构建CTYN智能会计共享平台的实现逻辑框架，如图7-2所示。

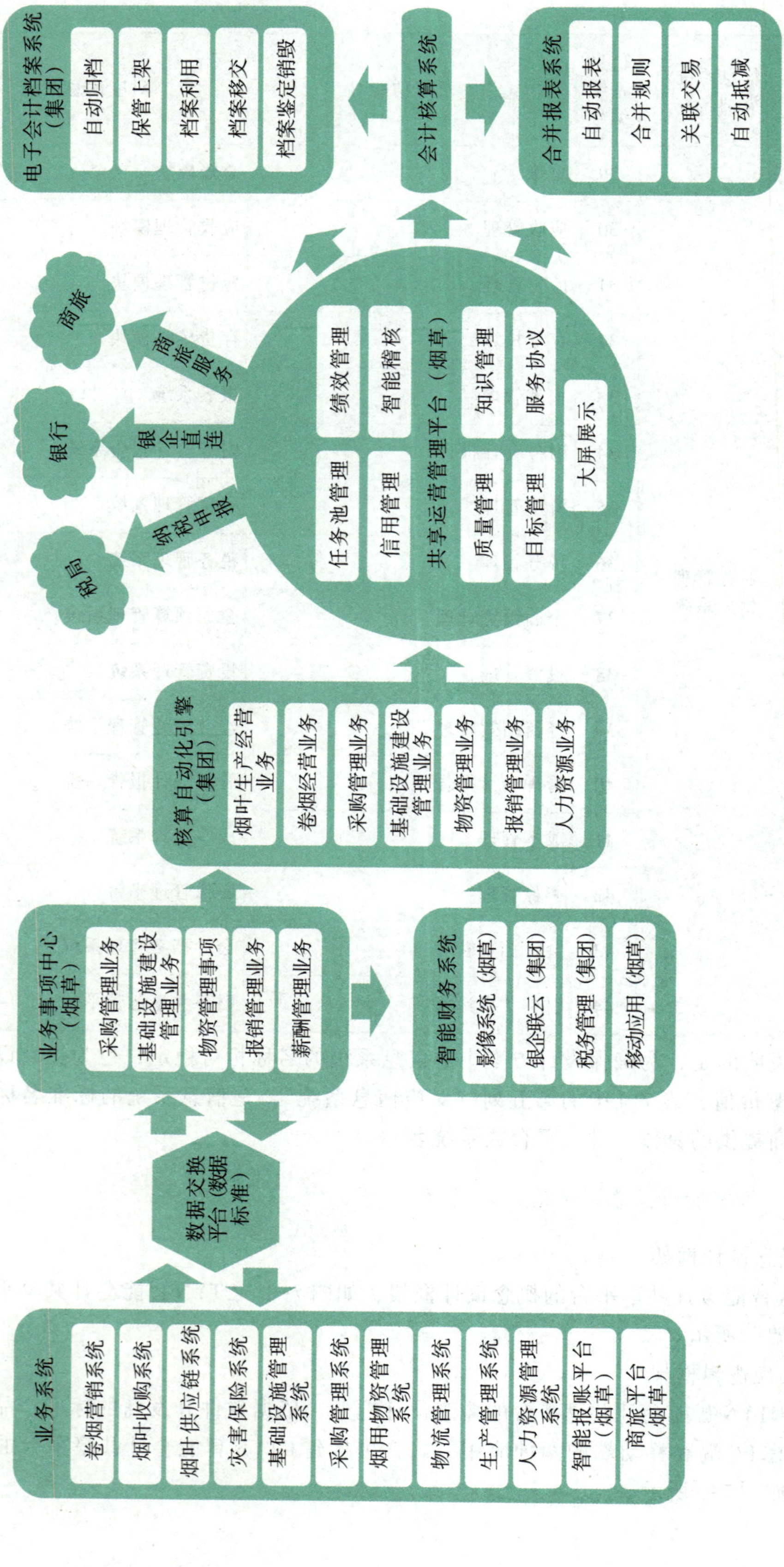

图7-2 CTYN智能会计共享平台的实现逻辑框架

根据图7-2，可归结智能会计共享的九大实现要点，见表7-2。

表7-2　　智能会计共享的实现要点

序号	实现要点	要点描述
1	标准业务事项设置	根据现场组梳理的标准经济业务事项，在业务事项中心设置标准业务事项，包括事项名称和记账凭证模板（摘要、科目名称及方向、辅助核算等）
2	数据交换标准设置	在数据交换平台设置并存储智能会计数据标准
3	业务数据传递转换	通过数据交换平台，实时或定期将业务系统中的相关的结构化数据，转换成符合智能会计数据标准的结构化数据，传递至业务事项中心
4	标准业务数据存储	由业务事项中心根据标准业务事项，判断传递过来的标准业务数据的合规性，并将合规的标准业务数据存储在标准业务事项库中
5	标准表单自动填制	由智能会计系统中的智能报账平台，根据标准业务事项库中的标准业务数据，自动填制标准表单中的相关字段
6	核算自动化实现	当业务事项中心接收到标准业务数据时，或当智能报账平台中有标准表单提交时，由核算自动化引擎根据标准业务事项生成机制记账凭证
7	三级财务稽核实现	需要人工参与的财务稽核工作，由三级审核人员（属地初核、属地复核和IFC抽核）借助共享运营管理平台中的任务池管理和智能稽核工作台实现
8	合并报表数据传递	由共享运营管理平台将经过属地复核的记账凭证推送至会计核算系统，进而用于报表合并
9	电子会计档案数据传递	由共享运营管理平台将经过属地复核的记账凭证推送至会计核算系统，进而定期进行自动归档

7.3.3　智能会计共享平台的功能清单

在图7-2“CTYN智能会计共享平台的实现逻辑框架”中，会计核算系统和部分业务系统的功能已经实现，本次智能会计共享的建设重点是智能化系统（含影像系统、智能报账平台、银企联云、税务管理、商旅平台、移动应用）、业务事项中心、核算自动化引擎、共享运营管理平台、合并报表系统、电子会计档案系统和会计核算系统升级，各系统的功能清单见表7-3。

表7-3　　智能会计共享相关信息系统功能清单

序号	系统名称	功能清单
1	影像系统	对财务要求的所有业务附件资料进行影像批量扫描、影像上传、影像检索、影像OCR识别、影像转正及缩放、自动裁边、影像压缩、APP拍照、影像浏览、影像存储、水印加密、防篡改。其中OCR识别支持电脑端和APP端同步进行拍照识别和一键报销操作
2	智能报账	智能填报、智能稽核（支持三类自动稽核和三级人工稽核）、智能记账等功能

续表

序号	系统名称	功能清单
3	银企联云（资金结算）	账户管理、在线集中支付、实时余额、银企直联、智能对账、资金智能预警、安全认证、数字加密证书、批量扫码支付、回单下载及自动匹配、网银电子报表等
4	税务管理	税种管理、税金计算规则、发票认证、认证台账、抵扣台账、税金计算、税金分配、抵扣核算、税金缴纳、纳税申报、在线查询统计及分析等功能
5	商旅平台	接入第三方商旅服务，满足差旅管理从出差申请、标准控制、预算校验、机票预订、酒店入住、出行打车、一键式账务报销、规范审核、统一结算、自动产生对账清单、费用分析一站式服务
6	移动应用	利用互联网技术，实现在移动APP上进行相关财务及业务的审批操作，同时能够在移动端进行财务相关数据的查询和展现，主要功能包括新闻公告、二维码扫码登录、服务器端管理、设备安全管理、消息提醒、待办审批、查询统计、移动分析、移动商旅、移动报销、移动身份认证、与其他业务系统移动应用集成等
7	业务事项中心	定义标准业务事项（包括标准业务事项编码、标准业务事项名称、业务分类编码、业务分类名称等），标准业务事项对照附件清单、标准业务事项对照预算指标、标准业务事项对照会计科目、标准业务事项对照标准表单模板，以及标准业务事项对照记账凭证模板（包括摘要、会计科目及方向、辅助核算项目等）；检测传递过来的标准业务数据是否符合标准业务事项所需数据的标准
8	核算自动化引擎	凭证汇总规则定义、业务数据转换凭证接口定义、凭证附件张数自动计算规则配置、电子凭证与影像附件规则配置、会计科目借贷金额试算平衡校验、会计科目对照业务分类规则配置，根据标准业务事项库自动生成机制凭证并传递至共享运营管理平台和会计核算系统
9	共享运营管理平台	作业任务处理、作业任务管理、组员工作台、组长工作台、绩效看板、员工信用管理、运营绩效管理、智能稽核等功能，以及服务委托、流程管理、派单规则、提取规则、服务组、作业处理角色、目标任务管理等后台配置维护功能
10	合并报表系统	报表数据采集自动化、智能对账、智能合并、数据穿透查询，以及与行业财务管控平台、行业对账系统的集成等
11	电子会计档案系统	包括系统管理（单位管理、用户管理、日志管理、电子签章管理、FTP接口设置）、归档管理（立卷、新增档案、电子数据采集、档案装册、档案拆册、档案归档、重新归档 、数据清除）、档案利用（档案查询、查阅申请、查阅审批、档案查阅、档案借阅、模糊搜索、收藏功能、统计展板）、档案管理（档案移交、档案鉴定、档案销毁）
12	会计核算系统升级	升级为NCC最新稳定产品，升级内容包括：总账、固定资产、现金管理、应收管理、应付管理、存货核算等；迁移内容包括：会计核算系统整体历史数据迁移、与行业财务管控平台和行业对账系统的接口迁移等

7.3.4 智能会计共享相关系统的集成

1）集成要点

在CTYN智能会计共享建设过程中，为实现核算自动化和电子会计档案等智能会计共享建设目标，企业需要考虑多方面系统的集成。集成要点、集成目标，以及该集成对于智能会计三大建设逻辑（业务驱动财务、管理规范业务、数据驱动管理）的支持，见表7-4。

表7-4 智能会计共享集成要点

集成要点	集成目标	建设逻辑
核算自动化	核算自动化	业务驱动财务
预算编制自动化	预算编制自动化	业务驱动财务
预算批复数反馈	预算控制前置化	管理规范业务
业务端预算控制自动化	预算控制自动化	管理规范业务
预算执行数自动归集	预算分析自动化	业务驱动财务
资金支付入口点增加	结算集中化	业务驱动财务
与影像系统集成	稽核线上化	管理规范业务
	会计档案电子化	业务驱动财务
与流程平台集成	流程集中化	数据驱动管理
审批待办集成	审批集中化	管理规范业务

2）集成需求

基于表7-4的集成要点，梳理CTYN智能会计共享建设过程中的具体集成需求，见表7-5。

表7-5 智能会计共享相关系统集成需求

业务系统类别	业务系统名称	核算自动化	预算编制自动化	预算批复数反馈	业务端预算控制自动化	预算执行数自动归集	资金支付入口点增加	与影像系统集成	与流程平台集成	审批待办集成
烟叶生产经营管理相关系统	灾害管理系统	√	×	×	×	×	×	×	×	√
	烟叶收购系统	√	×	×	×	×	×	×	×	√
	烟叶供应链管理系统	√	×	×	×	×	×	√	×	√
	复烤生产管理系统	√	×	×	×	×	×	×	×	√
卷烟经营管理相关系统	卷烟营销系统	√	×	×	×	×	×	×	×	√
	物流管理平台	√	√	√	√	√	√	√	×	√

续表

业务系统类别	业务系统名称	核算自动化	预算编制自动化	预算批复数反馈	业务端预算控制自动化	预算执行数自动归集	资金支付入口点增加	与影像系统集成	与流程平台集成	审批待办集成
采购管理相关系统	采购管理系统	√	√	√	√	√	√	√	√	√
项目管理相关系统	基础设施建设管理系统	√	√	√	√	√	√	√	×	√
资产管理相关系统	物资管理系统	√	×	×	×	×	×	×	×	√
商旅报销管理相关系统	报销管理系统	√	√	√	√	√	√	√	√	√
人力资源管理相关系统	人力资源管理系统	√	×	×	×	×	√	√	×	√

由表7-5可见，智能会计共享平台的建设，需要完成7类11个系统的集成。例如，11个系统均需要完成核算自动化对接；物流管理平台、采购管理系统、基础设施建设管理系统、报销管理系统，需要完成预算编制自动化对接、预算批复数反馈对接，以及业务端预算控制自动化对接。在梳理智能会计共享平台与11个业务系统集成需求的同时，课题组也梳理了这11个业务系统在功能、性能、新技术运用等方面的优化需求，限于篇幅，本书从略。

7.4 核算自动化设计

核算自动化是CTYN智能会计共享的核心建设内容之一，本部分将着重阐述在智能会计建设过程中的核算自动化设计问题，即以标准经济业务事项为中心，探讨核算自动化的设计逻辑、设计要素和设计思路，以期为企业进行智能会计建设提供有益参考。

7.4.1 核算设计的目标

核算，英文为accounting，中文一般翻译为会计核算，是指以货币为主要计量单位，通过确认、计量、记录和报告等环节，对特定主体的经济活动进行记账、算账和报账，为相关会计信息使用者提供决策所需的会计信息。会计核算贯穿经济活动的整个过程，是会计最基本和最重要的职能，又称反映职能。记账是指对特定主体的经济活动采用一定的记账方法，在账簿中进行登记，以反映在账面上；算账是指在日常记账的基础上，对特定主体一定时期内的收入、费用、利润和某一特定日期的资产、负债、所有者权益进行计算，以算出该时期的经营成果和该日期的财务状况；报账是指在算账的基础上，将特定会计主体的财务状况、经营成果和现金流量情况，以会计报表的形式向有关各方报告。

CTYN核算设计的实质目标是提高核算过程的合规性和效率性，以及核算结果的准确性。CTYN核算设计的形式目标是标准化、自动化和智能化。其中，标准化是指全省烟草商业统一会计科目、核算规则、稽核规则、表单附件、处理流程、信息系统等；自动化是指智能会计平台根据记账规则自动生成记账凭证（含凭证要素、辅助核算和核算附件），根据稽核规则自动完成智能稽核（含单据稽核、业务稽核和记账凭证稽核）；智能化是指在会计核算过程中，采用以人工智能为代表的大智移云物区等新技术，如图像识别、语音识别、电子签名和RPA等。

CTYN在实现核算标准化、自动化和智能化的过程中，也实现了核算的电子化、数字化和共享化。其中，电子化是指在业务系统中将纸质原始凭证扫描成影像文件，对于原生电子版文件不再打印；数字化是指对于原始凭证关键信息在业务系统中形成数字化表单，并传递至财务共享运营平台，以结构化数据存储，以标准表单样式展现；共享化是指使用统一财务共享运营管理平台和会计核算系统，根据需求将业财数据在管理权限内共享。

7.4.2 核算自动化的设计逻辑

核算自动化的设计逻辑包括业务驱动财务和管理规范业务。其中，业务驱动财务，即业务活动直接驱动财务会计记账，通过业务系统改造提升（数字化表单和电子化附件）和业财一体化系统对接，实现生产经营业务直接驱动财务会计工作；通过智能稽核后自动生成准确无误的证账表等会计核算结果，经过协同合作半自动生成财务分析报告，自动生成合规的电子会计档案。在实务工作中，业务驱动财务的关键落脚点是标准业务事项的设计与实现。通过标准业务事项及其关联要素的设计，实现业务数据和财务数据的数字化连接和自动化转换。

管理规范业务，即依据标准规则规范业务活动，通过业务系统改造提升（控制标准和控制规则嵌入）和业财管一体化系统的对接，公司的生产经营业务在执行过程中，受企业生产经营管理规则、财务管控标准、业务预算和资金计划等的约束。在实务工作中，管理规范业务的关键落脚点是稽核规则的设计与执行。稽核规则的设计需要基于标准业务事项进行，稽核规则的执行需要借助业财一体的智能会计平台由人机协同实现。

7.4.3 核算自动化的设计要素

CTYN智能会计共享中的核算设计要素包括标准业务事项、标准表单、记账凭证模板、核算附件和稽核规则。

1）标准业务事项

标准业务事项，是企业最细颗粒度的业务流程，如烟叶收购运输费用报销。对于烟叶收购费用报销流程而言，共计涉及运输费等11个费用类型、聚约式收购运费等28个标准业务事项，见表7-6。

表7-6 CTYN标准业务事项示例

费用类型	标准业务事项	标准业务事项说明
运输费	聚约式收购运费	收购期间发生的运输烟叶至收购烟站（点）的运输费用
	烟站（点）至客户指定入库点运费	收购期间发生的烟站（点）至客户指定入库点的运输费用

续表

费用类型	标准业务事项	标准业务事项说明
运输费	烟站（点）至周转仓库运费	收购期间发生的烟站（点）至周转仓库的运输费用
	烟站内部倒短运费	收购期间发生的烟站内部倒短的运输费用
	支付初烟运费（烟叶公司）	收购期间烟叶公司采购初烟入库前的运输费用
	其他运输费	收购期间发生的其他运输费
挑选整理费	烟叶挑选整理费	收购期间为收购烟叶直接发生的挑选整理费用
劳务费	烟叶打包人员劳务费	收购期间为收购烟叶直接发生的烟叶打包外包费用
	烟叶助收人员劳务费	收购期间为收购烟叶直接发生的烟叶助收人员外包劳务费用
	烟叶烘烤辅导员劳务费	收购期间为收购烟叶直接发生的烟叶烘烤辅导员的外包劳务费用
	烟叶其他人员劳务费	收购期间为收购烟叶直接发生的其他人员劳务费
烟叶临时人员工资	烟叶收购临时人员工资	收购期间聘请的为烟叶收购直接发生的烟叶临时人员工资
装卸费	烟站（点）调出上车费	收购期间烟站（点）烟叶调出上车发生的装卸费用
	烟站内部倒短装卸费	收购期间为烟站（点）内部倒短发生的装卸费用
包装费	领用新麻片	收购期间为收购烟叶直接发生的新麻片包装费用
	领用旧麻片	收购期间为收购烟叶直接发生的旧麻片包装费用
	领用系统内回收旧麻片	收购期间为收购烟叶直接发生的系统内回收旧麻片包装费用
	领用麻线	收购期间为收购烟叶直接发生的麻线包装费用
	领用麻绳	收购期间为收购烟叶直接发生的麻绳包装费用
	领用标签	收购期间为收购烟叶直接发生的标签包装费用
	领用其他烟用包装物	收购期间为收购烟叶直接发生的其他包装费用
租赁费	报销烟叶收购租赁费用	收购期间为收购烟叶直接发生的租赁费用
长期待摊费用摊销	摊销烟叶收购租赁费用	收购期间为收购烟叶长期租赁场地、房屋等待摊费用摊销产生的租赁支出
保管费	领用保管用品	收购期间为收购烟叶直接发生的保管用品费用
	仓库清理消毒杀虫费	收购期间为收购烟叶直接发生的仓库清理消毒杀虫费用
	其他保管费	收购期间为收购烟叶直接发生的其他保管费用
检验费	烟叶收购检验费	收购期间为收购烟叶直接发生的烟筐、电子秤等检验费用
其他费用	烟叶收购其他费用	收购期间为收购烟叶直接发生的其他烟叶收购费用

2）标准表单

标准表单是指按照企业标准和要求，可在报账系统中定义的表单模板，定义内容包括屏幕显示内容、屏幕显示格式，以及打印内容和打印格式等。CTYN通过报账系统处理三大类事项：费用事项、资金事项和账务事项；涉及五类表单：费用业务申请类表单、费用报销类表单、资金支付类表单、资金收入类表单，以及账务处理类表单，见表7-7。

表7-7　　CTYN标准表单分类

事项类别	事项	费用业务申请	费用报销	资金支付	资金收入	账务处理
费用事项	普通事项	普通业务事项申请	普通报销单			
	出国	出国呈报表				
	接待	接待申请	接待费报销单			
	自办会议（培训）	自办会议（培训）申请	自办会议（培训）报销单			
	出差	出差申请	差旅费报销单			
	维修	维修申请	车辆费用报销单			
			维修报销单			
	车辆运营		车辆费用报销单			
	专卖		专卖费用报销单			
资金事项	项目			项目付款单		
	往来			往来付款单		
	资金划转			资金划转单		
	烟叶产前投入补贴			烟叶产前投入补贴付款单		
财务事项	收款				收款事项登记单	
	调账					调账单
	摊销					摊销单
						领用摊销单
	计提					计提单
						税费计提单

3）记账凭证模板

记账凭证是财会部门根据原始凭证填制，记载经济业务简要内容，确定会计分录，作为记账依据的会计凭证。记账凭证必须具备以下基本内容：①记账凭证的名称及填制单位名称；②填制记账凭证的日期；③记账凭证的编号；④经济业务事项的内容摘要；⑤经济业务事项所涉及的会计科目及其记账方向；⑥经济业务事项的金额；⑦记账标记；⑧所附原始凭证张数；⑨会计主管、记账、审核、出纳、制单等有关人员的签章。

核算自动化要实现的核心内容之一是通过为标准业务事项设置记账凭证模板，由系统自动生成记账凭证的所有内容，且无需人工进行任何干预。记账凭证模板设计的核心内容包括⑤经济业务事项所涉及的会计科目及其记账方向，以及相应辅助核算，如下所示：

借：烟叶收购费用——运输费［部门档案］

应交税费——应交增值税——进项税额［部门档案］［增值税税率］

贷：银行存款——××银行［部门档案］［资金账户］［现金流量项目］

预付账款——其他［部门档案］［客商辅助核算］

4）核算附件

核算附件是指记账凭证生成时必要的附件，又称原始凭证。为实现会计核算的标准化和数字化，CTYN按如下规则对核算附件进行统一梳理和规范：

若是企业从外部接收或内部生成的纸质文件，如纸质验收报告，则通过影像管理系统，对扫描生成的影像文件进行线上传递、存储和展示，线下进行纸质文件传递；对于能够识别的影像文件，如纸质增值税专用发票，则同时识别为结构化数据进行传递、存储和展示。

若是企业从外部接收的电子文件，如增值税电子普通发票，则通过关联邮箱，直接以原始电子文件传递、存储和展示；关联邮箱实现之前，可通过人工手动上传原始电子文件。

若是企业内部生成的电子附件，如烟叶收购费用明细表，则由业务系统向智能会计系统推送结构化数据，智能会计系统根据核算附件模板，生成PDF文档进行传递、存储和展示。

5）稽核规则

稽核是指为确保核算的真实性、合法性、合规性、合理性，对核算附件和记账凭证进行的审核和自查工作。CTYN的稽核工作，包括属地初核、属地复核和IFC（智能会计中心，Intelligent Finance Center）抽核。稽核规则是指在稽核过程中依据的法则，包括稽核内容和稽核要点。一般而言，稽核内容即核算附件中的内容，及其与记账凭证内容之间的匹配性；稽核要点包括核算附件的完整性、真实性、合法合规性和逻辑合理性。例如，对于差旅报销中的增值税发票，常见的稽核要点、稽核细则和可能适用的稽核方式见表7-8。

表7-8　增值税发票的稽核规则示例

稽核要点	序号	稽核细则	适用稽核方式
真实性	1	发票金额与付款记录是否一致	系统自动稽核
合法性	2	发票要素是否齐全	系统自动稽核
	3	发票的公司抬头与税号是否正确	系统自动稽核
	4	进项税是否在认证期限内	系统自动稽核
	5	差旅可否作为进项税额进行抵扣	系统自动稽核
合规性	6	发票粘贴是否符合规范	人工手动稽核
	7	纸质发票与影像发票的一致性	人工手动稽核
	8	发票金额与报销单金额是否一致	系统自动稽核
	9	是否符合公司出差标准	系统自动稽核
	10	是否在规定报销时限内	系统自动稽核

续表

稽核要点	序号	稽核细则	适用稽核方式
合规性	11	本单报销是否超过单项预算	系统自动稽核
	12	本单报销是否超过部门预算	系统自动稽核
	13	住宿费是否取得增值税专用发票	系统自动稽核
	14	行程轨迹是否合规	人工手动稽核
合理性	15	发票城市是否在出差地域范围	系统自动稽核
	16	发票时间是否在出差时限范围	系统自动稽核
	17	发票是否多张连号	系统自动稽核
	18	费用类型是否选择正确	人工手动稽核
	19	费用是否合理	人工手动稽核

7.4.4　核算自动化的设计思路

CTYN核算自动化的设计思路如图7-3所示，即以标准业务事项为中心，通过厘清标准业务事项和业务流程、标准表单、核算附件、记账凭证模板、稽核规则之间的关系，实现核算的标准化、自动化和智能化。

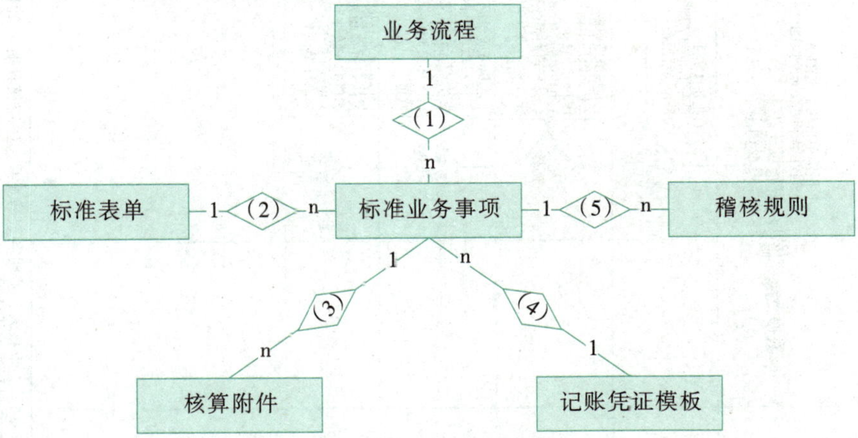

图7-3　CTYN核算自动化的设计思路

1）业务流程与标准业务事项（1∶n）

理论上，业务流程与标准业务事项之间应为一对一的关系，但在实务工作中，考虑成本效益原则，业务流程图的业务颗粒度通常大于标准业务事项的业务颗粒度，即一个业务流程可覆盖多个标准业务事项。为此，业务流程与标准业务事项之间是一对多（1∶n）的关系。例如，对于烟叶收购费用报销业务而言，一个烟叶收购费用报销流程（如图7-4所示），对应多个标准业务事项．其中，涉及运输费的标准业务事项有6个（见表7-9）。烟叶收购费用报销流程与烟叶收购费用相关标准业务事项之间的对应关系，见表7-9。

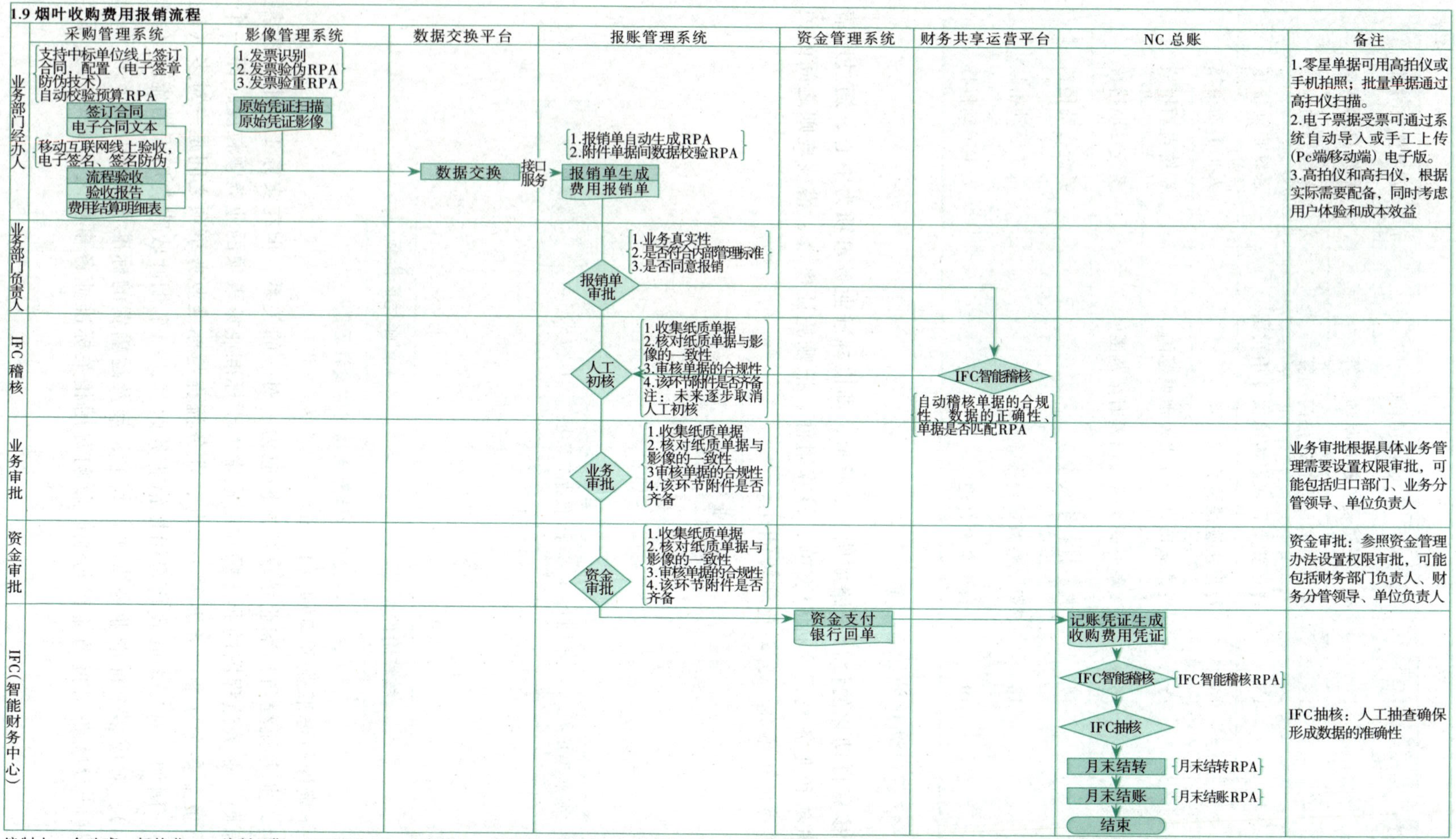

编制人：全玮璨、杨艳萍　　编制日期：2019-07-15　　审核人：严明利、马显兵　　审核日期：2019-07-24　　审定人：钱维娜　　审定日期：2019-07-29

一、流程适用范围：全省各种烟州市公司、云南香料烟有限责任公司。

二、流程重点关注内容：1.合同均在采购管理系统签订电子合同；2.采购管理系统改造升级，开发移动互联网线上验收会签功能；3.费用结算明细表在验收完成后由业务部门线上填制并审核；4.原始单据、发票由业务部门经办人员扫描上传，5.报销单自动生成。

三、核算内容：直接报销类烟叶收购费用（1.9.1运输费，1.9.2挑选整理费，1.9.3劳务费，1.9.4烟叶临时人员工资，1.9.5装卸费，1.9.6租赁费，1.9.7保管费，1.9.8检验费，1.9.9其他费用）。

图7-4　烟叶收购费用报销流程

表7-9 业务流程与标准业务事项的对应关系示例

业务流程	费用类型	标准业务事项
烟叶收购费用报销流程	运输费	聚约式收购运费
		烟站（点）至客户指定入库点运费
		烟站（点）至周转仓库运费
		烟站内部倒短运费
		支付初烟运费（烟叶公司）
		其他运输费
	挑选整理费	烟叶挑选整理费
	劳务费	烟叶打包人员劳务费
		烟叶助收人员劳务费
		烟叶烘烤辅导员劳务费
		烟叶其他人员劳务费
	烟叶临时人员工资	烟叶收购临时人员工资
	装卸费	烟站（点）调出上车费
		烟站内部倒短装卸费
	包装费	领用新麻片
		领用旧麻片
		领用系统内回收旧麻片
		领用麻线
		领用麻绳
		领用标签
		领用其他烟用包装物
	租赁费	报销烟叶收购租赁费用
	长期待摊费用摊销	摊销烟叶收购租赁费用
	保管费	领用保管用品
		仓库清理消毒杀虫费
		其他保管费
	检验费	烟叶收购检验费
	其他费用	烟叶收购其他费用

烟叶收购费用报销在智能会计共享模式下的当前流程为：业务部门经办人通过报账管理系统填制报销单后经智能稽核、属地人工稽核以及审批流程审批后自动生成记账凭证，记账凭证经IFC智能稽核和IFC抽核后月末自动完成结转。待采购管理系统、电子合同系统、数据中心建设完成之后，将采用数据交换的方式，自动生成报销单及相应核

算附件。

2）标准业务事项与标准表单（n：1）

理论上，一个标准业务事项应该对应一个标准表单，但在实务工作中，出于成本效益原则和简便易用原则，可采取合并精简的方式，在一个标准表单中提供多个标准业务事项的选择，即一个标准表单承载多个经济业务事项。为此，标准业务事项与标准表单之间是多对一（n：1）的关系。例如，对于烟叶收购费用报销业务而言，6个与运输费相关的标准业务事项，对应一个费用报销类标准表单——普通报销单，对应关系见表7-10。

表7-10　标准业务事项与标准表单的对应关系示例

业务流程	费用类型	标准业务事项	标准表单
烟叶收购费用报销流程	运输费	聚约式收购运费	普通报销单
		烟站（点）至客户指定入库点运费	普通报销单
		烟站（点）至周转仓库运费	普通报销单
		烟站内部倒短运费	普通报销单
		支付初烟运费（烟叶公司）	普通报销单
		其他运输费	普通报销单
	挑选整理费	烟叶挑选整理费	普通报销单
	劳务费	烟叶打包人员劳务费	普通报销单
		烟叶助收人员劳务费	普通报销单
		烟叶烘烤辅导员劳务费	普通报销单
		烟叶其他人员劳务费	普通报销单
	烟叶临时人员工资	烟叶收购临时人员工资	普通报销单
	装卸费	烟站（点）调出上车费	普通报销单
		烟站内部倒短装卸费	普通报销单
	包装费	领用新麻片	领用单
		领用旧麻片	领用单
		领用系统内回收旧麻片	领用单
		领用麻线	领用单
		领用麻绳	领用单
		领用标签	领用单
		领用其他烟用包装物	领用单
	租赁费	报销烟叶收购租赁费用	普通报销单

续表

业务流程	费用类型	标准业务事项	标准表单
烟叶收购费用报销流程	长期待摊费用摊销	摊销烟叶收购租赁费用	普通报销单
	保管费	领用保管用品	领用单
		仓库清理消毒杀虫费	普通报销单
		其他保管费	普通报销单
	检验费	烟叶收购检验费	普通报销单
	其他费用	烟叶收购其他费用	普通报销单

3）标准业务事项与核算附件（1：n）

在实务工作中，标准业务事项的真实性，通常需要多个不同来源的原始凭证（即核算附件）相互佐证，为此，标准业务事项与核算附件之间是一对多（1：n）的关系。例如，对于烟叶收购费用报销业务而言，每个标准业务事项，最多可能对应6个核算附件，分别为：普通报销单、发票、合同、费用明细表、验收报告、银行回单。

4）标准业务事项与记账凭证模板（n：1）

理论上，标准业务事项与记账凭证模板之间是一对一的关系，但在CTYN实务工作中，记账凭证辅助核算代表的核算颗粒度大于标准业务事项的业务颗粒度，因此，多个业务事项可共用一个记账凭证模板，即标准业务事项与记账凭证模板之间是多对一（n：1）的关系。例如，对于烟叶收购费用报销业务而言，6个与运输费相关的标准业务事项，对应一个记账凭证模板，对应关系见表7-11。

表7-11　标准业务事项与记账凭证模板的对应关系示例

业务流程	费用类型	标准业务事项	记账凭证模板
烟叶收购费用报销流程	运输费	聚约式收购运费	借：烟叶收购费用——运输费［部门档案］ 应交税费——应交增值税——进项税额［部门档案］［增值税税率］ 贷：银行存款——××银行［部门档案］［资金账户］［现金流量项目］ 预付账款——其他［部门档案］［客商辅助核算］
		烟站（点）至客户指定入库点运费	
		烟站（点）至周转仓库运费	
		烟站内部倒短运费	
		支付初烟运费（烟叶公司）	
		其他运输费	
	挑选整理费	烟叶挑选整理费	借：烟叶收购费用——［部门档案］ 应交税费——应交增值税——进项税额［部门档案］［增值税税率］ 贷：银行存款——××银行［部门档案］［资金账户］［现金流量项目］ 预付账款——其他［部门档案］［客商辅助核算］

续表

业务流程	费用类型	标准业务事项	记账凭证模板
烟叶收购费用报销流程	劳务费	烟叶打包人员劳务费	借：烟叶收购费用——劳务费［部门档案］［劳务费项目辅助核算］ 应交税费——应交增值税——进项税额［部门档案］［增值税税率］ 贷：银行存款——××银行［部门档案］［资金账户］［现金流量项目］ 预付账款——其他［部门档案］［客商辅助核算］
		烟叶助收人员劳务费	
		烟叶烘烤辅导员劳务费	
		烟叶其他人员劳务费	
	烟叶临时人员工资	烟叶收购临时人员工资	借：烟叶收购费用——烟叶临时人员工资［部门档案］ 应交税费——应交增值税——进项税额［部门档案］［增值税税率］ 贷：银行存款——××银行［部门档案］［资金账户］［现金流量项目］ 预付账款——其他［部门档案］［客商辅助核算］
	装卸费	烟站（点）调出上车费	借：烟叶收购费用——装卸费［部门档案］ 应交税费——应交增值税——进项税额［部门档案］［增值税税率］ 贷：银行存款——××银行［部门档案］［资金账户］［现金流量项目］ 预付账款——其他［部门档案］［客商辅助核算］
		烟站内部倒短装卸费	
	包装费	领用新麻片	借：烟叶收购费用——包装费［部门档案］ 贷：周转材料——包装物［部门档案］［存货辅助核算］［收发类别］
		领用旧麻片	
		领用系统内回收旧麻片	
		领用麻线	
		领用麻绳	
		领用标签	
		领用其他烟用包装物	
	租赁费	报销烟叶收购租赁费用	借：烟叶收购费用——租赁费［部门档案］ 应交税费——应交增值税——进项税额［部门档案］［增值税税率］ 贷：银行存款——××银行［部门档案］［资金账户］［现金流量项目］ 预付账款——其他［部门档案］［客商辅助核算］

续表

业务流程	费用类型	标准业务事项	记账凭证模板
烟叶收购费用报销流程	长期待摊费用摊销	摊销烟叶收购租赁费用	借：烟叶收购费用——租赁费［部门档案］ 贷：长期待摊费用［部门档案］［长期待摊项目辅助核算］
	保管费	领用保管用品	借：烟叶收购费用——保管费［部门档案］ 应交税费——应交增值税——进项税额［部门档案］［增值税税率］ 贷：银行存款——××银行［部门档案］［资金账户］［现金流量项目］ 预付账款——其他［部门档案］［客商辅助核算］
		仓库清理消毒杀虫费	
		其他保管费	
	检验费	烟叶收购检验费	借：烟叶收购费用——检验费［部门档案］ 应交税费——应交增值税——进项税额［部门档案］［增值税税率］ 贷：银行存款——××银行［部门档案］［资金账户］［现金流量项目］ 预付账款——其他［部门档案］［客商辅助核算］
	其他费用	烟叶收购其他费用	借：烟叶收购费用——其他［部门档案］ 应交税费——应交增值税——进项税额［部门档案］［增值税税率］ 贷：银行存款——××银行［部门档案］［资金账户］［现金流量项目］ 预付账款——其他［部门档案］［客商辅助核算］

5）标准业务事项与稽核规则（1∶n）

如前所述，在实务工作中，标准业务事项的真实性，通常需要多个不同来源的原始凭证（即核算附件）相互佐证，为此，在财务稽核过程中，会计需要确认原始凭证整体的齐备性（即完整性），需要确认每一个原始凭证本身的真实性与合规性，也需要确认原始凭证之间逻辑的合理性以及内容的吻合性，还需要确认原始凭证与记账凭证之间的一致性，因此，对一个经济业务事项的稽核，势必需要借助多条稽核规则。为此，标准业务事项与稽核规则之间是一对多的关系（1∶n）。例如，对于烟叶收购费用报销业务而言，6个标准业务事项，分别对应7条稽核规则。这些稽核规则的稽核内容和要点，以及推荐的稽核方式，见表7-12。

表7-12 标准业务事项与稽核规则之间的对应关系示例

业务流程	标准业务事项	稽核内容和要点	稽核方式
烟叶收购费用报销流程	—聚约式收购运费 —烟站（点）至客户指定入库点运费 —烟站（点）至周转仓库运费 —烟站内部倒短运费 —支付初烟运费（烟叶公司） —其他运输费	—费用明细表金额、发票金额、普通报销单金额是否一致； —发票自动查验并反馈查验结果，查验规则参照发票查验智能稽核规则设置	智能稽核
		—报销附件是否齐全，附件签名、签章是否完整有效； —发票影像文件是否清晰完整且与原件一致； —付款方式，付款金额，收款人账户、账号，付款时间是否与合同约定一致； —附件之间时间逻辑顺序是否合理； —预览临时记账凭证，判断标准业务事项选择是否正确	人工稽核

7.5 智能稽核设计

核算自动化是CTYN智能会计共享的核心建设内容之一，本部分着重探讨核算自动化实现过程中的智能稽核问题，涵盖智能稽核的界定与分类、智能稽核的总体思路、智能稽核的具体设计（包括智能稽核规则库的建设、三类自动稽核的系统实现、三级人工稽核的职责分工，以及整个稽核过程的双向跟踪），以及智能稽核的实现基础（包括稽核功能的定制化开发、稽核规则的标准化设定、业财数据的数字化对接、文本文件的数字化转换），以期为其他企业构建"同台共库、人机协作"的智能稽核提供有益参考。

7.5.1 智能稽核的界定与分类

稽核，又称会计稽核，是财务部门为确保会计核算的真实性、合法性、合规性、合理性，对原始凭证（核算附件）和记账凭证进行的审核和自查工作，包括财务审核和财务稽核。核算过程中的财务审核可确保会计核算过程和结果的质量；核算结束后的财务稽核可提高会计核算结果的质量。CTYN智能会计共享中的会计稽核工作由系统与人工协作完成，是人机协作稽核，简称智能稽核。智能稽核包括系统执行的自动稽核和人工执行的手动稽核，分别简称为自动稽核和人工稽核。CTYN的智能稽核通过智能会计共享平台中的智能稽核工作台实现。智能会计共享平台是指CTYN统一规划建设的智能会计共享平台，通过与业务运营管理平台的集成共享，实现业务驱动财务和管理规范业务，实现会计核算、资金结算、税务会计、财务会计报告、电子会计档案管理等工作的标准化、自动化和智能化，实现智能会计相关信息系统的协同共享和财务会计工作运营管理的上下联动。

7.5.2 智能稽核的总体思路

CTYN智能会计共享中的智能稽核，采用人机协作稽核的方式，包括三类自动稽核（票据自动稽核、业务自动稽核、凭证自动稽核）和三级人工稽核（属地人工初核、属地人工复核、中心[①]人工抽核），其总体设计思路如图7-5所示。其中：

① 中心是指中国烟草总公司云南省公司智能财务中心，隶属于云南省公司财务管理处。

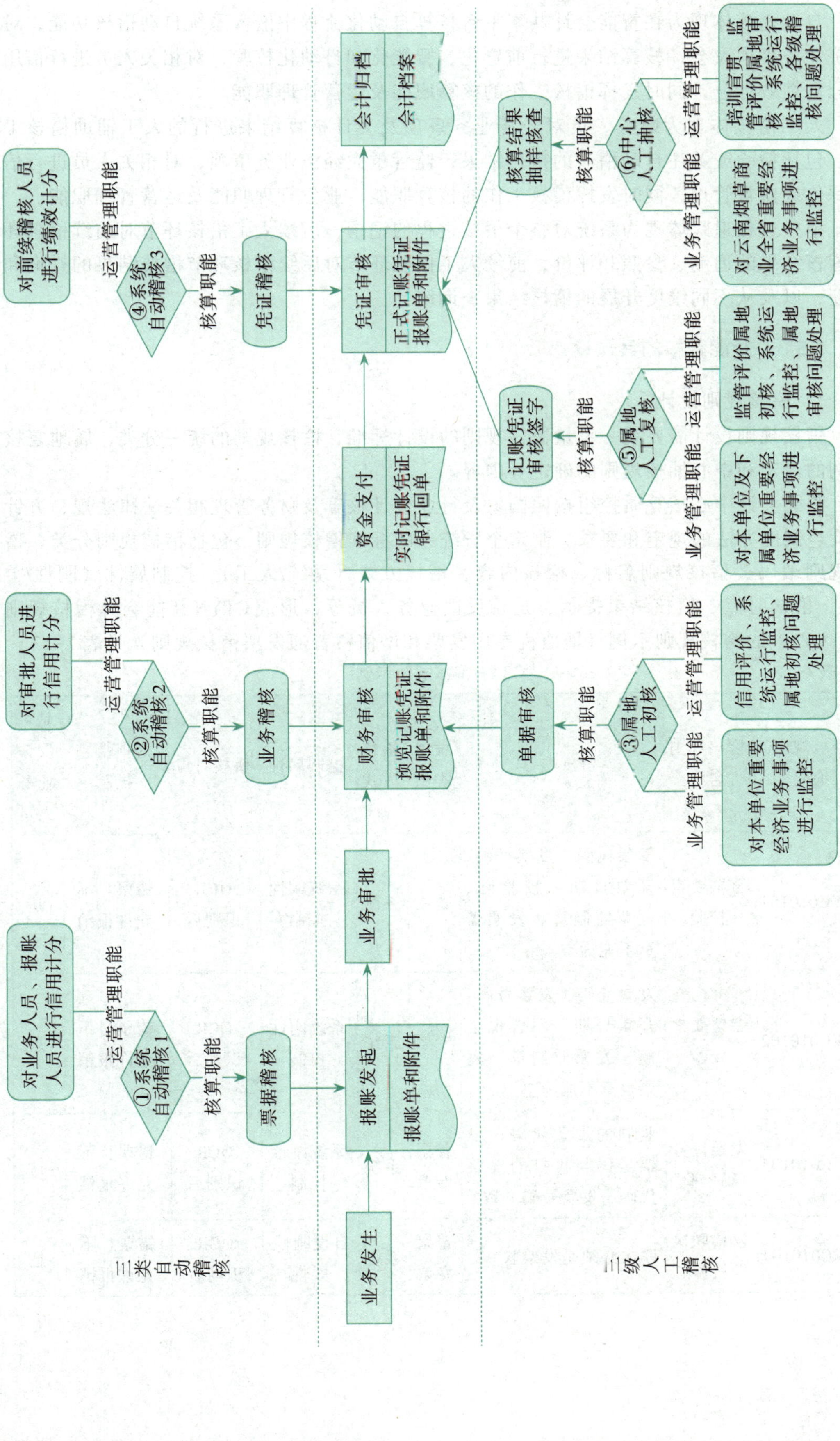

图7-5　CTYN智能稽核（人机协作）的设计思路

自动稽核体现为在智能会计共享平台核算自动化流程中嵌入系统自动稽核功能，对经济业务事项及会计核算结果进行前置化、智能化和自动化校验，对相关人员进行信用计分和绩效计分，同时发挥稽核工作的核算职能及运营管理职能。

人工稽核体现为财务人员对经济业务事项及会计核算结果进行的人工辅助稽核工作，包括检验或关注自动稽核的执行结果，监管重大经济业务事项，对相关人员进行信用评价或监督管理，同时发挥稽核工作的核算职能、业务管理职能及运营管理职能。

稽核过程追踪体现为系统对整个稽核过程的记录，后续人工稽核环节对前续稽核环节稽核结果的追溯、参照和评价，前续人工稽核环节对后续稽核环节稽核结果的查询和反馈，以及从不同维度开展的稽核结果查询统计。

7.5.3 智能稽核的具体设计

1）稽核规则设计

稽核规则设计需要统一考量稽核规则的设计标准，稽核规则的统一分类，属地复核比例的设定和中心抽核规则的确定等内容。

智能会计中心核算质控组按照国家及行业会计核算及财务管理相关法律法规、方针政策、制度办法的规定和要求，制定全省统一的标准稽核规则，包括稽核规则分类、稽核规则编码、稽核规则名称、稽核内容、稽核方式（系统/人工）、控制属性（刚性/柔性）、稽核时点、稽核结果提示、是否反馈业务人员等，形成CTYN智能会计稽核规则库。CTYN的稽核规则示例（增值税专用发票和增值税普通发票稽核规则）见表7-13。

表7-13 CTYN稽核规则示例

稽核规则编码	稽核规则名称	稽核内容	发票类型	稽核方式	控制属性	稽核时点	稽核结果提示	是否反馈业务人员
INVC010101	普票要素校验	发票代码、发票号码、开票日期、校验码、发票监制章、发票盖章不能为空	普票	系统	系统刚性控制	OCR识别后	错票！不允许报销	是
INVC010102	专票要素校验	发票代码、发票号码、开票日期、不含税金额、发票监制章、发票盖章不能为空	专票	系统	系统刚性控制	OCR识别后	错票！不允许报销	是
INVC010103	发票机打码校验	监制的发票代码、发票号码与机打的发票代码、发票号码一致	普票专票	系统	系统刚性控制	OCR识别后	错票！不允许报销	是
INVC010104	发票联次检验	联次必须是发票联	普票专票	系统	自设刚性/柔性	OCR识别后	错票！不允许报销	是

续表

稽核规则编码	稽核规则名称	稽核内容	发票类型	稽核方式	控制属性	稽核时点	稽核结果提示	是否反馈业务人员
INVC010105	发票查重	发票号不能重复报销	普票 专票	系统	系统刚性控制	OCR识别后	错票！不允许报销	是
INVC010106	税局系统验真	增值税发票在税局系统检验真伪	普票 专票	系统	系统刚性控制	验真后	税局查验存疑	是
INVC010107	票面信息真伪检验	纸质识别后的票面信息（购买方名称、纳税人识别号、价税合计金额、销售方信息等）与税务局验真取得的信息进行检验	普票 专票	系统	自设刚性/柔性	验真后	错票！不允许报销	是
INVC010108	专票购买方信息校验	验真结果的购买方名称、纳税人识别号、地址、电话、开户行及账号必须填写正确，与系统预设的信息比对一致	专票	系统	自设刚性/柔性	验真后	错票！不允许报销	是
INVC010109	普票购买方信息校验	验真结果的购买方名称、纳税人识别号必须填写正确，与系统预设的信息比对一致	普票	系统	自设刚性/柔性	验真后	错票！不允许报销	是
INVC010110	跨期报销校验	开票日期与报销日期校验，不允许跨年度	普票 专票	系统	自设刚性/柔性	验真后	跨期报销，请核实！	是
INVC010111	个人购买方校验	购买方为个人时，是否属于本单位职工	普票	系统	自设刚性/柔性	验真后	购买方非本单位职工，请核实！	是
INVC010112	备注栏信息校验	当税收分类编码(*×××*)为“货物运输服务”“建筑服务”“销售、出租不动产”时，备注栏信息不得为空	普票 专票	系统	自设刚性/柔性	验真后	备注栏信息为空，请核实！	是

续表

稽核规则编码	稽核规则名称	稽核内容	发票类型	稽核方式	控制属性	稽核时点	稽核结果提示	是否反馈业务人员
INVC010113	备注栏信息审核	“货物运输服务”“建筑服务”“销售、出租不动产”“差额征税”“税务机关代开”“保险机构代收车船税”发票，备注栏信息必须完整规范	普票专票	人工		属地初核时		
INVC010114	发票专用章审核	发票章必须为发票专用章；专用章上的销售方名称、纳税人识别号必须与发票信息一致	普票专票	人工		属地初核时		
INVC010115	开票人信息审核	开票人、复核人、收款人必须填全，开票人与复核人不得为同一个人	普票专票	人工		属地初核时		
INVC010116	票面信息审核	发票项目齐全，内容真实，字迹清楚，票面清晰，全部联次内容完全一致	普票专票	人工		属地初核时		

2）系统自动稽核设计

系统自动稽核重在完成刚性控制规则的校验，初步完成部分柔性控制规则的校验。就费用报销业务而言，在财务参与的不同业务节点，稽核对象和稽核侧重点不同，具体可分为票据自动稽核、业务自动稽核和凭证自动稽核。

（1）票据自动稽核

智能会计共享平台在影像采集时、OCR识别后、发票验真后自动执行票据自动稽核，同时根据预设信用管理规则对业务人员、报账人员进行自动信用计分。若票据自动稽核刚性控制校验未通过，则票据不能进行下一步操作。票据自动稽核结果随报账单据流转至属地初核，由属地初核关注系统柔性控制校验，检验票据自动稽核运行的有效性。

（2）业务自动稽核

智能会计共享平台在报账发起时自动执行业务稽核，同时根据预设信用管理规则对业务人员、报账人员及审批人员进行自动信用计分。若业务自动稽核刚性控制校验未通过，则报账单据不能进行下一步操作。业务自动稽核结果随报账单据流转至属地初核，由属地初核关注系统柔性控制校验，检验业务自动稽核运行的有效性。

（3）凭证自动稽核

智能会计共享平台在记账凭证生成时自动执行凭证自动稽核。若凭证自动稽核刚性控制校验未通过时，则记账凭证不能进行下一步操作。凭证自动稽核结果随凭证流转至属地初核及属地复核，由属地初核关注系统柔性控制校验，属地初核及属地复核共同检验凭证自动稽核运行的有效性。

3）人工辅助稽核设计

对于人工稽核，CTYN采用“属地人工初核、属地人工复核、中心人工抽核”的三级人工稽核方式，由各三级财务单元完成属地初次审核（初核），由各二级财务单元完成属地二次审核（复核），由省公司智能会计中心完成集中抽样核查（抽核）。CTYN三级人工稽核的岗位职责、处理时效要求、考核评价实现方式，见表7-14。其中，针对属地初核人员、属地复核人员和中心抽核人员的考核评价，可参照《智能会计共享质量管理办法》《智能会计中心绩效管理办法》等智能会计运营管理制度。

表7-14　CTYN三级人工稽核设计

人工稽核分级	岗位职责			处理时效要求	考核评价实现方式
	会计核算职责	业务管理职责	运营管理职责		
属地人工初核	初核经济业务及临时凭证归集传递纸质原始凭证	本单位重要经济业务事项监控	信用评价 系统运行监控 属地初核问题处理	原则上应在收到齐全的纸质附件2个工作日完成初核工作	工作效能、工作质量评价考核由各单位属地复核及智能会计中心核算质控组共同负责
属地人工复核	复核会计凭证核对业财数据审核记账操作	本单位及下属单位重要经济业务事项监控	监管评价属地初核 系统运行监控 属地审核问题处理	原则上应在记账凭证生成后2个工作日完成复核，月末必须完成当月所有会计凭证的复核	工作效能、工作质量评价考核由智能会计中心核算质控组负责
中心人工抽核	核算质控抽核	CTYN全省重要经济业务事项监控	智能稽核培训 监管评价属地审核 系统运行监控 各级稽核问题处理	原则上应在收到抽核工作任务的2个工作日完成质控抽核，月末必须完成当月所有会计凭证的质控抽核	工作效能、工作质量评价考核由智能会计中心核算质控组负责

可见，除对纸质原始凭证的稽核之外，CTYN的三级人工稽核整体上采用了“向后层叠、逐级递进”的方式，即属地人工复核的内容向前覆盖属地人工初核的内容，且在属地人工初核的内容基础上增加本级人工复核的内容；中心人工抽核的内容向前覆盖属地人工复核的内容，且在属地复核的内容基础上增加中心人工抽核的内容。

4）稽核过程追踪设计

为确保会计核算质量，系统应对整个稽核过程进行记录，并为稽核人员提供前续稽核结果的回溯。在CTYN的智能稽核功能中，进行属地人工初核时，可追溯和参照系统自动执行的票据稽核结果，并在此基础上执行单据审核，进行业务管理和运营管理。

进行属地人工复核时，可追溯和参照系统自动执行的票据稽核结果、业务稽核结果，以及属地人工初核的单据审核结果、业务管理结果和运营管理结果，并在此基础上对记账凭证进行审核签字，同时进行业务管理和运营管理。

进行中心人工抽核时，可追溯和参照系统自动执行的票据稽核结果、业务稽核结果、凭证稽核结果，属地人工初核的单据审核结果、业务管理结果和运营管理结果，属地人工复核的记账凭证审核签字结果、业务管理结果和经营管理结果，并在此基础上对全省烟草商业的核算结果进行抽样核查，同时进行业务管理和运营管理。

除以上人工稽核时对前续稽核环节已完成稽核工作结果的追踪之外，还可通过灵活查询和便利统计等方式，从不同维度（如规则适用场景维度、规则执行强度维度、规则执行主体维度、业务发生主体维度、审计关注维度、内控关注维度等）追踪已执行的系统自动稽核结果和人工手动稽核结果。

7.5.4 智能稽核的实现基础

1）稽核功能的定制化开发

智能稽核工作台，是CTYN智能会计共享平台中的核心功能之一，需要根据企业实际的稽核工作管理要求进行定制化开发。借助该功能，CTYN财务部门可以完成稽核规则设定、系统自动稽核、人工辅助稽核和稽核过程追踪四项关键智能稽核管理工作。为提高智能稽核的效率，方便稽核人员参照和确认系统自动稽核结果，人机协作稽核可在同一平台同一界面，共用同一稽核规则库完成，即采用“同台共库”的操作方式。

2）稽核规则的标准化设定

稽核规则的设计，包括制定稽核规则的设计标准、构建分类设计的稽核规则库，按业务类别确定属地复核的比例和中心抽核的比例等，是智能稽核实现的基础性和关键性工作。截至2020年6月底，CTYN现场团队共计梳理稽核规则380条，其中，通用稽核规则118条、业务稽核规则256条，凭证稽核规则6条。在智能稽核过程中，系统和人工共同使用一套稽核规则，实现“人机协作”的智能稽核模式。

3）业财数据的数字化对接

系统自动稽核之所以能够实现，在很大程度上依靠业务数据和财务数据的数字化对接，即结构化数据从业务系统通过数据交换平台直接传递到智能会计共享平台，在智能会计共享平台以结构化数据进行存储和传递，同时按智能会计共享平台中统一设计的标准表单和数字化核算附件进行展示并用于稽核。截至2020年6月底，CTYN已实现卷烟经营、烟叶经营、物资管理、费用报销、项目付款、资产管理六类业务数据和财务数据的数字化对接，即业财一体数字化对接已覆盖全业务类型。

4）文本文件的数字化转换

对于本身是纸质文件且不能通过扫描识别采集到结构化数据的核算附件，CTYN采用数字化表单的方式，将原始凭证关键信息在业务系统中形成结构化数据，进而传递至智能会计共享平台。在智能会计共享平台中，原始凭证以结构化数据存储和传递，同时按统一设计的数字化核算附件进行展示并用于稽核。截至2020年6月底，CTYN已实现纸质合同等多类文本文件的数字化转换。

本章小结

本章介绍了云南烟草商业的经典案例，旨在让学生了解我国智能会计建设的最新进展，掌握我国智能会计建设的基本方法。云南烟草商业系统性架构了智能会计建设的基本框架，着重实现了智能会计领域的共享，从项目概况、智能会计组织的整体架构、智能会计共享平台设计、核算自动化设计和智能稽核设计五个方面详细介绍了云南烟草商业智能会计共享的具体实践。

复习思考

1.什么是核算自动化？如何实现核算自动化？

2.什么是智能稽核？如何实现智能稽核？

课后作业

名词解释

1.智能稽核；2.电子会计档案；3.智能会计风险管控。

简答题

1.智能会计共享的实现要点有哪些？

2.智能稽核的总体思路是什么？

参考文献与推荐阅读

[1] 陈虎，孙彦丛，赵旖旎，等. 财务机器人——RPA的财务应用［M］. 北京：中国财政经济出版社，2018.

[2] 刘梅玲，黄虎，刘凯，等. 智能财务建设之智能财务会计共享平台设计［J］. 会计之友，2020（15）：142-146.

[3] 刘梅玲，黄虎，佟成生，等. 智能财务的基本框架与建设思路研究［J］. 会计研究，2020（3）：179-192.

[4] 刘梅玲，黄虎，杨寅，等. 智能财务建设之财务组织规划［J］. 会计之友，2020（17）：141-146.

[5] 刘梅玲，黄虎. 企业财务数字化的设计与实现研究——以CTYN为例［DB］. 上海国家会计学院教学案例，2020.

[6] 刘梅玲，刘凯，黄虎，等. 智能财务建设之新技术运用设计［J］. 会计之友，2020（16）：141-149.

[7] 刘梅玲，杨寅，佟成生，等. 智能财务师中级教程（一）［M］. 上海：上海财经大学出版社，2021.

[8] 刘梅玲，叶咏. 电子会计档案的建设与应用——以浙江新华书店集团为例［DB］. 中国专业学位教学案例中心，2020.

[9] 刘勤，屈伊春. 智能财务最佳实践案例（第一辑）［M］. 上海：立信会计出版社，2021.

[10] 王纪平，刘梅玲，吴忠生，等. 智能财务师初级教程［M］. 上海：上海财经大学出版社，2020.

[11] 吴践志，刘勤，等. 智能财务及其建设研究［M］. 上海：立信会计出版社，2020.

[12] 佚名. 什么是会计核算［EB/OL］.［2018-08-24］. http：//www.canet.com.cn/shiwu/612247.html.

第8章 会计智能化的典型应用二：电子会计档案

真理只有一个，而究竟谁发现了真理，不依靠主观的夸张，而依靠客观的实践。只有千百万人民的革命实践，才是检验真理的尺度。

——《毛泽东选集》第二卷

事实是真理的依据，实干是成就事业的必由之路。

——习近平在纪念邓小平同志诞辰110周年座谈会上的讲话（2014年8月20日）

学习目标

1.掌握案例公司电子档案管理的业务流程和数据流程；

2.了解案例公司电子档案管理技术系统架构；

3.熟悉电子会计档案管理的应用场景。

重点难点

1.电子档案管理的业务流程；

2.电子档案管理的数据流程。

思维导图

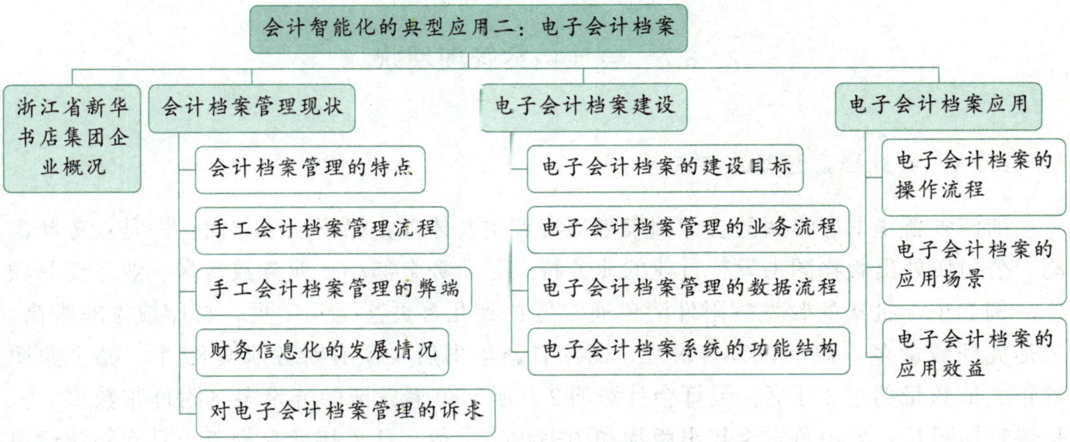

课程思政要点

序号	教学单元	课程思政要点
1	8.2–8.4	马克思主义方法论；科学思维和系统思维；实践是检验真理的唯一标准；《会计改革与发展“十四五”规划纲要》；精益求精、工匠精神

注：本表关于课程思政要点为建议内容，授课教师可根据实际情况进行必要的调整。

8.1 浙江省新华书店集团企业概况

浙江省新华书店集团有限公司（以下简称“浙江省新华书店集团”、“集团”或“公司”）隶属于浙江出版联合集团有限公司，是中国国有图书发行企业，集团是于1999年12月28日由原浙江省65个区县新华书店联合组建而成的大型国有图书发行集团，注册资本11亿元人民币，截至2018年8月下属全资子公司72家、控股公司2家、参股公司7家。省内外拥有100余家连锁企业，企业综合经济实力排名连续七年位居全国省级新华书店集团第四位。

公司自觉担当国有文化责任，以促进全民阅读、满足人民群众的精神文化需求为己任，专注出版物发行主业经营，通过连锁经营机制创新，实现主业集约化、专业化、规模化快速发展，目前拥有14万平方米大型现代化书业物流中心，年流转品种130万种，总部常年在架品种达到8万种。

公司坚持主阵地建设，围绕主业和多元文化产业发展，投资建设文化消费综合体，结合技术提升、业态提升和服务提升，打造新时代的文化地标。

公司坚持以技术引领为先导，建设信息系统和现代物流，整合行业产品资源和信息资源，搭建出版物综合数据信息服务开放式平台，为行业提供信息技术服务，并不断推进企业信息化、网络化、平台化融合发展和转型升级。

8.2 会计档案管理现状

8.2.1 会计档案管理的特点

浙江省新华书店集团的会计档案管理特点主要体现在以下三个方面：一是业务频次高。公司所处出版物图书发行行业的业务特点是业务金额小、业务数量多、业务交易频繁。例如单一批次的收发货附件清单通常能达到几百页甚至几千页，打印成本非常高。二是凭证数量多。截至2018年8月，浙江省新华书店集团有财务账套87个，整个集团每年凭证数量超过3万笔，装订会计账册2万册，单笔凭证的分录多、附件张数多。三是保管期限长。公司负责全年出版物和图书物流承运，并承接社会物流，具有物流运单查询频繁、保管期长的特点。

8.2.2　手工会计档案管理流程

在手工处理形态下，会计档案的存储介质是纸张，表现形式是纸质会计档案，主要支持设备是打印机。浙江省新华书店集团手工会计档案整体处理流程包括打印、整理和装订，细节处理流程包括会计资料打印、会计资料排列、贴口取纸、案卷提名、打印案卷目录、凭证装盒、填写目次表、装订案卷目录等环节，如图8-1所示。

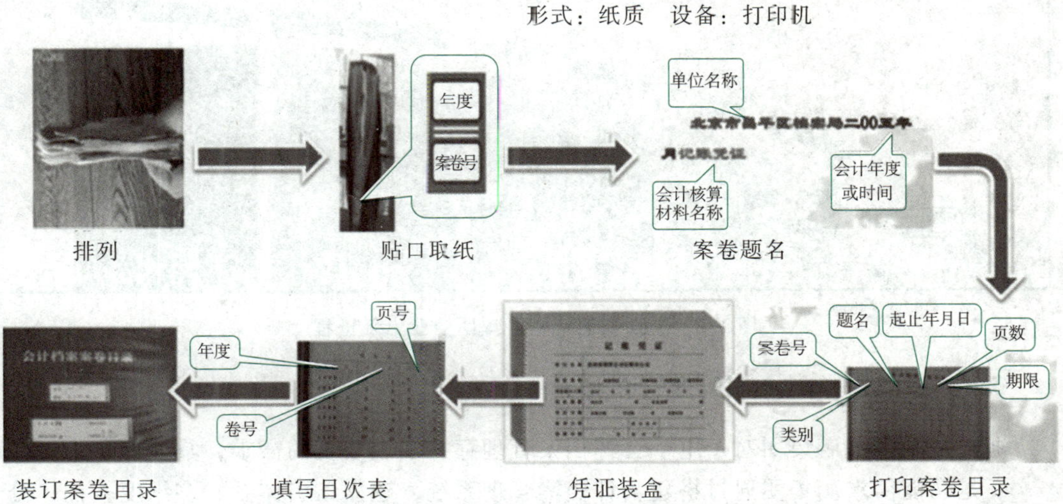

图8-1　浙江省新华书店集团手工会计档案管理流程

8.2.3　手工会计档案管理的弊端

浙江省新华书店集团手工会计档案管理主要存在以下弊端：一是成本高昂。公司每年会计账册以吨计量，打印、储存、管理等人力、物力成本居高不下。二是效率低下。会计档案在存档、查阅、流转过程中，存在大量重复、繁重且低价值的工作。三是借阅欠规范。会计档案在查阅、借阅和调阅的过程中难以做到留下痕迹。四是储存空间占用。集团每年会计档案归档储存占用场地空间超100平方米，从而降低了物业资产使用效率和收益。五是安全隐患。会计档案在储存和使用过程中，存在损毁、遗失、篡改等安全问题。六是管理困难。对接触会计档案的各类人员管理困难，对下属公司管理难以统一和标准化。

8.2.4　财务信息化的发展情况

1）集团管理信息化的发展历程

浙江省新华书店集团信息化发展历程可划分为四个阶段：第一阶段是单店信息化。1995年集团实施第一代MIS系统，从单机应用走上信息化管理，全省推广普及计算机应用，实现了单店管理的信息化。第二阶段是集团信息化。2001年集团实施第二代MIS系统，从单店管理信息化走向集团ERP，从而实现了全集团的信息标准化和应用网络化。第三阶段是行业信息化。2009年集团实施第三代MIS系统，全新开发仓储管理信息系统（Warehouse Management System，WMS），全面升级集团ERP系统，打通行业产业链信息流。第四阶段是系统云端化。2015年企业上云，拓展互联网应用，运用云平台实现数据采集，成为行业内企业上云标杆，并对外提供行业化服务。

2）集团的企业上云进程

浙江省新华书店集团与用友网络于2015年年底建立战略合作关系，于2017年起对企业上云工作进行整体推进，2015—2019年的推进进程如图8-2所示。

图8-2 浙江省新华书店集团企业上云进程

8.2.5 对电子会计档案管理的诉求

浙江省新华书店集团对于电子会计档案管理存在多个角度的需求，具体如下：

一是功能需求。集团通过搭建会计档案管理系统，建立索引体系、多维度查询、分类有序归档及系统自动移交、鉴定、销毁等功能；通过建立前端系统与会计档案管理系统的系统对接，实现前端系统提供数字化或影像化会计档案至会计档案管理系统。

二是范围需求。梳理会计档案从“前端产生—财务核算—档案管理”的电子化流程，制定无纸化配套要求，逐步实现会计档案数字化或影像化；建立会计档案管理系统，各种类型（原始凭证、记账凭证、会计账簿、会计报表）存储介质（数字化、影像化、纸质）的会计档案建立索引互查关系。

三是风险控制需求。前端系统和电子会计档案系统间应建立核对机制，保证数据一致；财务系统和电子会计档案系统间应建立可追溯互查的索引规则，保证后续会计档案的利用。

四是合规安全性需求。合规安全性需求主要包括安全、数据、权限、重要交易等方面的需求保障，具体应遵循《会计档案管理办法》中的第八条关于单位内部形成的电子会计资料无纸化归档条件，以及第九条关于单位从外部接收的电子会计资料无纸化归档条件。

五是非功能性需求。非功能性需求主要是对系统性能的运行管理要求，包括性能、稳定性、可用性、灵活性、可维护性等。在公司正常开展业务的基础上，保障系统稳定、强健地运行，并且设计灵活，功能易用，维护简易等。

六是技术和管理创新需求。在浙江税务部门的指导下积极探索“支付+电子发票”和“电子发票+电子会计档案”的“业财税票”一体化管理模式和技术创新，将电子发票、电子会计档案与政府税务部门和企业内部的ERP系统、财务系统互联互通，从而实现财务、税务大数据纳入企业和社会的数字化运营管理，全面实现电子化、无纸化集中处理，打通从上下游客户业务处理到企业财务处理再到电子报税和会计档案电子归档的全流程电子化、无纸化应用。

8.3　电子会计档案建设

浙江省新华书店集团与用友网络于2015年12月建立战略合作关系，并表达了解决财务电子化、无纸化最后一站会计档案电子化管理的迫切诉求。用友网络于2016年推出电子会计档案产品。2016年浙江省新华书店集团作为首家电子会计档案产品测试和产品体验的用友客户单位，结合实际经济业务，提出完善和优化的宝贵建设性意见，并于2017年启动集团电子会计档案项目，经过一年多的系统搭建、功能改进和性能完善，2018年测试成功。集团将于2019年全面启用电子会计档案应用，并持续完善和优化。

8.3.1　电子会计档案的建设目标

浙江省新华书店集团通过电子会计档案管理系统的建设，将实现用户对电子会计档案系统的使用业务需求，通过对会计档案版式文件和结构化数据进行归档处理，完成用户对档案的相关操作，具体目标包括：实现档案核心业务，包括对档案的采集、立卷、归档、索引等；实现对已归档文件的管理，包括移交管理、鉴定管理、销毁管理以及档案重建，通过为档案建立“生命周期表”对档案的原始性、完整性进行验证；实现档案利用业务，为档案使用者提供多种应用，包括档案查阅检索，支持用户通过全文检索、关键字检索、条件组合模糊查询等方式，通过调用档案展示功能模块，对不同类型的档案数据进行显示；实现系统管理，对系统各个模块的配置需求进行封装，提供包括组织机构、权限、日志等功能模块的相关配置，从而实现多组织的档案管理。

8.3.2　电子会计档案管理的业务流程

浙江省新华书店集团电子会计档案管理的最前端是业务系统的图书流转单据和结算凭证的技术对接并生成版式文件、费控系统报销审批流程模板格式化和原始凭证附件生成报销凭证；税务云平台中的电子发票受票、电子发票解析和查验，以及纸质票据的扫描；中端是在会计核算系统中接收的纸质票据扫描影像，新生成电子版的记账凭证、会计账簿、会计报表和其他会计资料，并与业务端的扫描影像进行匹配，生成版式文件和签章；后端是电子会计档案的归档管理、纸质会计档案的分册/装箱、档案利用和档案管理，如图8-3所示。

8.3.3　电子会计档案管理的数据流程

浙江省新华书店集团的财务核算系统、业务系统、费控系统、税务云平台、会计档案系统为企业档案管理全过程提供信息化支撑，电子原始凭证、纸质原始凭证分别在电子凭证库、影像库中进行归集，通过财务记账后传递到电子会计档案库中进行归档处理，如图8-4所示。

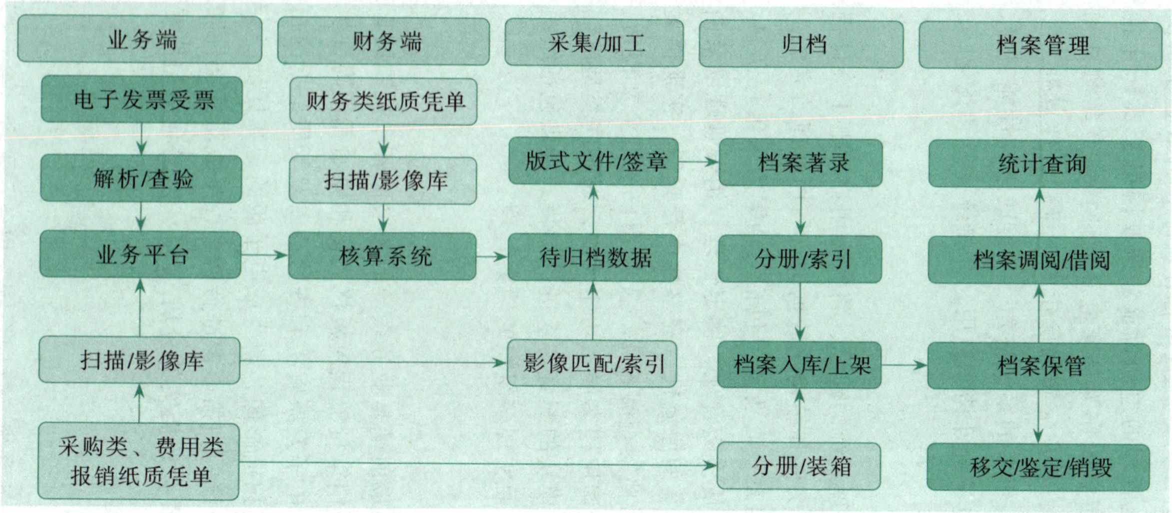

图8-3 浙江省新华书店集团电子会计档案管理的业务流程

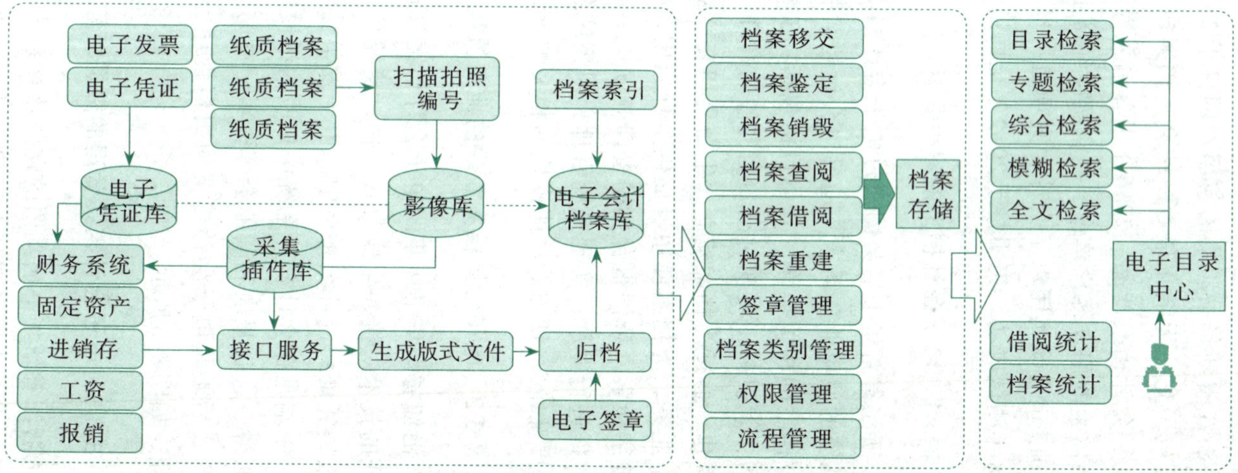

图8-4 浙江省新华书店集团电子会计档案系统的数据流程

浙江省新华书店集团在进行会计数据归档时，先通过会计软件输出符合《电子会计档案接口标准》的会计数据及其归档元数据，供会计资料归档使用。外部电子凭证（电子发票、电子支付凭证）作为财务软件记账凭证附件输入到电子会计档案系统。外部纸质凭证，可通过影像扫描，作为财务软件记账凭证附件输入到电子会计档案系统。

8.3.4 电子会计档案系统的功能结构

浙江省新华书店集团电子会计档案系统主要由四个功能模块构成，分别为系统管理、归档管理、档案利用和档案管理，下辖24个子功能。功能模块、功能名称和功能描述见表8-1。

表8-1 浙江省新华书店集团电子会计档案系统的功能结构

功能模块	功能名称	功能描述
系统管理	单位管理	档案管理员对使用电子会计档案系统的单位信息的建立和维护，单位名称是本单位的名称，单位编码与NC系统中的单位编码保持一致，全宗号是该单位的档案管理的全宗号
	用户管理	超级管理员为该单位档案管理人员建立一个普通管理员用户并为其分配该单位的档案处理权限
	日志管理	查看日志，日志记载每个操作人员操作登录时间、操作和浏览的内容等
	电子签章管理	电子会计档案的数字签名是采用使用单位的数字证书[①]对会计档案数据加密生成的签名值，用于档案使用者可靠地鉴别电子会计档案的安全性，防止抵赖，系统管理用户可通过此功能对本企业的电子签章进行维护
	FTP接口设置	需选择正确的文件服务器地址，由普通管理员通过FTP接口的参数设置定义财务系统数据的元文件数据、配置文件路径等
归档管理	立卷	未建档的单位首次建档时，需立卷，由普通管理员设置全宗号、目录号、案卷号等信息
	新增档案[②]	对一个月的待归档数据进行查看及归档，可以树状结构显示待归档数据；可对待归档案数据进行查看，以确认待归档数据是否完整
	电子数据采集	未在财务系统存储的附件在归档时可通过附件采集[③]的方式作为电子会计档案系统的数据
	档案装册	核心功能，可预览相应的待装册会计凭证、会计账簿、会计报表、其他会计资料等并将资料装册，加盖签章

① 数字证书认证中心（Certificate Authority，CA）是保证电子会计档案安全的关键环节。它主要负责产生、分配并管理使用电子会计档案单位所需的身份认证数字证书。每一份数字证书都与上一级的数字签名证书相关联，最终通过安全链追溯到一个已知的并被广泛认为是安全、权威、足以信赖的机构——根认证中心（根CA）。

② 通过与财务系统、业务系统的接口，已将待归档数据推送至待归档数据库，在财务核算系统中的凭证、账表等功能节点增加归档按钮功能，在企业会计完成结账后，通过点击归档按钮完成将待归档的数据推送到电子会计档案FTP文件服务器上。

③ 企业在进行会计数据归档时，可先通过会计软件输出符合《电子会计档案接口标准》的会计数据及其归档元数据，供会计资料归档使用。外部电子凭证（电子发票、电子支付凭证）作为财务软件记账凭证附件输入到档案系统。外部纸质凭证，可通过影像扫描，作为财务软件记账凭证附件输入到档案系统。

续表

功能模块	功能名称	功能描述
归档管理	档案拆册	已装册档案可以重新装册，在系统中可以选择对应会计期间数据进行拆册，分为凭证拆册、账簿拆册、报表拆册和其他资料拆册
	档案归档	核心功能，选择待归档单位预览相应的待归档会计资料并将会计凭证装册，加盖签章；凭证装册时当月的会计账簿、报表会同时归档并加盖签章
	重新归档[①]	电子会计档案系统中的已归档的数据不能做任何的修改，但可以通过重新归档功能删除最后一个月已归档数据之后再对更新的待归档会计资料进行归档操作
	数据清除	当NC系统推送数据不正确或手工采集数据错误时，可以全部清除数据，这个月及后面月份的全部数据被清除，从外系统重新推送数据
档案利用	档案查询	可根据单位、类型、范围、期间等信息对已归档资料进行档案查询，查询出的已归档资料，加盖签章后可下载或打印供外部使用
	查阅申请	档案使用人员查阅档案之前需要在登录页面填写查阅申请单，记录单位、查阅使用期间、查阅原因、查阅文档范围、申请查阅档案期间等信息
	查阅审批	查阅申请单提交后，档案管理人员可登录电子会计档案系统对档案使用人员提交的查阅申请进行审批，档案使用人员可通过邮件接收审批结果，若审批未通过，可重新申请
	档案查阅	档案管理员审批通过后，档案使用人员可登录电子会计档案系统查看申请查阅单位的档案
	档案借阅	档案借阅是指对实体档案进行借出查阅管理。借阅人须录入借阅申请，按审批流程设置进行审批。审批通过后根据档案借出情况处理（已借出，则发出延期借阅通知，待档案归还后再发出借阅通知；未借出，则进行档案出库处理，并生成借阅记录），会计档案借出后根据借阅时间发起催还通知，档案归还后进行档案入库处理
	模糊搜索	电子会计档案系统可根据会计凭证内的摘要、科目、金额、凭证编号等信息对已归档的凭证进行模糊搜索，搜索完成后可查看符合查询条件的会计凭证和会计账簿等会计资料及其附件
	收藏功能	档案使用人员查看已归档会计资料时，可通过收藏按钮收藏较重要或特殊的会计凭证、会计账簿、会计报表，方便下次查看
	统计展板	支持档案利用情况统计（包括查阅或借阅档案的职能部门及人次、利用实体档案和数字档案门类及数量、数字档案下载浏览量等），支持实体档案、数字档案归档数量的统计，支持按照统计年报要求通过统计饼图方式显示、打印统计报告

① 当财务系统中的会计资料发生变动时，电子会计档案系统中的已归档的数据也要做相应更新，以保证电子会计档案系统中的数据的真实性。

续表

功能模块	功能名称	功能描述
档案管理	档案移交	档案管理员可选择待移交单位的全宗，导出该单位全部归档资料（包括归档电子文件和元数据）并生成和打印档案移交清册，便于档案的移交工作
	档案鉴定	系统根据档案保管年限自动生成待鉴定档案清单，档案管理人员启动鉴定流程后，由档案管理人员授权单位会计、审计、纪检监察等人员对档案进行查阅，签署鉴定意见（也可打印），并根据鉴定意见，修改档案的保存期，转存（修改保存路径），或进入销毁流程
	档案销毁	通过鉴定需要销毁的会计档案，系统会自动生成会计档案销毁清册，系统向单位负责人、档案管理机构负责人、会计管理机构负责人、档案管理机构经办人、会计管理机构经办人发出审核请求。审核通过后，销毁电子档案及元数据，打印会计档案销毁清册并盖章

8.4　电子会计档案应用

8.4.1　电子会计档案的操作流程

浙江省新华书店集团电子会计档案系统的操作流程如图8-5所示。NC核算系统直接与电子会计档案系统对接，通过符合国家统一标准的数据接口，对会计凭证、会计账簿、会计报表和其他会计资料进行数据标准化处理，在电子会计档案系统中形成国家统一标准格式的待归档数据，经过对会计凭证的电子附件采集（包括电子凭证和影像凭证），形成待归档会计资料，经过归档之后形成已归档会计资料，以供进一步利用和管理档案。

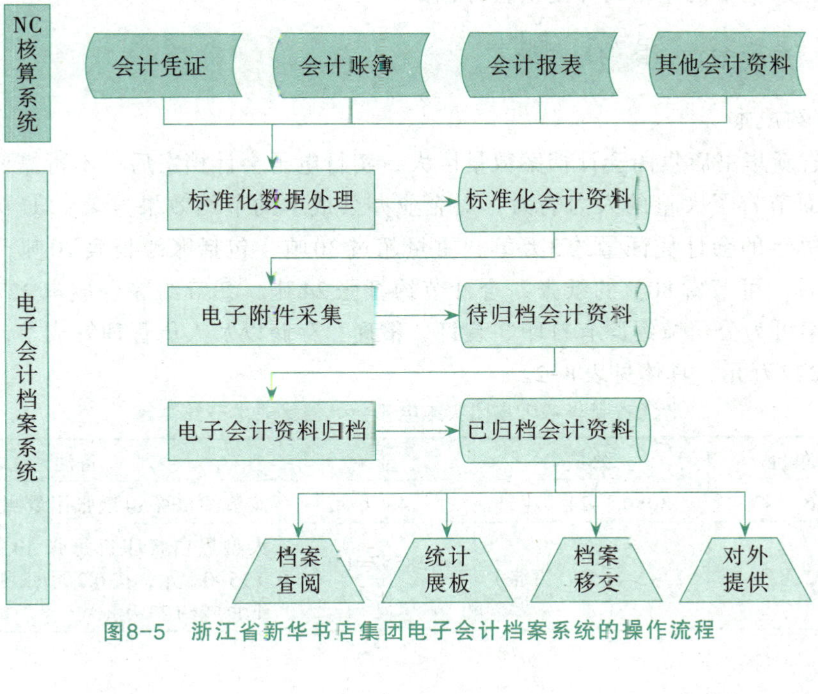

图8-5　浙江省新华书店集团电子会计档案系统的操作流程

8.4.2 电子会计档案的应用场景

1）财务人员

浙江省新华书店集团财务人员在电子会计档案管理过程中，主要有以下三个应用场景：一是前端产生，即财务核算结束后，前端产生数字化或影像化原始凭证；二是财务核算，即财务人员根据数字化或影像化的原始凭证在系统中完成对账、审核等财务处理，同时系统自动生成记账凭证、会计账簿、会计报表等数字化会计档案；三是档案管理，即系统按照预设规则生成档案号，自动匹配关联、整理成册及分类保管原始凭证、记账凭证、会计账簿、会计报表等各类会计档案，后续财务人员在系统中查询、移交会计档案。

2）档案管理人员

浙江省新华书店集团档案管理人员在电子会计档案管理过程中，主要有以下四个应用场景：一是归档，即按照系统既定规则自动生成会计档案归档号，并根据会计档案类型（包括会计凭证、会计账簿、会计报表及其他会计资料等）分类归档；二是调阅，即对于已归档的会计档案，配合内外部检查，系统调阅并提供会计档案；三是鉴定，即对于已到保管期限的会计档案，在系统中发起会计档案鉴定申请，档案管理部门、财务部门、IT部门、合规监察部门等部门分别完成系统审批，系统自动生成“会计档案鉴定意见书”；四是销毁，即对于鉴定需销毁的会计档案，自动生成“会计档案销毁清册”（包括公司/机构、会计档案类型、期间、归档号等），并经档案管理部门、财务部门、IT部门等部门分别完成系统审批，进一步提交公司负责人审批。审批完成后，系统自动完成电子会计档案销毁。

3）内外部检查人员

浙江省新华书店集团电子会计档案系统可应用于审计合规监察、巡视和专项检查及财政税务等内外部检查，可支持远程检查：对于内外审计等常规检查，可对检查人员开放特定范围的查询权限，检查人员可从系统中直接调阅会计档案；对于专项检查，可由财务人员在系统中快速调阅并提供会计档案。

8.4.3 电子会计档案的应用效益

1）节约成本

浙江省新华书店集团会计档案数量巨大，实行电子会计档案后，不再需要打印实物单据，从而节省了大量的人力物力，对企业办公成本的节约效果显著：①节约纸张24吨。公司每年的会计凭证量约3万笔，重量超过30吨，包括账簿报表10吨，实行电子会计档案后，可节省80%的纸张，合计节约纸张24吨。②节约综合成本227万元。电子会计档案可为公司节约原有打印、装订、整理、存储以及人员管理等成本，综合测算每年节约227万元，具体见表8-2。

表8-2　浙江省新华书店集团实施电子会计档案成本节约测算

项目	单价	数量	金额	备注
纸张	0.6万/吨	30×0.8=24（吨）	14.4万元	按节约80%A4纸张用量测算
打印耗材	0.2元/张	23×24=552（万张）	0.2×552=110.4（万元）	大型黑白打印机每张A4打印成本为0.15~0.3元，按0.2元/张测算，70gA4纸每吨约23万张

续表

项目	单价	数量	金额	备注
仓储	2元/每平每天	100平米	2×100×365=73 000（元）=7.3（万元）	仓库租金按每天每平2元测算（含水、电、管理费等）
物流	500元/吨，次	总计30吨，每年12次	500×30吨=15 000（元）=1.5（万元）	每月统一运送到下沙仓库
人工	15万元/每人每年	1+1+85×0.05≈7（人）	15×7=105（万元）	总部归档1人、对外提供1人，下属公司85家，按每家1名兼职档案管理财务人员，占工作量5%计算
合计			238.6万元	

2）提高效率

浙江省新华书店集团电子会计档案上线前后工作场景对比如图8-6所示。一方面，电子会计档案库与多系统集成，通过接口集成数据，实现会计凭证及附件资料的自动推送、存储、匹配、归档，降低财务人员所从事的低技术含量、重复性工作的比例，提高了海量信息的分拣时效。另一方面，档案使用者可通过平台自助查阅和调取会计档案，减少了财务人员查找并对外提供财务信息的工作量，从而实现了真正意义的信息共享。

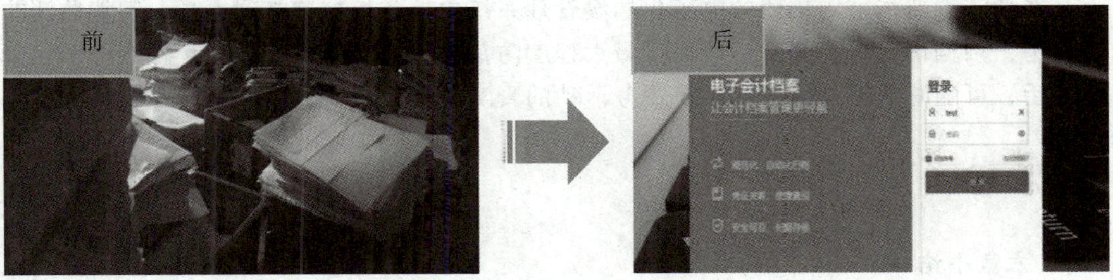

图8-6　浙江省新华书店集团电子会计档案上线前后工作场景对比

3）减少储存占用

集团总部实物会计档案统一存放在位于杭州下沙的自有仓库，各下属单位实物会计档案一般存放在财务室办公场所，每年需新增超过100平方米的存储面积。集团前身各新华书店成立已40多年，每年新增储存面积按100平方米测算，现集团会计档案储存面积已超4 000平方米。使用电子会计档案前后的存储空间对比如图8-7所示，实施电子会计档案之后，每年可节约100平方米的存储空间。

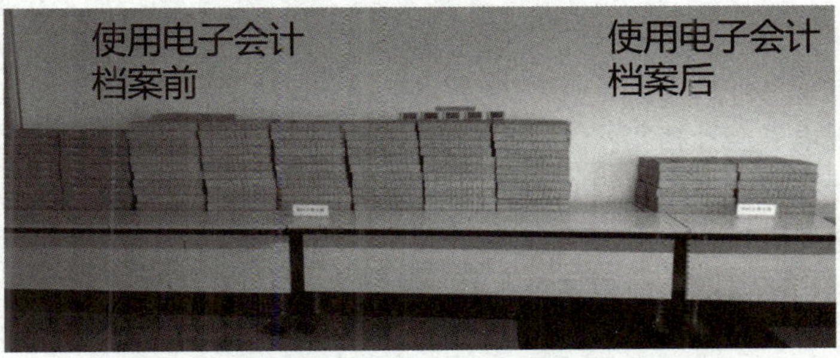

图8-7　使用电子会计档案前后的存储空间对比

4）加强安全

浙江省新华书店集团的电子化档案管理系统通过电子签章、数据传输和存储加密以及访问权限等措施，保证数据的私密性，具体措施如下：一是在访问接口上进行权限控制和隔离，对用户数据进行隔离，保证不同用户之间的数据不可见性；二是通过对系统网络硬件安全架构和存储加密，保证用户信息的安全性，避免因受入侵导致的信息泄露；三是采用分库分表策略实现数据持久化，业务数据必须通过主键Hash去定位到唯一的数据表，从而保证线上数据不能直接定位位置，更好地保证私密性；四是采用分布式文件系统，采取多机热备，支持分布式部署，从而保证文件数据不能直接定位位置。

5）优化管理

浙江省新华书店集团会计档案的电子化、智能化管理，可以多方面有效提升企业的财务管理水平：一是财务工作优化。将财务人员从低价值低效率的繁重工作中解放出来，从事更高价值的管理工作。二是实现档案智能监管。数字化智能信息归集管理，完整记录会计档案生命周期，提升会计档案监管成效。三是有助档案价值挖掘。增加会计分析颗粒度，对会计资料进行多维度灵活分析统计，提高财务数据的价值利用。

6）规避风险

在浙江省新华书店集团的电子化档案管理系统中，分权控制查阅人员，智能监测非法行为，归档信息自动签章，从而可最大程度防范财务风险。此外，会计档案电子化管理之后，可随时掌握下属企业经济业务活动的真实情况，从而真正保证业务合规和核算规范。

本章小结

本章介绍了浙江省新华书店集团智能会计建设的经典案例，旨在让学生了解我国智能会计建设的最新进展，掌握我国智能会计建设的基本方法。浙江省新华书店集团开拓性地提出了电子会计档案的管理思路，着重构建了电子会计档案的管理系统，本章从企业概况、会计档案管理现状、电子会计档案建设和电子会计档案应用四个方面展开阐述浙江省新华书店集团的电子会计档案管理的应用案例。

复习思考

1. 什么是电子会计档案？
2. 如何实现电子会计档案？
3. 电子会计档案管理的流程有哪些内容？
4. 企业对电子会计档案有哪些诉求？
5. 电子会计档案有哪些应用场景？

课后作业

✓名词解释

电子会计档案系统

✓简答题

1.手工会计档案管理有什么弊端？电子会计档案有何优势？

2.电子会计档案管理的业务流程和电子会计档案管理的数据流程分别是什么？

参考文献与推荐阅读

[1] 陈虎，孙彦丛，赵旖旎，等. 财务机器人——RPA的财务应用 [M]. 北京：中国财政经济出版社，2018.

[2] 刘梅玲，黄虎，刘凯，等. 智能会计建设之智能会计共享平台设计 [J]. 会计之友，2020（15）：142-146.

[3] 刘梅玲，黄虎，佟成生，等. 智能财务的基本框架与建设思路研究 [J]. 会计研究，2020（3）：179-192.

[4] 刘梅玲，黄虎，杨寅，等. 智能财务建设之财务组织规划 [J]. 会计之友，2020（17）：141-146.

[5] 刘梅玲，黄虎. 企业财务数字化的设计与实现研究——以CTYN为例 [DB]. 上海国家会计学院教学案例，2020.

[6] 刘梅玲，刘凯，黄虎，等. 智能财务建设之新技术运用设计 [J]. 会计之友，2020（16）：141-149.

[7] 刘梅玲，杨寅，佟成生，等. 智能财务师中级教程（一）[M]. 上海：上海财经大学出版社，2021.

[8] 刘梅玲，叶咏. 电子会计档案的建设与应用——以浙江新华书店集团为例 [DB]. 中国专业学位教学案例中心，2020.

[9] 刘勤，屈伊春. 智能财务最佳实践案例（第一辑）[M]. 上海：立信会计出版社，2021.

[10] 王纪平，刘梅玲，吴忠生，等. 智能财务师初级教程 [M]. 上海：上海财经大学出版社，2020.

[11] 吴践志，刘勤，等. 智能财务及其建设研究 [M]. 上海：立信会计出版社，2020.

[12] 佚名. 什么是会计核算 [EB/OL]. [2018-08-24] .http：//www.canet.com.cn/shiwu/612247.html.

第9章 会计智能化的典型应用三：智能会计决策支持

奋斗创造历史，实干成就未来。

——习近平在2020年春节团拜会上的讲话

（2020年1月23日）

调查研究是谋事之基、成事之道。没有调查，就没有发言权，更没有决策权。

——习近平在2020年春节团拜会上的讲话

（2020年1月23日）

学习目标

1.熟悉案例公司智能会计报表分析与展现的实现逻辑；
2.熟悉案例公司智能风险管理与报告的基本实现逻辑；
3.了解智能会计决策支持的应用场景。

重点难点

1.智能会计报表分析与展现的实现逻辑；
2.智能风险管理与报告的基本实现逻辑。

思维导图

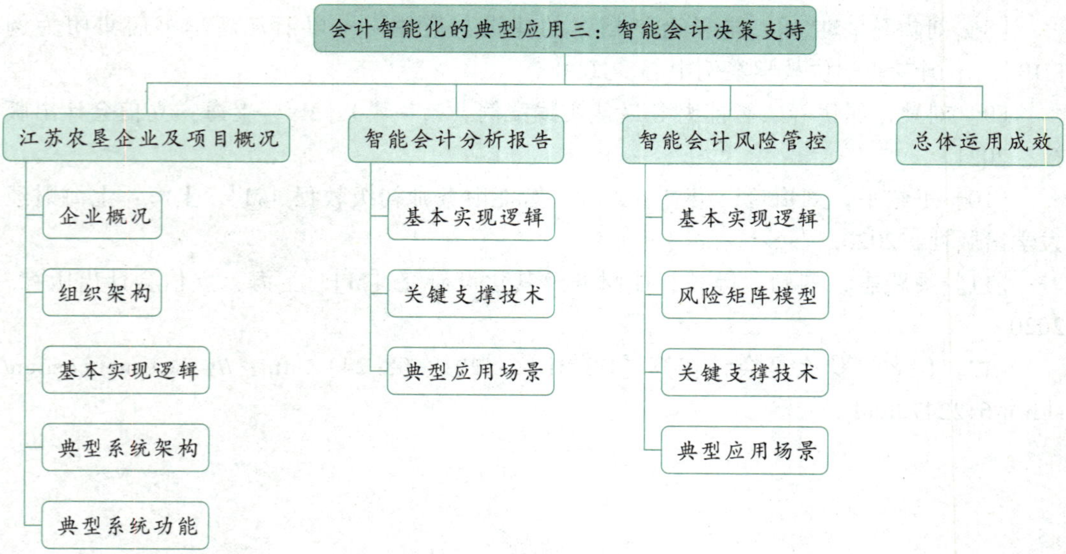

课程思政要点

序号	教学单元	课程思政要点
1	9.2–9.4	马克思主义方法论；科学思维和系统思维；实践是检验真理的唯一标准；《会计改革与发展“十四五”规划纲要》；精益求精、工匠精神。

注：本表关于课程思政要点为建议内容，授课教师可根据实际情况进行必要的调整。

9.1　江苏农垦企业及项目概况[①]

9.1.1　企业概况

江苏农垦[②]诞生于1952年2月，前身是由中国人民解放军原步兵第102师整建制转为农业建设第四师创建的一批国有农场。1996年11月，经江苏省政府批准，改制为江苏省农垦集团有限公司（以下简称“江苏农垦集团”），同时挂“江苏省农垦事业管理办公室”牌子。集团总部设在南京市。

经过70多年的改革发展，江苏农垦集团已成为以现代农业为核心，以医药健康、房地产及相关投资为支撑，一二三产业融合发展的江苏省属大型国有企业，经济效益连续多年位居全国农垦系统和江苏省属国有企业前列。截至2022年年底，集团资产总额649.53亿元（不含土地），资产负债率44.73%。2022年集团实现营业收入436.84亿元，利润总额73.12亿元，净利润65.09亿元，经济增加值46.19亿元，净资产收益率13.53%，利润总额和净利润连续5年位居全国农垦首位和省属企业前列。

9.1.2　组织架构

集团有合并及核算主体696户，其中一级合并1户，二级36户，三级591户，四级64户，五级4户，如图9-1所示。

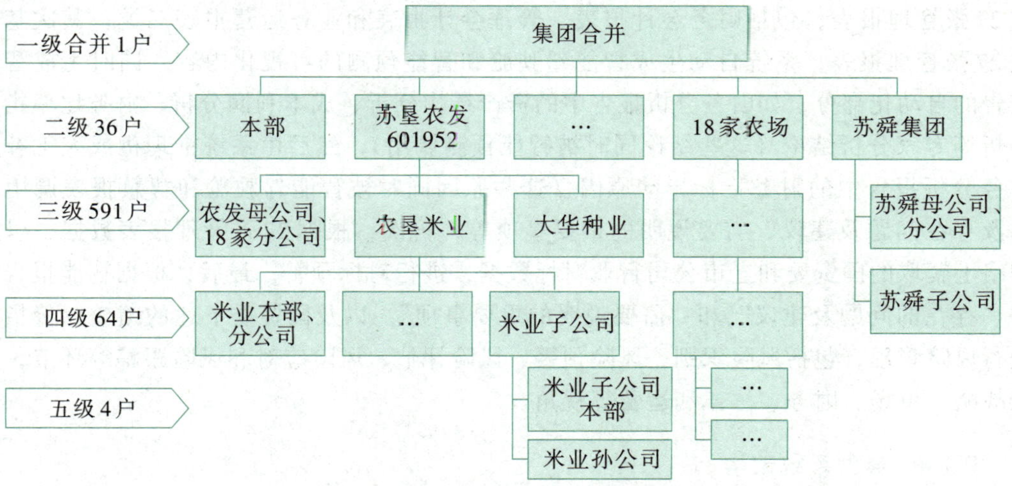

图9-1　江苏农垦合并及核算主体

① 案例来源：刘梅玲，杨寅，佟成生，等.智能财务师中级教程（一）[M].上海：上海财经大学出版社，2021.
② 江苏农垦的官方网站为http：//www.jsnk.com.cn/14/list.htm。

9.1.3 基本实现逻辑

典型财务分析与报告的基本实现逻辑如图9-2所示。该图是江苏农垦财务分析与报告系统的实现逻辑，系统名称为“江苏农垦智能会计决策支持系统”。

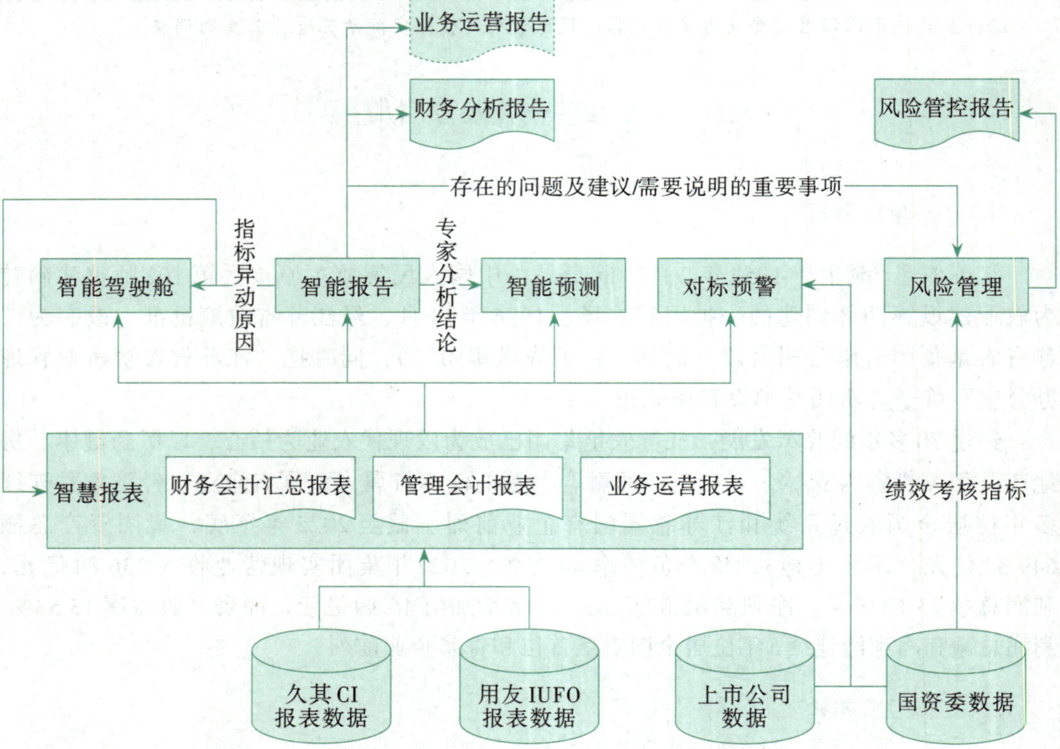

图9-2 智能会计分析与报告的实现逻辑示例

数据源是从久其CI系统和用友IUFO报表模块中抽取的企业各类报表数据，首先生成27张管理报表，包括财务会计报表、管理会计报表和业务运营报表三类；其次基于这27张管理报表，系统自动生成智能驾驶舱和智能预测的可视化内容，同时生成智能报告的自动化部分，如财务分析报告中的资产结构分析、成本利润分析、财务比率指标分析等专家分析结论（这些结论同时被智能预测调用），然后由系统推理机或人工补充财务分析报告中的财务指标异动原因（这些原因同时被智能驾驶舱和智慧报表调用），以及存在问题及建议、需要说明的重要事项等；再次，根据27张管理报表数据，以及网络上爬取的国资委和上市公司行业对标数据，进行对标预警；最后，根据智能报告中的“存在的问题及建议”和“需要说明的重要事项”，以及国资委下达的绩效评价指标进行风险管理，包括风险识别、风险预警、风险评估、风险应对和风险跟踪等环节，涉及战略、市场、财务、法律和运营等视角。

9.1.4 典型系统架构

典型财务分析与报告系统的架构如图9-3所示。该系统是经邦软件出品的一款财务分析与报告系统，系统名称为“经邦智能经营决策支持系统（IDSS）”。

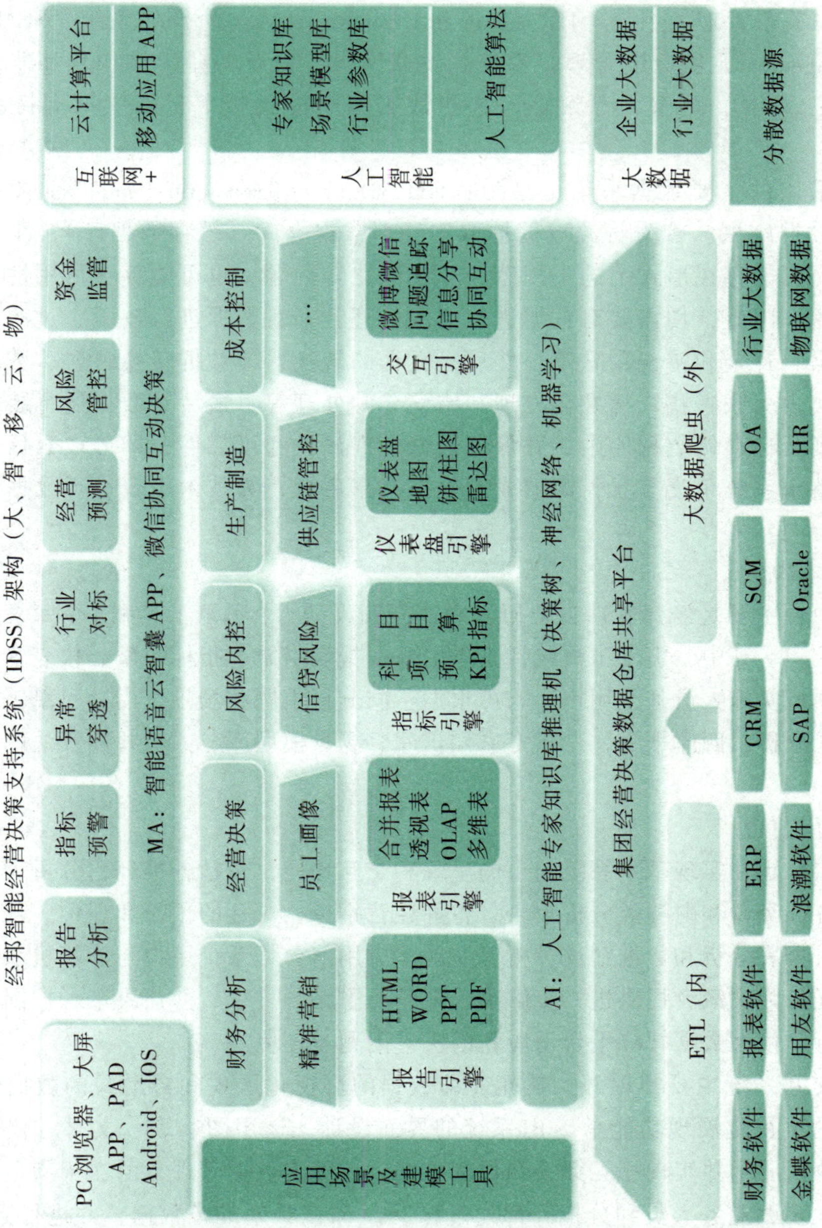

图9-3　典型的财务分析与报告系统架构

整个智能决策支持系统平台划分为三层：数据后台、技术中台和应用前台；

1）数据后台

数据后台主要用于多源异构数据的采集或抽取；数据来源于企业财务、业务系统，OA（Office Automation，办公自动化）系统、CRM（Customer Relationship Management，客户关系管理）系统、HR（Human Resources，人力资源）系统、SCM（Supply Chain Management，供应链管理）系统、物联网等，以及一些半结构化和非结构化的数据，如：文本、图像、音频等，这些数据共同构成整个智能决策支持系统的数据源。

目前采用的主要数据采集工具为：ETL（Extract-Transform-Load，抽取-转换-装载）和大数据爬虫。首先将源数据抽取到经邦数据仓库（缓存数据库），刚抽取过来的源数据，可能存在形式上的不规范、非标准化等问题，也可能存在可用性和准确性较差的问题，因此，均需要对数据进行清洗处理，即对数据进行校验、过滤、一致性比对、去噪、补全和错误剔除等；然后是数据的转换，即数据转换映射、数据拆分与合并、字典表关联查找、标准化处理和错误异常处理等；最后对数据进行装载，即将数据装载到目标存储数据库中，并保证数据的准确性和可靠性，即形成数据仓库共享平台。从整个系统角度来看，即形成了数据共享后台，为技术中台进行数据调度奠定基础。

2）技术中台

技术中台主要是经邦软件自主研发和创新开发的5个引擎工具和4个库平台（简称“四库平台”）。其中，引擎工具包括报告引擎、报表引擎、指标引擎、仪表盘引擎和交互引擎。项目实施人员甚至用户，均可根据不同分析主题和场景，借助引擎工具实现财务的自助式分析。四库平台，是指专家知识库、场景模型库、人工智能算法库和行业参数库。

3）应用前台

应用前台旨在实现基本系统门户的呈现和交互功能，包括各类经营分析大屏和数据可视化、各类经营和财务类分析报告、各种经营指标、对标的预警和评价、各部门需要的经营分析报表分析和数据穿透分析等功能。应用前台是系统用户与计算机系统交互的接口，交互是为决策者提供进一步解决决策问题思路的过程，并让决策者控制决策支持系统的运行，使大数据智能平台适应新的决策问题与环境。

人机交互系统主要实现两大功能，即数据的可视化展现和自助式的数据管理。其中，数据的可视化展现功能承接BI系统的界面设计，运用图、表、文字、仪表盘、指标等进行数据展示并实现相互穿透和数据下钻。自助式数据管理目的在于满足用户个性化需求，大多数业务人员和分析师都通过自助式BI工具来准备数据，并进行数据分析，使“人人都是数据分析师”的愿景成为现实。自助式数据管理方式，将数据处理的权限下放到业务层和管理层用户，使其具备ETL能力并能够可视化地处理数据，用户可以通过筛选字段、建立表连接以及建立视图等方式，自助式地从数据仓库中获取数据，自由创建不同主题的业务数据分析模型，并实现分析过程的协同共享。

9.1.5　典型系统功能

江苏农垦“智能会计决策支持系统”主要涵盖智能驾驶舱、智慧报表、智能报告、智能预测、对标预警、风险管控六个核心的功能模块，这些功能模块的描述见表9-1。

表9-1　智能会计决策支持系统的功能模块

编号	功能模块	功能菜单	功能模块描述
1	智能驾驶舱	—指标分析 —风险分析 —资金分析 —农场社区	(1) 通过柱状图展现企业重点关注的KPI指标以及同比情况 (2) 通过仪表盘展现公司主要指标的预算完成情况 (3) 按公司层级、板块、区域下钻、穿透柱状图和仪表盘中指标
2	智慧报表	—财务会计汇总报表 —管理会计报表 —业务运营报表	(1) 报表涵盖财务会计汇总报表、管理会计报表以及业务运营报表 (2) 可按公司层级进行层层下钻、穿透报表
3	智能报告	—报告查看 —生成报告 —上报情况 —导出报告 —智能评价	(1) 问题导向。智能化模板，设置指标阈值，对指标异常变动进行数据分析和原因交互 (2) 报告模板化。集团同板块、同类型企业采用标准化的分析报告，包括分析模块、必要指标、专家模型结论等 (3) 报告个性化。不同行业、不同规模的企业在分析模块、分析指标、指标阈值、原因分析等方面具有个性化特点 (4) 在线互动分析。在财务报告制作过程中，不同财务层级、同一层级不同部门之间进行在线交互，实现协同分析。其中，上级部门在进行财务指标分析时，可查看或引用下级单位的财务分析结果，如财务指标变动原因 (5) 自动检查提醒。自动检查漏报项目，对必填而未填项目进行提醒 (6) 报告质量自动评价。内置报告评价指标，对财务分析人员进行自动评价，评价结果作为绩效考核的依据 (7) 分析结果实时共享。在各级集团合并报表生成后，实时智能生成财务分析报告；当下级公司财务分析人员在线填报数据时，系统会每隔2秒自动保存一次，上级可实时看到下级填报的指标异动原因

续表

编号	功能模块	功能菜单	功能模块描述
4	智能预测	—利润预测模型 —资产结构分析模型 —偿债能力预测模型 —杜邦预测模型 —资金链预测与融资模型 —EVA模型 —新EVA模型	(1) 财务预测模型，包括利润预测模型、成本费用预测模型、资产结构分析模型、偿债能力预测模型、资金链预测与融资模型、现金流量预测模型、杜邦预测模型、量本利盈亏平衡预测模型、信贷风险分析模型、税务评估分析模型 (2) 经营预测模型，包括存货预测模型、应收款预测模型、成本习性分析预测模型、量本利盈亏平衡预测模型、营业安全水平预测模型、敏感性预测模型、资金流预测模型 (3) 绩效评价模型，包括EVA模型、新EVA模型等
5	对标预警	—综合评级预警 —盈利能力预警 —发展能力预警 —运营质量预警 —债务风险预警	(1) 预算对标，是指与预算完成度相比，用于检查企业主要财务指标的预算完成情况，为企业制定下一年度预算提供依据 (2) 历史对标，是指将当期财务指标值与历史同期指标值相比，旨在明确公司在同等发展情景下主要财务指标的变化情况 (3) 行业对标，系统内置近10年的不同行业、不同规模的行业指标参数 (4) 国资对标，系统内置国资委对国有企业的绩效考核指标
6	风险管控	—风险识别 —风险报告 —风险管控 —风险追踪	(1) 构建对标预警评价指标体系，并对指标类别加以分析处理 (2) 根据每年公布的国资委绩效指标确定对标预警的标准和等级 (3) 智能生成风险报告

9.2 智能会计分析报告

9.2.1 基本实现逻辑

江苏农垦“智能报告”的基本实现逻辑横跨财务报表分析的五个业务阶段：一是对标参数设置，如国资委或上市公司；二是数据采集，包括企业内部预算数据和报表数据的抽取，以及国资委或上市公司对标数据的爬取；三是指标阈值设置；四是财务报告生成，包括系统自动分析和人工补充分析；五是财务报告交互，即财务报告在子公司、子集团和集团三个层面的互动，主要包括报告上报、报告修正和报告退回等，如图9-4所示。

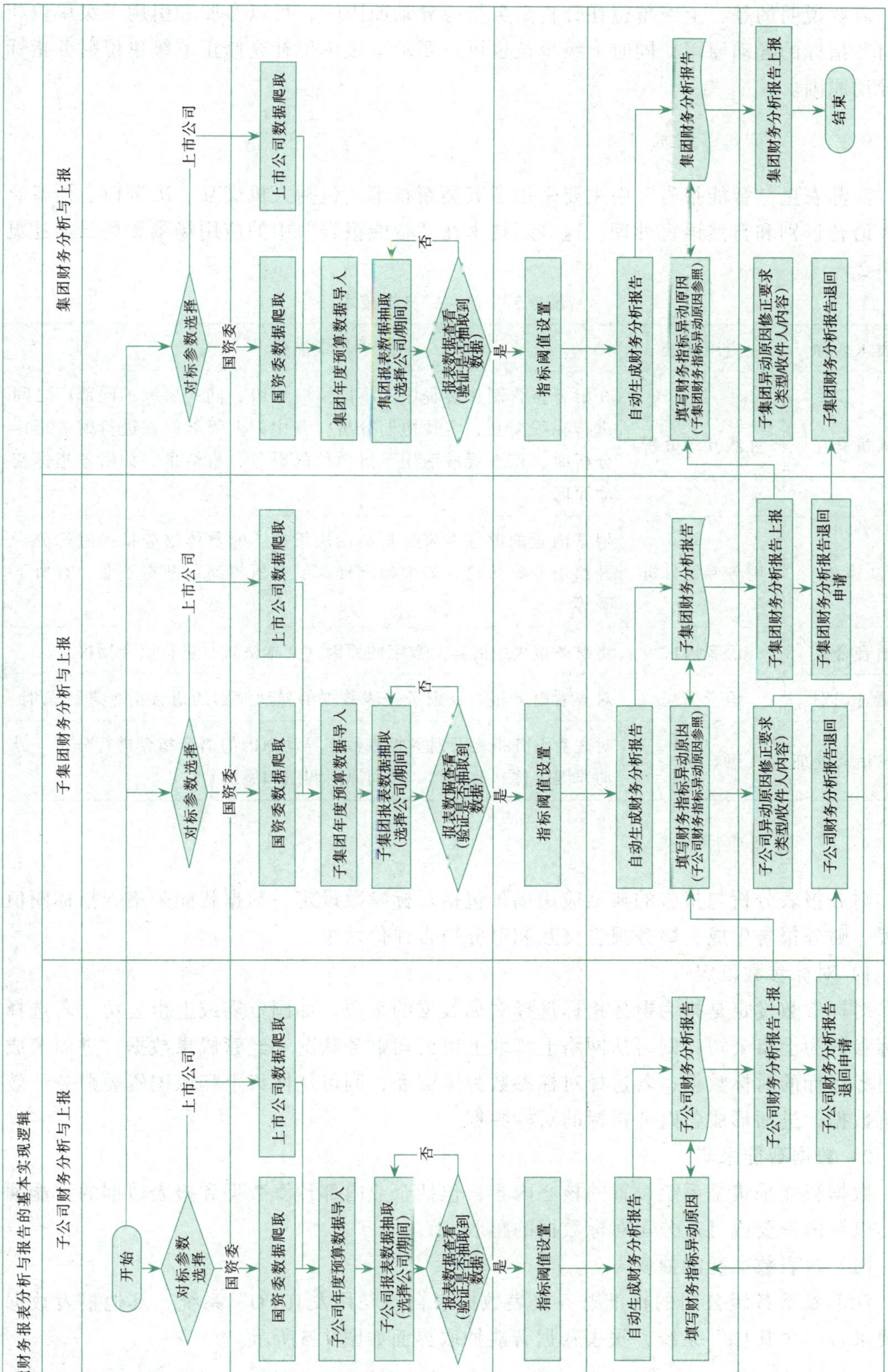

图9-4　智能会计报表分析与报告的基本实现逻辑

需要说明的是，上级单位在分析财务指标异动原因时，可以参照和引用下级单位相应财务指标的异动原因，同时上级单位也可以要求下级单位补充修正下级单位财务指标的异动原因。

9.2.2 关键支撑技术

江苏农垦“智能报告”中主要采用了五类新技术，包括人机交互、决策树、语音合成、语音识别和自然语言处理。这些新技术在“智能报告”中的应用场景和场景描述见表9-2。

表9-2 智能报告中的关键支撑技术

技术名称	应用场景	场景描述
人机交互	在线互动分析	在财务报告制作过程中，不同财务层级、同一层级不同部门之间进行在线交互，实现协同分析。其中，上级部门在进行财务指标分析时，可查看或引用下级单位的财务分析结果，如财务指标变动原因
决策树	财务专家分析	根据内置的财务专家分析结论决策树，对具体财务指标进行分析并给出专家结论，如大幅度提高、有所提高、基本不变、有所下降等
语音合成	语音播报	将财务报表中的异动数字的原因（文本格式）进行语音播报
语音识别	语音交互	对查看财务报表及财务报表数据的异动原因的语音指令进行识别
自然语言处理	语音交互	对查看财务报表及财务报表数据异动原因的语音指令进行分析（异动原因定位）及执行（异动原因调用和展现）

9.2.3 典型应用场景

财务报表分析与报告的典型应用场景包括对标参数设定、数据智能采集、指标阈值设置、财务报告生成、财务报告交互和财务报告评价六个。

1）对标参数设定

对标参数设定是指为财务指标选择对标数据的来源，如国资委或上市公司。若选择对标参数为上市公司，则可从网络上爬取上市公司财务状况和经营成果数据，进而形成各财务指标的对标数据；若选择对标参数为国资委，则可从网络上爬取国资委财务绩效评价数据，进而形成各财务指标的对标数据。

2）数据智能采集

数据智能采集是系统设置的核心内容，包括企业内部预算数据和报表数据的智能抽取，以及国资委或上市公司对标数据的爬取。

(1) 报表数据智能抽取

江苏农垦各级公司的标准财务报表数据来自于“用友IUFO”系统，其他报表数据主要来自“久其CI”系统，报表数据智能抽取界面如图9-5所示。

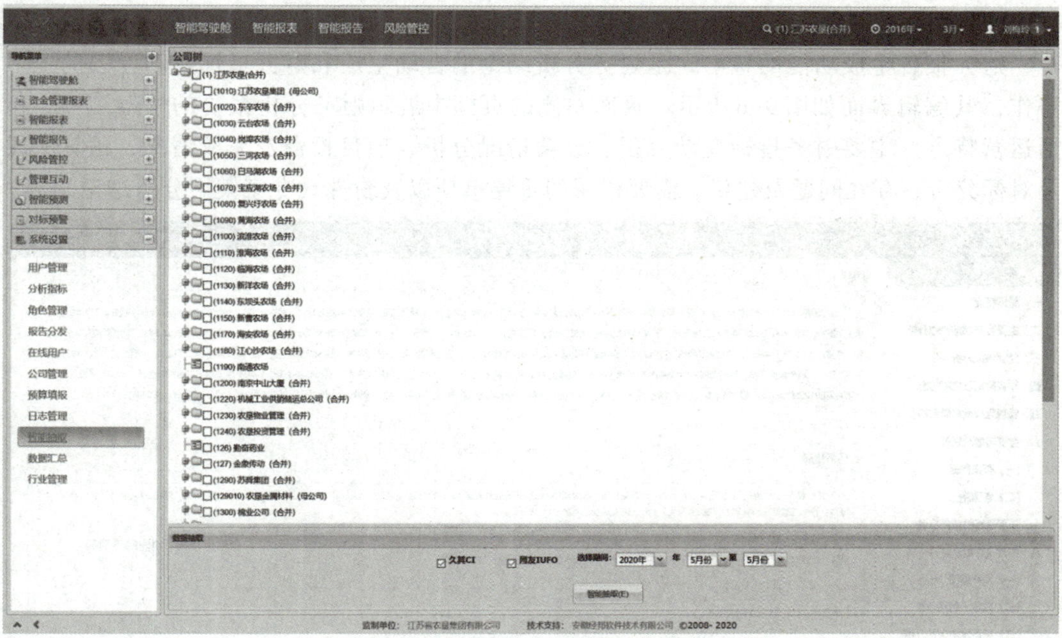

图9-5　报表数据智能抽取界面

在报表数据智能抽取界面，用户只需选取公司（可多选）、报表数据来源（久其CI或用友IUFO）和期间，然后点击“智能抽取”按钮，系统即可根据设定参数自动完成数据抽取过程。抽取数据步骤完成之后，可通过报表数据查看功能，来验证是否确实抽取到了报表数据。

（2）预算数据手工填报

预算数据手工填报亦是系统设置的核心内容，包括各级公司资产负债表、利润表和现金流量表本年度的预算值。

3）指标阈值设置

指标阈值设置是指为财务指标的不同评价等级设置异常预警值，若某一财务指标值、同比变动率或预算完成率高于或低于阈值，即财务指标产生异动，此时系统将进行自动提醒（以不同颜色显示，如蓝色），强制要求财务分析人员进行异动原因分析。有些重要指标则将阈值设置为0，即无论该指标是否发生异动，都要进行原因分析，如应收账款。

指标阈值可取自国务院国资委的《企业绩效评价标准值》。

4）财务报告生成

财务报告生成，是指通过系统自动分析和人工补充协作分析，完成财务报表分析工作，自动生成财务分析报告。

（1）财务报告模板分类预置

在进行财务报表分析之前，企业需要预置财务报告模板，同时体现财务报告的标准化和个性化特征，如集团内同板块的企业，采用同一财务报告模板，包括分析模块的设置、必要的分析指标、专家模型分析结论等，具有标准化特征。但对于不同板块的企业，其分析模块的设置、必要的分析指标、指标阈值等方面均有差异，体现个性化特征。

（2）财务报告人机协作界面

财务报告生成功能的核心，是财务分析结论的自动生成和财务指标变动原因的上下协作，其编辑界面如图9-6所示。页面左侧的页框中展示财务分析报告的框架结构，包括运营特点、主要财务指标变动分析、经营情况分析、项目投资及完成情况、预算完成及对标分析、存在问题及建议、需要说明的重要事项以及附件（专家模型分析结论）等。

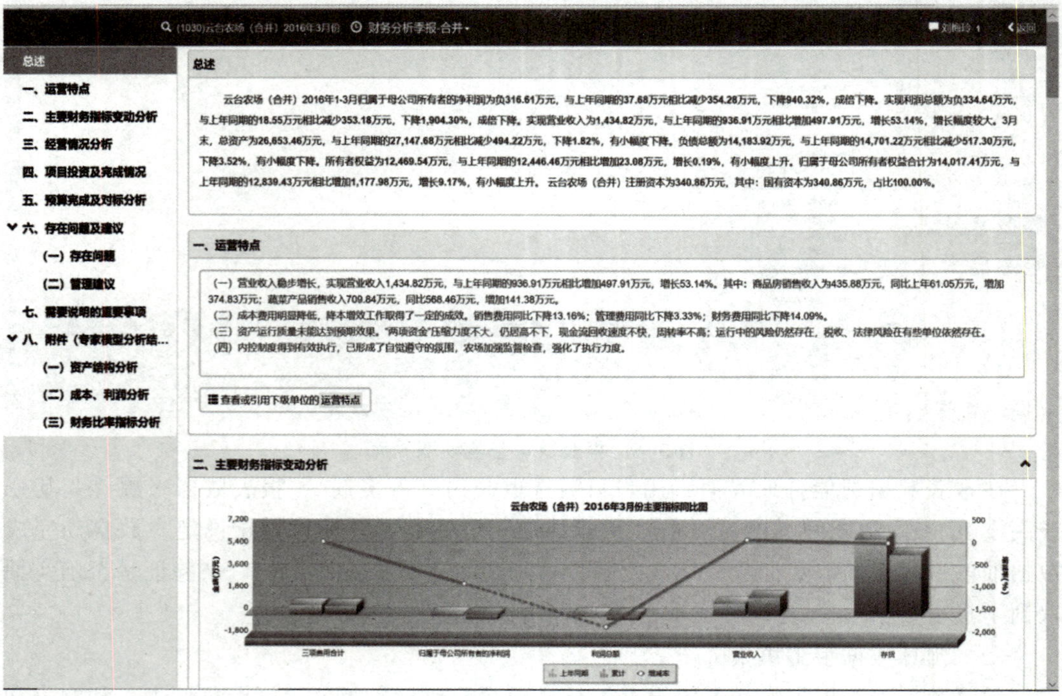

图9-6　财务报告分析协作界面

（3）异动原因的分析与参照

某一单位在分析财务指标异动原因时，可以参照（查看或引用）下级单位相应财务指标的异动原因，如"云台农场（合并）"2016年3月份的应收账款，比上年同期下降35.21%。填报"云台农场（合并）"应收账款变化较大的原因时，可显示"云台农场（合并）2016年3月份下属单位应收账款情况表"，也可"查看或引用下级单位应收账款的原因"，如图9-7所示。

查看或引用下级单位财务指标异动原因时，可清晰地看到每家下属公司的财务分析报告上报状态、上报人、上报时间、上报终端，以及填报的指标异动原因等，如"连云港吉本多食品有限公司"2016年3月份的财务分析报告已上报，上报人为赵林柱，上报时间为2016年4月6日，上报终端为PC端的Chrome浏览器，填报的应收账款异动原因为"1.应收账款下降222.15万元，原因主要是2015年12月末提取坏账准备308万元（含预付账款提取的坏账）。"

（4）异动原因补充分析要求

某一单位在查看或引用下级单位财务指标异动原因时，如果发现下级人员填报的异动或偏差原因不完整、不准确或不到位，可指定下级单位财务分析人员（收件人），要求下级单位补充分析下级单位财务指标的异动原因。

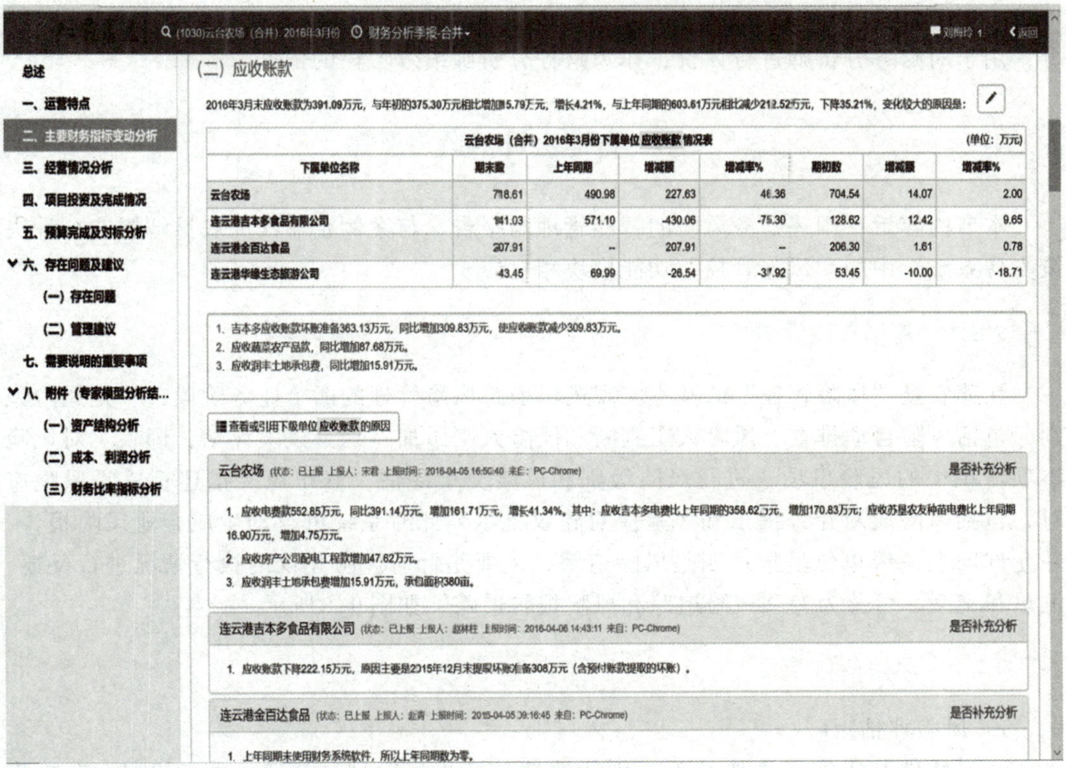

图9-7　异动原因的查看或引用

补充分析窗口的补充分析类型可预置，以提高补充分析要求传达的标准化程度和补充分析工作开展的效率效果，如江苏农垦预置的补充分析类型包括："请用实物量变动补充分析""请用单位数额变动补充分析""请用细分类数额变动补充分析""请用因素法补充分析""指示指导意见"等。

(5) 分析文字图表自动生成

在江苏农垦财务报告中，系统智能生成的字数占比约75%。在财务报告检查界面，系统可以自动统计并展示财务报告的总计字数，系统智能分析的字数和占比，以及团队人工分析的字数和占比。

(6) 财务分析报告一键导出

待系统自动分析和人工补充协作分析工作完成后，系统支持Word版本财务分析报告的一键导出，导出时可区分简要版本和完整版本。

5）财务报告交互

财务报告交互，即财务分析报告在子公司、子集团和集团三个层面的传递与互动，主要包括财务分析报告逐层上报、财务分析报告主动申请退回，以及因被上级单位要求修正指标异动原因而产生的财务报告被动退回等。

6）财务报告评价

财务报告评价，是对财务分析报告的编制质量和上报情况进行综合评价，给出评价结果，包括公司某一期间财务分析报告的报告评分，以及该公司本年度历次财务分析报告的平均得分。其中，二级单位的财务报告评价直接展示，三级及以下单位的财务报告评价，可通过单位编码前面的“加号”或“减号”展开或收起。财务分析报告的评价得分，用于对财务分析师进行评价，作为财务分析师绩效考核的依据。

9.3 智能会计风险管控

本节内容旨在阐述财务风险的智能管理与报告，与案例企业江苏农垦“智能会计决策支持系统”中的“风险管控”功能模块相对应。

9.3.1 基本实现逻辑

江苏农垦“风险管控”的基本实现逻辑横跨风险管理的四个业务阶段：一是风险识别，包括风险自动排查、风险人工判断和风险人工添加；二是风险评估，即人工对风险事项清单中的风险事项，进行风险级别和风险类型评估，修正风险描述；三是风险应对，包括风险应对建议提出和风险应对建议批示，此时系统可自动生成企业风险报告，并允许向上一级单位呈报；四是风险追踪，主要是针对风险建议的执行情况进行反馈、汇总和交互，可分为专项风险追踪和风险报告追踪，如图9-8所示。

9.3.2 风险矩阵模型

1）风险评估矩阵

经邦软件基于实务工作经验，创新性地总结出风险评估矩阵，见表9-3。在矩阵中，纵轴为风险发生概率，如风险的发生概率极高则赋值为5；横轴为风险影响程度，如风险影响程度极高，则赋值为5。横轴和纵轴交叉的单元格，即为风险分值对应的风险评估等级。其中，风险分值在11~25之间，为高风险；风险分值在5~10之间，为中风险；风险分值在1~4之间，为低风险。如某一风险的发生概率为“低”（分值为2），影响程度为“高”（分值为4），则该风险的分值为8（2×4），对应的风险等级为“中”。

表9-3 风险评估矩阵

极高	5	中	中	高	高	高
高	4	低	中	高	高	高
中等	3	低	中	中	高	高
低	2	低	低	中	中	中
极低	1	低	低	低	低	中
风险发生概率 风险影响程度		1	2	3	4	5
		极低	低	中等	高	极高

2）风险发生概率示例

江苏农垦从简单实用角度考虑，将风险发生概率分为三类，分别为可能、很可能和基本确定，并区分“大型事件/灾害类”和“日常运营”两类风险，见表9-4。

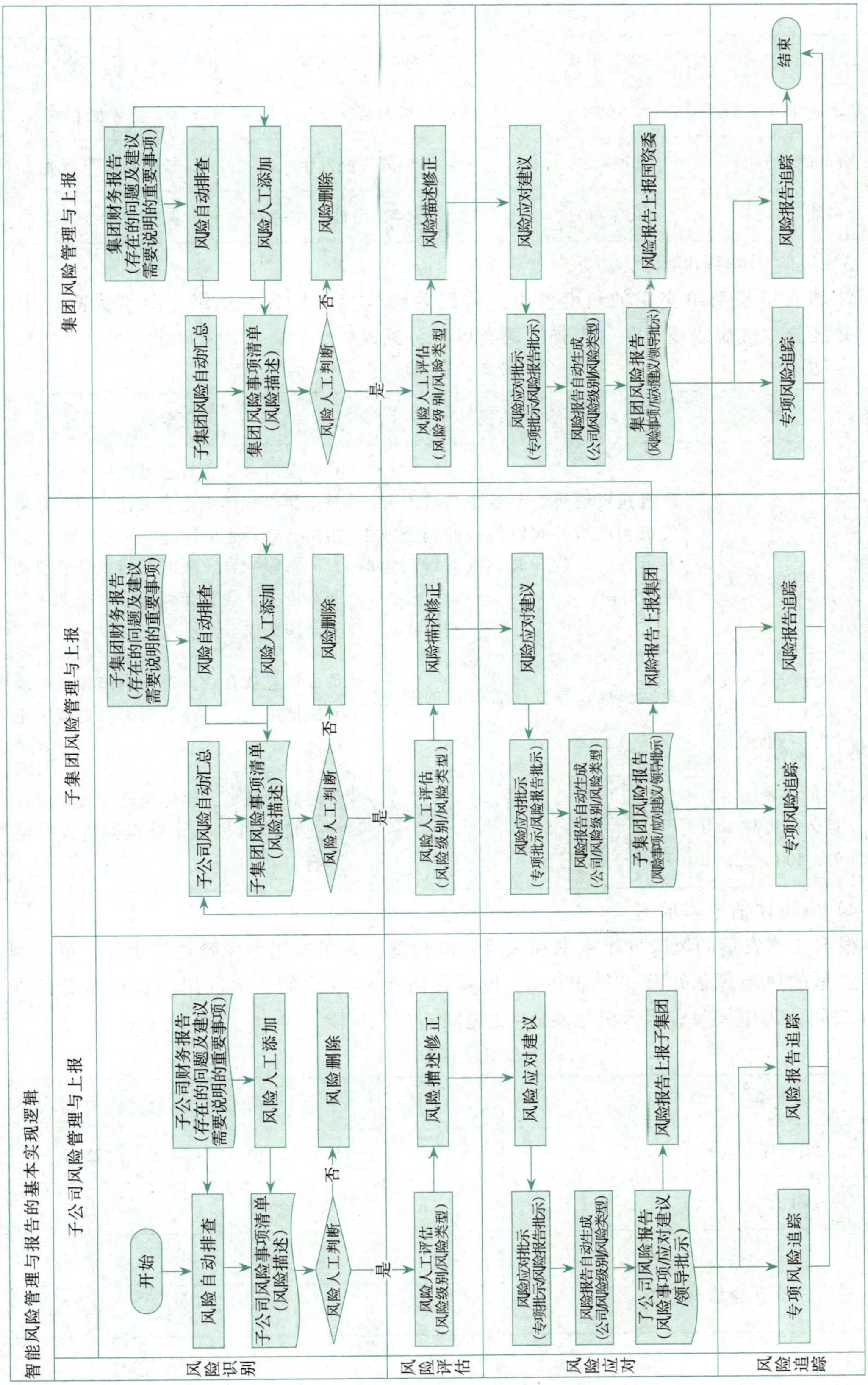

图9-8　智能风险管理与报告的基本实现逻辑

表9-4　　风险发生概率示例

标准	发生概率	大型事件/灾害类	日常运营
基本确定（4~5）	≥95%	今后一年内至少发生一次	经常发生
很可能（3~4）	50%~95%	今后一年内可能发生一次	较多情况下发生
可能（1~3）	30%~50%	今后2~5年内可能发生一次	某些情况下发生

3）风险影响程度示例

江苏农垦从简单实用的角度考虑，将风险影响程度划分为三级，分别为高、中、低，并区分“法律法规”和“声誉”两类风险，见表9-5。

表9-5　　风险影响程度示例

标准	财务	法律法规	声誉
高	较高的收入或者成本损失，超过1 000万元	严重违反法规，导致中央政府和监管机构或国外政府机构的调查或重大诉讼、罚款、起诉或非常严重的集体诉讼	1.负面消息或在行业范围内流传，或被全国性媒体报道、关注，呼吁采取措施，对企业声誉造成重大损害 2.负面影响导致政府部门或监管机构的高度关注或开始调查，对企业声誉和品牌造成重大损害
中	中等的收入或者成本损失，500万~1 000万元	违反法规，导致监管机构的调查或诉讼	负面消息或在行业范围内流传，被地方媒体报道、关注，对声誉造成一定损失
低	一般或者微小的收入或者成本损失，500万元以下	违反法规，导致监管机构的处罚、调查或诉讼	负面消息被地方媒体报道、关注或在行业范围内流传，对声誉造成一定影响

4）风险评估矩阵示例

根据江苏农垦的风险发生概率和风险影响程度，基于通用型风险评估矩阵，可绘制江苏农垦的风险评估矩阵，见表9-6。风险分值在5～9之间，为高风险；风险分值在3～4之间，为中风险；风险分值在1～2之间，为低风险。

表9-6　　风险评估矩阵示例

基本确定	3	中	高	高
很可能	2	低	中	高
可能	1	低	低	中
风险发生概率 风险影响程度		1	2	3
		低	中	高

9.3.3 关键支撑技术

江苏农垦“风险管控”中主要采用了四类新技术，包括人机交互、阈值雷达预警、可视化技术和自然语言处理。这些新技术在“对标预警”中的应用场景和场景描述见表9–7。

表9–7 风险管控中的关键支撑技术

技术名称	应用场景	场景描述
人机交互	风险识别	在风险报告制作过程中，不同层级、同一层级不同部门可进行风险识别和交互，包括风险等级（如高风险、中风险、一般风险）、风险类别（如战略风险、财务风险、市场风险、运营风险、法律风险）、风险描述和应对建议
阈值雷达预警	风险识别预警	针对风险指标的值域范围，给出相对应的风险描述
可视化技术	风险识别预警	对风险识别结果进行可视化展现（雷达图）
自然语言处理	风险智能识别	对财务报告中‘存在的问题及建议”和“需要说明的重要事项”两部分内容的文字描述，进行自动风险识别

9.3.4 典型应用场景

1）风险识别

风险识别，包括风险自动排查、风险人工判断和风险人工添加三个核心内容，其结果如图9–9所示。其中，风险自动排查是指系统根据企业财务报告中的“存在的问题及建议”和“需要说明的重要事项”自动排查风险，并列出风险事项清单；风险人工判断是指风控人员就风险事项清单中的风险事项进行逐一判断，将非风险事项删除，并逐项对风险事项进行评估；风险人工添加是指风控人员根据企业财务报告及掌握的其他情况，将风险事项以手工填列方式添加至风险事项清单中。

2）风险评估

风险评估是指风控人员对风险事项清单中的风险事项，进行风险级别和风险类型评估，并修正风险描述，其中，风险级别包括高风险、中风险和一般风险，风险类型包括战略风险、财务风险、市场风险、运营风险和法律风险等。

3）风险应对

风险应对，包括风险应对建议提出和风险应对建议批示，此时系统可自动生成企业风险报告，并允许企业风控人员向上一级单位呈报。应对建议可以参照引用“财务报告”中的“管理建议”。

4）风险追踪

风险追踪，主要是针对风险建议的执行情况进行反馈、汇总和交互，可分为专项风险追踪和风险报告追踪。

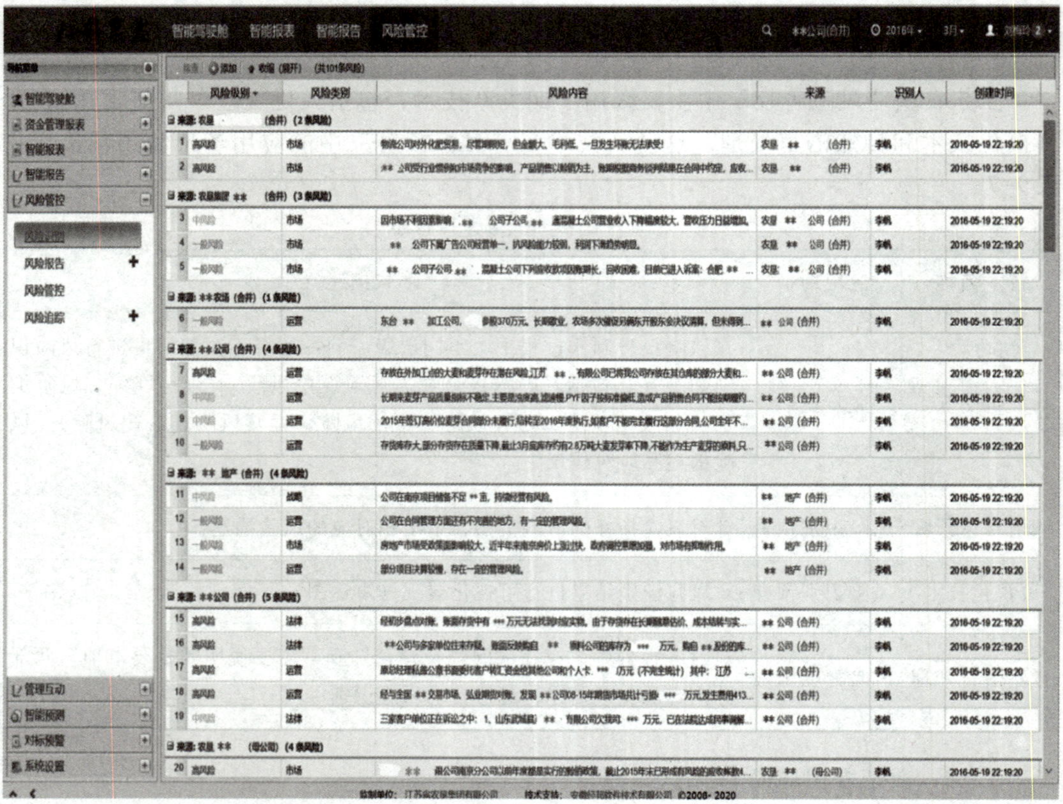

图9-9　风险识别结果示例

5）风险分析

在智能驾驶舱中，可以查看风险级别占比情况和风险类别占比情况。

9.4　总体运用成效

江苏农垦自2015年上线“江苏农垦智能会计决策支持系统”，系统上线前和上线后的主要应用成效对比，见表9-8。

表9-8　　江苏农垦智能会计决策支持系统运用成效

比较内容	使用前	使用后
分析时间	平均12天	2分钟生成75%的报告，2小时完成单个公司分析，2天完成全集团的分析
分析范围	集团一份报告，二级子集团部分上报分析报告	拓展到5级，每月350份（独立法人都出具分析报告）
分析方式	全手工分析汇总、电话沟通	图文表并茂自动分析占75%，全集团网络交互分析
分析数量	平均2万字/月	平均300万字/月
分析质量	只能分析部分指标	近百个指标全面监控，异常指标原因分析

续表

比较内容	使用前	使用后
参与人员	集团2名分析人员	全集团1 800人参与分析管控
数据范围	仅基于内部经营数据分析	基于内部大数据及外部大数据（国资、上市公司）进行分析
分析方法	单指标分析	通过多指标、层层深入、专家模型库分析
展现形式	邮件或Word报告	立体决策门户（可穿透）、仪表盘、Word、Excel、App互动
报告类型	财务及经营分析报告	财务及经营分析报告、风险管控报告
风险管控	人工填表，“运动式”管控风险	全集团5 000人参与，按月、季常态化管控，包括建立内外部大数据风控预警体系、风控制度体系、风控组织（绩效）体系、风险识别与管控体系（风险排查、报告、管控、追踪闭环）、建立集团“风险信息库、案例库、策略库、知识库”四库一体系统
总体成效	分析人员：加班加点、工作繁重 决策人员：决策时点无及时的信息 分析内容：格式呆板、文字化报表、原因不明、避重就轻、时间滞后、效果不大	彻底打通“部门隔墙”“层级隔墙”，实现“快捷分析、智能报告、轻松决策”，管理层随时随地通过互联网进行集团管控，从而实现风险管控常态化

本节内容旨在阐述财务报表的智能分析与报告，与案例企业江苏农垦“智能会计决策支持系统”中的“智能报告”功能模块相对应。财务报表分析与报告功能，不仅可以大幅提升财务分析工作的效率，而且可以有效提升财务分析报告的质量，还有助于财务分析人员的培养与晋升。

本章小结

本章介绍了江苏农垦智能会计建设的经典案例，旨在让学生了解我国智能会计建设的最新进展，掌握我国智能会计建设的基本方法。江苏农垦创新性地构建了财务决策支持系统，着重构建了智能化的财务分析与报告模块，以及智能化的风险管控模块。本章从企业及项目概况、智能会计分析报告、智能会计风险管控和总体运用成效四个方面展开，介绍江苏农垦集团智能会计决策支持的典型应用。

复习思考

1. 什么是智能会计分析报告？如何实现智能会计分析报告？
2. 什么是智能会计风险管控？如何实现智能会计风险管控？

3.智能会计分析报告有哪些典型应用场景？

4.智能会计风险管控有哪些典型应用场景？

课后作业

名词解释

智能会计风险管控

简答题

1.江苏农垦“智能会计决策支持系统”由哪些模块构成？

2.江苏农垦集团的智能决策支持系统平台分为哪几部分？分别起到何种作用？

3.智能会计分析报告和智能会计风险管控分别有哪些典型应用场景？请举例。

参考文献与推荐阅读

[1] 陈虎，孙彦丛，赵旖旎，等. 财务机器人——RPA的财务应用［M］. 北京：中国财政经济出版社，2018.

[2] 刘梅玲，黄虎，刘凯，等. 智能会计建设之智能会计共享平台设计［J］. 会计之友，2020（15）：142-146.

[3] 刘梅玲，黄虎，佟成生，等. 智能财务的基本框架与建设思路研究［J］. 会计研究，2020（3）：179-192.

[4] 刘梅玲，黄虎，杨寅，等. 智能财务建设之财务组织规划［J］. 会计之友，2020（17）：141-146.

[5] 刘梅玲，黄虎. 企业财务数字化的设计与实现研究——以CTYN为例［DB］. 上海国家会计学院教学案例，2020.

[6] 刘梅玲，刘凯，黄虎，等. 智能财务建设之新技术运用设计［J］. 会计之友，2020（16）：141-149.

[7] 刘梅玲，杨寅，佟成生，等. 智能财务师中级教程（一）［M］. 上海：上海财经大学出版社，2021.

[8] 刘梅玲，叶咏. 电子会计档案的建设与应用——以浙江新华书店集团为例［DB］. 中国专业学位教学案例中心，2020.

[9] 刘勤，屈伊春. 智能财务最佳实践案例（第一辑）［M］. 上海：立信会计出版社，2021.

[10] 王纪平，刘梅玲，吴忠生，等. 智能财务师初级教程［M］. 上海：上海财经大学出版社，2020.

[11] 吴践志，刘勤，等. 智能财务及其建设研究［M］. 上海：立信会计出版社，2020.

[12] 佚名. 什么是会计核算［EB/OL］.［2018-08-24］.http：//www.canet.com.cn/shiwu/612247.html.